本书获得云南民族大学"双一流"学科建设经费的资助出版

泰语名词化研究

陈静怡◎著

中国社会科学出版社

图书在版编目（CIP）数据

泰语名词化研究 / 陈静怡著. -- 北京：中国社会科学出版社，2025.3. -- ISBN 978-7-5227-4861-0

Ⅰ．H412.4

中国国家版本馆 CIP 数据核字第 202507BH33 号

出 版 人	赵剑英
责任编辑	宫京蕾
责任校对	夏慧萍
责任印制	郝美娜

出　　版	中国社会科学出版社
社　　址	北京鼓楼西大街甲 158 号
邮　　编	100720
网　　址	http://www.csspw.cn
发 行 部	010-84083685
门 市 部	010-84029450
经　　销	新华书店及其他书店
印　　刷	北京君升印刷有限公司
装　　订	廊坊市广阳区广增装订厂
版　　次	2025 年 3 月第 1 版
印　　次	2025 年 3 月第 1 次印刷
开　　本	710×1000　1/16
印　　张	10.5
字　　数	201 千字
定　　价	68.00 元

凡购买中国社会科学出版社图书，如有质量问题请与本社营销中心联系调换
电话：010-84083683
版权所有　侵权必究

序　言

　　陈静怡的博士论文经过数度修改，终于要出版了。作为她的博士研究生导师，我也是这一成果的重要参与者。此时此刻，我的心情跟她一样，是极为高兴的。

　　静怡本科和硕士都在云南民族大学学习，2011年，在云南的一次学术会上她跟我表达了要跟我进一步深造的愿望，我表示欢迎。但是我知道，她硕士期间跟刘晓荣教授学习的方向是文学，而我的研究方向是语言学，所以我请她慎重考虑。她很坚决地跟我说，确实希望在博士阶段从事语言研究。2013年，她通过了北大的博士生考试，开始跟我攻读博士学位。考虑到她以前的学习都是围绕着泰语和泰国文学展开的，需要加强语言学课程的学习。所以我在正常的课程安排以外，建议她系统学习一下中文系的语言学类课程，听过课后我们一起讨论泰语的相关语言现象。她的前两年研究生生活就这样充实而忙碌地度过了。有一回，她在郭锐教授的课上听了关于过程和非过程现象的讨论，看了一些文献之后来跟我讨论，有些学者也讨论过泰语里的过程与非过程问题，而其观点与我们理解的过程非过程现象并不一致。她说这一点太有意思了。我感觉她已经很有心得了，就说这个问题确实有意思，或者你就以这个问题为博士论文选题，做个深入的研究？她吓了一跳，不过回去查了一些文献，信心又回来了，对我说可以考虑。于是她进一步查找文献，我们保持每一两周讨论一次，评估研究的可行性。最后她感觉过程与非过程这个问题还不好把握，但是与此相关的动词、形容词的名词化问题还是大可以讨论的，于是确定了这个选题。这个选题在开题的时候得到了专家的肯定。在我看来，在博士生培养阶段发现学生的长处，确定一个对她合适的研究方向和研究专题是最重要的培养步骤之一。

　　在确定了下一步的研究和修改思路以后，静怡就回到云南民族大学，边工作边继续论文的写作。到2019年秋，论文已经修改了四稿，我们对每一部分都进行了细致的讨论，但是也还存在很多需要进一步解决的问题。于是她重返学校，完成论文，做答辩的准备。

这个学期末静怡的论文通过了预答辩，在预答辩中老师们对这篇论文给予了充分肯定，同时也指出了一些问题。会后我们又进行了几次讨论，确定了基本的修改思路。此时已是2020年春节前夕，她准备利用学习期间的最后一个春节好好放松一下，春节后全力冲刺论文修改和答辩。由于众所周知的原因，这一切安排都成为未知数，尽管春节前的一切还都显得无比正常，但是诡异的线条已经隐约可见。她在腊月二十九那天果断取消了所有的计划和机票，在宿舍里度过了春节。在经历了春节期间的惊慌失措以后，我们大家的学习、工作状态都进入一种"新常态"，我们不能像以往那样面对面地沟通讨论，这极大地影响了论文修改的进程和质量。虽然在4月份我就恢复了每天到办公室工作看书，但是按规定学生并不能进入办公楼，因此我们的交流依然是在网上进行。论文写作和修改中遇到很多琐碎问题，网上交换意见很不方便。所以我们逐渐偷偷地恢复了线下讨论，感谢当时的监控手段，还没有现在这么先进！经过反复修改，最后终于完稿送审，并顺利通过评阅和答辩。

我在自己的评阅意见里说：

"泰语跟汉语一样，没有什么形态变化，语序和虚词是重要的语法表达手段。但是泰语的动词和形容词都有固定的名词化形式，这在同类型语言中显得很突出，引起了众多研究者的注意。而各家对此的解释则大相径庭。不管是在语言研究的理论视角还是语言教学的实践视角，这一现象的每种解释都存在大量例外。陈静怡在考察这一现象时发现，泰语的两个名词化标记在分布上虽然存在交叉，但是也存在明显区别。名词化形式的主要功能是跟普通名词一样在句子中充当主宾语及其他名词可以充当的成分，但是泰语的动词、形容词性成分也可以在句子中直接充当主宾语。《泰语的名词化》由此入手，认真梳理了国内、对象国和其他国家学者涉及这一问题的先行研究成果，做了深入、系统的考察和分析，发现 kaan 和 khwaam 两个名词化形式有很大不同。kaan 是动词性成分的名词化标记，以此构成的名词化结构的内部成分扩展能力很强；khwaam 主要是形容词性成分的名词化标记，以此构成的名词化结构内部成分扩展能力非常有限。kaan 和 khwaam 的交叉主要体现在它们都可以出现在一部分动词前面构成名词化形式，以往的研究多把这种交叉看作对立的范畴，是动与静或过程与非过程的区别。本研究发现 khwaam 后面的动词性成分扩展能力也同样极端受限，与跟 kaan 组合的情况大不相同。因此 kaan 与 khwaam 不能构成对立的范畴。进一步的考察发现 'kaan+动词性成分' 与直接充当主宾语的动词性成分在内部结构和外部功能上都有相当的可比较性。同样一个动词性成分直接充当主宾语和加 kaan 组成名词化形式再充当主宾语在表达上有细微的差别。这为我们认识这一现象提供了非常重要的思路。

文章证明了泰语的两种名词化现象产生年代不同，分布范围不同，在功能上又与动词、形容词性成分直接充当主宾语有差别，但是没有进一步指出这一差别的语法意义。这应该是作者下一步研究的努力方向。"

这篇论文答辩通过已经过去近三年，三年间静怡在这一问题上的见解又有了新的变化和提高。说明作者还在沿着这个可行的努力方向继续探索。我希望这本书的出版成为一个新的起点，推动学术界对名词化问题的继续讨论，也希望这样的讨论和研究让我们学习泰语的学生对泰语的有关语言现象理解更准确，使用更精准，从而提高我和静怡共同从事的泰语教学工作的效率和水平。作为一个侗台语研究者，我相信这本书对其他侗台语言以至侗台语以外语言的名词化现象研究也有充分的参考价值。

薄文泽

2024 年 3 月 10 日于

北京大学外国语学院新楼 540 室

前　言

云南民族大学南亚东南亚语言文化学院泰语专业于 2019 年获批国家级一流本科专业建设点，于 2023 年获批云南省"A 类"专业建设。在这个背景下，科研成果服务于泰语专业建设与泰语教学改革是一件十分必要的事情。本书获得云南民族大学"双一流"学科建设经费的资助，进行科研成果的孵化以服务于我校泰语专业的建设。

本书以学术界讨论的热点名词化现象作为研究背景，深入讨论泰语名词化的问题。通过本书的研究能够重新审视泰语的语法系统，并能够使学生既学习到前沿的语言学理论知识，又能够系统地掌握好泰语语法知识。

名词化现象是语言中的普遍现象，也是学术界讨论的热点。类型学家不乏对这个问题的研究。Foong Ha Yap et al.（2010）对亚洲语言的名词化问题，从类型学的角度做了细致的梳理，所涉及的研究对象涵盖横跨亚洲大陆及其周围大洋的许多语言。较为遗憾的是在 Foong Ha Yap 的研究中没有收编有关泰语名词化问题研究的文章。虽然作者在文中也说明了在未来的研究中，会对亚洲其他语系语言的名词化问题再进行讨论和挖掘，但是从客观的地域和语系来看，泰国的地理位置和泰语所属的语系来看，都应该属于这个著作中讨论的区域语言涵盖的范围。这说明有必要对泰语中的名词化问题进行深入研究。

泰语中的名词化形式有形态上的变化，动词、形容词通过前加 การ（kaan^1）和 ความ（khwaam^1）来实现名词化。泰语的名词化问题一直都受到相关语言学界的关注，不少学者对这个问题都做过比较深入的研究。泰语中的名词化形式有形态上的变化，这一特点在属于孤立语的语言中非常少见。前期研究中，认为泰语中的两个名词化标记 การ（kaan^1）和 ความ（khwaam^1）是具有对立关系的一对范畴。但本书发现前期研究的这种认识很值得再商榷。本书将揭示 การ（kaan^1）和 ความ（khwaam^1）是否具有这种对立关系，这种对立关系存在于泰语中的何种形式中。

本书的创新之处在于能够推动泰语语法的研究吸收语言学前沿成果，用语言学中的经典理论重新审视泰语语法中的种种问题。通过对泰语名词化问题的研究，来反观泰语语法的系统性问题，以便对类型学理论做出有益的补充，还可以为今后泰语或其他语言的名词化研究提供新的视角或思路。本书的研究成果可以反哺泰语教学实践。在本书中，การ（kaan¹）还存在着一些隐性的语法意义没有揭示出来，这应该是今后的研究方向。

  本书得以问世，首先要对我的博士导师、北京大学外国语学院的薄文泽教授表示衷心的感谢，本书的撰写和修改都离不开薄老师的悉心指导。其次，还要感谢许多前辈老师，他们分别是北京大学外国语学院的裴晓睿教授、李政教授、马小兵教授、咸蔓雪副教授以及金勇副教授，他们都对本书的写作思路提出了非常宝贵的修改意见。北京大学中文系的郭锐教授和汪锋教授，两位老师从语言学的研究角度对本书提出了非常有价值的修改意见。华中科技大学中文系的黄树先教授与中央民族大学中国少数民族语言研究院的戴红亮教授，还从侗台语研究的角度给予了本书许多有益的启发。最后，同样重要的是，要特别感谢云南民族大学南亚东南亚语言文化学院的陆生教授，他对本书的出版给予了非常热忱的支持和帮助。此外，还要特别感谢中国社会科学出版社的宫京蕾编辑，在本书的排版和修改过程中花费了大量的心血并给予了热心的帮助。

  书中有关事实或判断以及分析的错误由笔者自己承担。对于给予过此书匿名评审的专家，笔者也表示衷心的感谢，没有他们，就不会有这本书的出版。

陈静怡
2023 年 11 月 30 日

目 录

第一章 绪论 ··· 1
  1.1 泰语名词化研究需要回答的几个问题 ································· 1
  1.2 泰语名词化研究概述 ·· 2
    1.2.1 前期泰语名词化研究的主要观点 ································ 2
    1.2.2 类型学下的名词化研究 ··· 6
  1.3 研究范围与方法 ·· 8
    1.3.1 研究范围 ·· 8
    1.3.2 研究方法 ·· 14
  1.4 语料的相关问题 ·· 15
    1.4.1 语料来源 ·· 15
    1.4.2 语料标注方法 ··· 15
    1.4.3 泰文转写标准 ··· 16
  1.5 各章内容简述 ·· 17
  1.6 主要结论 ··· 18

第二章 kaan 和 khwaam 的分布 ·· 24
  2.1 การ（kaan¹）和 ความ（khwaam¹）的语法性质 ··············· 24
    2.1.1 词汇词 ·· 24
    2.1.2 构词成分 ·· 27
    2.1.3 语法标记 ·· 31
  2.2 การ（kaan¹）和 ความ（khwaam¹）的不对称性 ··············· 43
    2.2.1 การ（kaan¹）和 ความ（khwaam¹）分布于名词前的
          不对称性 ·· 43
    2.2.2 การ（kaan¹）和 ความ（khwaam¹）分布于动词前的
          不对称性 ·· 44

2.2.3　การ（kaan¹）和 ความ（khwaam¹）分布于形容词前的不对称性 …………………………………………………… 46
　2.3　小结 …………………………………………………………… 48

第三章　名词化形式的内部结构 ………………………………………… 50
　3.1　การ（kaan¹）+VP 的内部结构 …………………………………… 50
　　　3.1.1　内部结构为光杆动词 …………………………………… 50
　　　3.1.2　内部结构为动词短语 …………………………………… 51
　3.2　ความ（khwaam¹）+VP 的内部结构 ……………………………… 55
　　　3.2.1　内部结构为光杆动词 …………………………………… 55
　　　3.2.2　内部结构为动词短语 …………………………………… 56
　3.3　การ（kaan¹）+VP 与 ความ（khwaam¹）+ VP 内部结构的对比 …………………………………………………………… 59
　　　3.3.1　内部结构为光杆动词的对比 …………………………… 59
　　　3.3.2　内部结构为动词短语的对比 …………………………… 62
　3.4　小结 …………………………………………………………… 66

第四章　名词化形式的外部功能 ………………………………………… 69
　4.1　名词化形式的句法组合能力 …………………………………… 69
　　　4.1.1　การ（kaan¹）+VP 的句法组合能力 ……………………… 69
　　　4.1.2　ความ（khwaam¹）+VP 的句法组合能力 ………………… 76
　4.2　名词化形式所充当的句法成分 ………………………………… 81
　　　4.2.1　การ（kaan¹）+VP 所充当的句法成分 …………………… 81
　　　4.2.2　ความ（khwaam¹）+VP 所充当的句法成分 ……………… 89
　4.3　名词化形式句法组合能力的对比 ……………………………… 97
　　　4.3.1　名词化形式句法组合能力的对称性 …………………… 98
　　　4.3.2　名词化形式句法组合能力的不对称性 ………………… 99
　4.4　名词化形式的不对称性 ……………………………………… 101
　4.5　小结 ………………………………………………………… 107

第五章　名词化形式与动词性成分的不对称性 ……………………… 109
　5.1　主宾语位置上 0+VP 的内部结构 …………………………… 109
　　　5.1.1　主语位置上 0+VP 的结构 …………………………… 109
　　　5.1.2　宾语位置上 0+VP 的结构 …………………………… 112
　5.2　主宾语位置上 การ（kaan¹）+VP 与 0+VP 内部结构的对比 …… 114

5.2.1　主语位置上 การ（kaan¹）+VP 与 0+VP 的对比 …………… 115

　　5.2.2　宾语位置上 การ（kaan¹）+VP 与 0+VP 的对比 …………… 117

　5.3　主宾语位置上 การ（kaan¹）+VP 与 0+VP 外部功能的对比 …… 120

　　5.3.1　主宾语位置上 การ（kaan¹）+VP 与 0+VP 句法组合
　　　　　能力的对比 ……………………………………………… 121

　　5.3.2　การ（kaan¹）+VP 与 0+VP 充当主宾语的对比 ………… 124

　5.4　主宾语位置上 การ（kaan¹）+VP 与 0+VP 的差异 ……………… 133

　5.5　小结 …………………………………………………………… 137

第六章　结论 ……………………………………………………… 138

　6.1　结论 …………………………………………………………… 138

　　6.1.1　本书的理论贡献 ……………………………………… 141

　　6.1.2　本书对教学实践的贡献 ……………………………… 146

　6.2　余论 …………………………………………………………… 148

参考文献 …………………………………………………………… 149

第一章 绪论

1.1 泰语名词化研究需要回答的几个问题

前期有关泰语名词化问题的研究，众说纷纭，การ（kaan¹）和 ความ（khwaam¹）究竟是什么、怎样定性？它们二者具有怎样的语法功能？以上问题一直都没有得到满意的解决，与这两个标记相关的很多问题还没有弄清楚，很多问题仍有分歧和争论。本书基于前期研究存在的分歧，提出以下四个方面的问题。

第一，การ（kaan¹）和 ความ（khwaam¹）的语法性质是什么？它们经历了一个怎样的变化过程？การ（kaan¹）和 ความ（khwaam¹）分布于名词前有什么特点和差异？分布于动词前有什么特点和差异？分布于形容词前有什么特点和差异？

第二，由 การ（kaan¹）和 ความ（khwaam¹）所构成的名词化形式的内部结构是怎样的？这些内部结构有什么差异？这些差异说明了什么问题？

第三，由 การ（kaan¹）和 ความ（khwaam¹）所构成的名词化形式的句法功能有怎样的特点？这些句法功能有什么差异？在同一个动词下，การ（kaan¹）和 ความ（khwaam¹）能不能构成最小对立关系？

第四，动词的名词化形式可以充当主宾语，动词性成分也可以充当主宾语。动词性成分充当主宾语时，它的内部结构是怎样的？处于主宾语位置的前提下，由 การ（kaan¹）所构成的名词化形式与动词性成分在结构与功能上有什么差异？处于主宾语位置并在同一个动词的前提下，它们二者有什么差异？

因此，本书希望回答上述这些问题。

笔者开始思考泰语的名词化问题始于一篇名为《泰语词缀 kaan 和 khwaam 的名词化功能在词法和句法上的体现》的期刊论文，该论文主要论述了泰语中 การ（kaan¹）和 ความ（khwaam¹）的用法。此后，笔者查阅了关于泰语名词化研究的相关文献资料，发现国内外学者对 การ（kaan¹）和

ความ（khwaam¹）的看法存在很多分歧和争论。与泰语相关的一些亲属语言也有名词化问题的研究，这些亲属语言中存在类似 การ（kaan¹）和 ความ（khwaam¹）的名词化标记，但是这些研究都还有可以进一步探索的空间。因此，基于前人前期研究的基础，笔者对泰语的名词化问题进行了重新思考和分析。

1.2　泰语名词化研究概述

1.2.1　前期泰语名词化研究的主要观点

名词化现象是语言中的普遍现象。泰语中的名词化形式有形态上的变化，动词、形容词通过前加 การ（kaan¹）和 ความ（khwaam¹）来实现名词化。泰语的名词化问题一直都受到相关语言学界的关注，不少学者对这个问题都做过比较深入的研究。其中 Phraja Upakit Silapasarn、Mary Haas、Lev Morev、Amara Prasithrathsint、Iwasaki & Ingkaphirom 以及 Comrie & Thompson 都有较为深入的研究。还有 Prapa Sookgasem、Mark Post 也为泰语名词化问题的研究提供了新的思路。国内学者潘德鼎以及裴晓睿、薄文泽关于泰语名词化问题的研究对国内的泰语教学有着重要的指导意义。

最早有关泰语中 การ（kaan¹）和 ความ（khwaam¹）的讨论是 Phraja Upakit Silapasarn（พระยาอุปกิตศิลปสาร 1937）在《泰语法则》中的词法部分中谈到 การ 和 ความ 的构词方法，他把泰语中由 การ（kaan¹）和 ความ（khwaam¹）所构成的名词看作是抽象名词，例如 การกิน（kaan¹kin¹ 吃）การอยู่（kaan¹ʔu²住）ความตาย（khwaam¹taai¹ 死）ความสวย（khwaam¹suai¹ 美丽）ความงาม（khwaam¹ŋaam¹ 美丽），这些词被称为抽象名词。这些抽象名词往往是以前加 การ（kaan¹）或 ความ（khwaam¹）而构成的复合词。他认为 การ（kaan¹）和 ความ（khwaam¹）用于词汇前面的时候有区别，动词前加 การ（kaan¹）构成抽象名词。但是，如果动词含有 มี（mi¹ 有）เป็น（pen¹ 是）เกิด（kət²生）ดับ（dap² 消灭）等含义以及与心灵有关的动词，往往前加 ความ（khwaam¹）构成抽象名词。如果是修饰词，主要是通过前加 ความ（khwaam¹）构成抽象名词。

Mary Haas（1964）界定了 การ 的四个义项，一是作为名词，含义是工作、事务、事情；二是用于名词前，构成名词派生词；三是用于行为动词前，构成名词派生词，表示做某事的行为；四是用于梵语借词的复合后缀。作为名词前缀的 การ（kaan¹），它在意义上等同于英语中的 -ery，-y，-ics 后缀。尽管如此，英语中也有一些名词没有与 การ（kaan¹）相对应的形式。

作为动词前缀，การ（kaan¹）总是相当于英语中的后缀-ing，它也同样相当于其他一些后缀，例如-tion, -sion, -al, -ance, -ence 和-ment。同理，这种由动词变化而来的泰语派生词也可以由英语中的名词表示，而不存在由 การ 加词根构成的相对应的名词形式。ความ（khwaam¹）有三个义项，一是作为名词，含义是意义、物质、内容；二是作为名词，法律用语，含义是案件；三是相当于一个前缀。最为常见的用法是作为动词前缀并构成一个抽象名词以表达一种状态或质量。这时，ความ（khwaam¹）相当于英语中的-ness，-ity -ment, -ance, -ence, -(t)ion, -(t)ude, -ure, -y, -ery, -ship, -dom, -ing。ความ（khwaam¹）作为一个前缀，还可以出现在否定词+动词这一形式的前面。同一个动词既可以加 การ（kaan¹）又可以加 ความ（khwaam¹），加 การ（kaan¹）表示一种行为，加 ความ（khwaam¹）表示非行为或不及物的含义，这种情况下可以用同一个英语词汇的不同的形式或不同的词汇来区分 การ（kaan¹）和 ความ（khwaam¹）的不同。此外，同一个动词既可以加 การ（kaan¹）又可以加 ความ（khwaam¹），也可以由同一个英语词汇的同一形式来表示，但是表达的含义不同。虽然 ความ（khwaam¹）也可以相当于英语中的后缀-ing，但仅仅是表示正在进行的含义。绝大多数情况下，泰语中的抽象名词不添加量词，当需要添加量词时往往表达"种类、类别"的概念，所以由 ความ（khwaam¹）构成的部分名词可以用 อย่าง（jaaŋ² 种类）ชนิด（chaʔ⁴nit⁴ 种类）เช่น（cheen³ 如同）ประการ（praʔ²kaan¹ 点）等来修饰。

  Prapa Sookgasem（1996）认为，定语性形容词和谓语性形容词都可以名词化，它们都可以前加名词化语素 ความ（khwaam¹）构成名词。ความ（khwaam¹）这个语素可以把形容词从不及物动词和非心理活动的及物动词区别开来。能够使动词名词化的名词化语素是 การ（kaan¹）而不是 ความ（khwaam¹）。

  Lev Morev（2004）认为，การ（kaan¹）用于行为动词前，把行为动词变化为抽象名词，ความ（khwaam¹）则是用于非行为动词前，把表示状态、感觉、属性以及特征的动词变化为抽象名词。有些动词既可以加 การ（kaan¹），又可以加 ความ（khwaam¹）。同时，他还指出 kaan +动词的组合不仅保留了动词的含义，还保留了其语法特性，例如在这个结构中，动词的后面可以带宾语，还可以带有修饰标记（jaaŋ² / dooi¹）的修饰语。由 ความ（khwaam¹）构成的词组，比较紧凑，这些词组类似名词。在 ความ（khwaam¹）与动词之间能够插入情态动词，这种情况可以看作是极其罕见的例外。การ（kaan¹）是句法层面的转化手段（syntactic transpositor）而不是派生构词前缀，而 ความ（khwaam¹）是构成抽象名词的形态手段（morphological means）。

Amara Prasithrathsint（อมรา ประสิทธิ์รัฐสินธุ์ 2005）提出了，การ（kaan¹）是 nominalizer（名词化标记），由一个表示工作、事务、事情的名词通过语法化手段发展而来。同样地，ความ（khwaam¹）也是一个 nominalizer（名词化标记），由一个表示内容、含义或案件等含义的名词通过语法化手段发展而来。การ（kaan¹）和 ความ（khwaam¹）两个标记是语法化的结果。泰语中的动词可以分为三个类别：感知动词、非感知动词、兼有感知动词和非感知动词特征的"双性动词"。感知动词只能前加 การ（kaan¹）构成名词化形式，表达一种客观的含义。非感知动词只能前加 ความ（khwaam¹）构成名词化形式，表达一种非客观的含义。兼有感知动词和非感知动词特征的"双性动词"既可以前加 การ（kaan¹），又可以前加 ความ（khwaam¹）构成名词化形式。这类动词名词化以后，其含义依据上下文而确定。例如，作者认为 การตาย（kaan¹taai¹）一词，一种含义是表示"死"这个行为，另一种含义是表示一种客观的事件；ความตาย（khwaam¹taai¹）一词，含义是表示身体的死亡。再如，การเข้าใจ（kaan¹khau³cai¹）一词，含义是表示"理解"这个行为的泛化意义；ความเข้าใจ（khwaam¹ khau³cai¹）一词，含义是表示"理解"这个行为的特定意义。最后，การคดโกง（kaan¹khot⁴kooŋ¹）一词，含义是表示"欺骗"的行为；ความคดโกง（khwaam¹khot⁴kooŋ¹）一词，含义是表示"欺骗"的性质。

Iwasaki & Ingkaphirom（2005）认为，การ（kaan¹）用于动词或动词短语前构成行为名词；ความ（khwaam¹）用于动词、动词短语或形容词前，构成抽象名词。

Comrie & Thompson（2007）提出泰语中存在着过程和非过程的对立，并且这一对立由动词前加 การ（kaan¹）或 ความ（khwaam¹）来实现。他们认为，一些语言中对于行为或状态名词的不同语义类型有不同的派生过程。这种不同往往就表现在名词化的过程中，一种指示过程，一种指示非过程。泰语就是这样的语言。泰语中 การ（kaan¹）和 ความ（khwaam¹）的区别就在于，前者派生出具有过程含义的名词，后者派生出具有非过程含义的名词。例如：chua³ believe → kaan¹chua³ believing (process)
khwaam¹chua³ belief (non-process)

Mark Post（2008）提出每个词类都分为词类特征显著的核心成员和词类特征不显著的非核心成员。他通过核心成员和非核心成员这个概念进而提出形容词和动词都可以加前缀 การ（kaan¹）或 ความ（khwaam¹）名词化，成为名词。ความ（khwaam¹）主要是体现状态或性质的名词化，การ（kaan¹）主要是体现动作和行为的名词化。因此，核心形容词主要加 ความ（khwaam¹），核心动词主要加 การ（kaan¹），非核心的形容词和动词可以加

ความ（khwaam^1），也可以加 การ（kaan^1）。

潘德鼎（2011、2012）认为，การ（kaan^1）是将动词名词化的词头。ความ（khwaam^1）是使形容词或意义比较抽象的动词名词化的词头。

裴晓睿、薄文泽（2017）认为，การ（kaan^1）和 ความ（khwaam^1）是前缀。其中，การ（kaan^1）本身是名词，义为"事务"，加在动词、形容词前面，使之名词化，形成抽象名词。ความ（khwaam^1）本身是名词，义为"内容"，加在形容词、动词性语素前构成新词，一般都表示抽象事物的名词。

在前期研究中，关于名词化的形式，有的学者认为 การ（kaan^1）和 ความ（khwaam^1）是名词、前缀，有的学者认为是名词化语素，有的学者认为是名词化标记。有的学者认为 การ（kaan^1）和 ความ（khwaam^1）只能使动词名词化。有的学者则认为 การ（kaan^1）主要使动词名词化，ความ（khwaam^1）主要使形容词名词化。还有学者认为 การ（kaan^1）和 ความ（khwaam^1）能使动词短语名词化。การ（kaan^1）和 ความ（khwaam^1）能分别用于同一个动词前面。因此，由 การ（kaan^1）和 ความ（khwaam^1）所构成的名词在意义上有区别。关于名词化形式的语法意义，有的学者认为是行为与状态的区别。有的学者认为是泛化意义与特定意义的区别。有的学者认为是行为名词与抽象名词的区别。有的学者认为是过程与非过程的区别。有的学者认为是抽象名词和抽象事物名词的区别。透过这些区别，可以看出前期研究认为 การ（kaan^1）和 ความ（khwaam^1）是具有对立关系的一对范畴。

前期研究对 การ（kaan^1）和 ความ（khwaam^1）的定性以及分布范围的看法莫衷一是。但事实上，การ（kaan^1）和 ความ（khwaam^1）存在由实到虚的变化过程，它们二者的这一发展过程并不平衡。从共时层面来看，การ（kaan^1）和 ความ（khwaam^1）能够共现于同一个词类前的重合度非常低。动词都能出现在 การ（kaan^1）之后，形容词都能出现在 ความ（khwaam^1）之后。部分动词都可以出现在这两个名词化标记之后。极少数形容词可以出现在 การ（kaan^1）之后。

前期研究注意到了 การ（kaan^1）和 ความ（khwaam^1）都可以用于动词短语前。但事实上，它们二者用于动词短语前会表现出极大的差异。การ（kaan^1）后面的动词扩展相对自由，而 ความ（khwaam^1）后面的动词扩展相对受限。

前期研究看到了 การ（kaan^1）和 ความ（khwaam^1）能分别用于同一个动词前面。但事实上，การ（kaan^1）和 ความ（khwaam^1）能分别用于同一个动词前面的时候有着根本性差异。虽然由 การ（kaan^1）和 ความ（khwaam^1）所构成的名词化形式具有相同的外部功能，但是由于这两种名词化形式的扩展能力的不同也会导致它们二者外部功能的细微差别。

前期研究对由 การ（kaan¹）和 ความ（khwaam¹）所构成的名词化形式的区别众说纷纭，但在这些不同说法中，存在着一个共同的问题，就是这些区别都是一种对立性的区别。由 การ（kaan¹）和 ความ（khwaam¹）所构成的名词化形式的区别具有对立性的区别意义，例如行为与状态的对立、过程与非过程的对立。也就是说，根据前期的研究，可以推导出这样的结论：由 การ（kaan¹）构成的名词化形式表示行为，那么必然存在与之对立的由 ความ（khwaam¹）构成的名词化形式表示状态。同理，由 การ（kaan¹）构成的名词化形式表示过程，那么必然存在与之对立的由 ความ（khwaam¹）构成的名词化形式表示非过程。การ（kaan¹）和 ความ（khwaam¹）是具有对立关系的一对范畴。

然而，事实上，首先，从 การ（kaan¹）和 ความ（khwaam¹）的分布来看，它们能交叉的范围很窄，如果前期研究所认为的这种对立性区别成立，那么在只能前加 การ（kaan¹）而不能前加 ความ（khwaam¹）的那部分动词中，这种对立性就不可能体现出来。再进一步思考，假如前期研究所述的这种对立性区别能在少部分的动词中构成对立关系，但是由 การ（kaan¹）所构成的名词化形式与由 ความ（khwaam¹）所构成的名词化形式的内部扩展能力很不一样，从而导致难以构成这种对立关系。其次，名词化形式最为常见的功能就是充当主宾语。泰语中，动词性成分也可以直接充当主宾语。从类型学名词化的普遍原理来看，泰语的名词化现象属于有形态变化的这个类型，这一点与作为屈折语的英语是一样的。然而，英语中，充当主宾语的动词必然要进行名词化变形以后才能进入主宾语的位置，且一定有形式上的标记，不存在动词性成分直接充当主宾语的情况，这一点又与泰语不同。与作为同属孤立语的汉语相比较而言，在汉语中，动词性成分可以直接充当主宾语，这一点泰语与汉语相同。这样看来，泰语中，能够充当主宾语的形式有两种，一种是由 การ（kaan¹）和 ความ（khwaam¹）所构成的名词化形式可以充当主宾语，另一种是动词性成分可以直接充当主宾语。这就是泰语名词化形式与英语、汉语的不同之处。也是本书需要回答的问题。

1.2.2 类型学下的名词化研究

泰国，从地里位置上看位于亚洲的东南亚半岛，官方语言是泰语，属于汉藏语系侗台语族台语支，本书所研究的泰语指中部泰语。从语言形态来看，泰语是孤立语，缺乏严格意义上的形态变化，在句法结构中，主要靠词序、虚词等语法手段表现词与词的关系或其他语法作用。在这一点上泰语与汉语相同。然而，在名词化这个问题中，作为孤立语的泰语与作为孤立语的汉语不同，与作为屈折语的英语也不同。

从类型学的角度来看，Comrie & Thompson（1985、2007）、Matthias Gerner（2012）等从类型学的角度讨论过名词化问题。类型学中的名词化问题研究，主要是分析世界上大多数语言的名词化现象，通过这些具体语言的实例分析，从中归纳出具有概括性意义的分类。这些名词化种类大致可以分为形态类、句法类或语义类的名词化。

从区域类型学的角度来看，Foong Ha Yap et al.（2010）对亚洲语言的名词化问题进行了综合梳理。这对于在地缘上和语系上与之接近的泰语来说，是一个具有参考价值的研究范例。从中，我们可以看到国际上的学者对名词化问题主要进行了哪些研究和讨论。根据这些研究来反观泰语的名词化问题已经做了哪些研究？是不是还存在继续深入研究的价值？

从孤立语的角度来看，对与泰语具有同样孤立语特点的汉语来说，名词化问题在汉语学界也有较为成熟的讨论。朱德熙（1961）、施关淦（1981）、项梦冰（1991）、陆俭明（1993）以及郭锐（1997、2000、2010）都对汉语中的名物化现象进行了深入的分析，总体上认为动词可以直接充当主宾语。郭锐（2010）提出名物化的实质就是句法层面的名词化和词汇层面的名词化。这些讨论对于泰语名词化研究具有极大的启发意义。

汉语学界对名物化的认识主要是：一部分学者认为"的"是名词化标记；另一部分学者认为"的"是饰词标记。动词充当主宾语时，一种情况是动词做主宾语仍保留有谓词性的特征；另一种情况是动词做主宾具有名词的一般特征，已经转变为一个名词。

现代汉语中，有无名词化标记这个问题仍有争议，一些学者认为现代汉语中"的"是名词化标记；另一些学者认为"的"就是饰词标记。如果承认汉语中的"的"是名词化标记，那么汉语中的名词化现象也有形态上的变化。但是，即使"的"是名词化标记，它也和类型学中所公认的词缀有一定的差距。

如果汉语中存在名词化标记"的"，那么泰语中的 การ（kaan[1]）和 ความ（khwaam[1]）是不是与汉语中的"的"具有相同的语法功能？如果汉语中"的"不是名词化标记，那么与同为孤立语的汉语相比较而言，泰语和汉语就大不相同了，即汉语名词化没有形态上的变化，而泰语名词化却存在形态上的变化。泰语的这一现象就可被作为孤立语中的独特之处来进行深入研究。

另外，汉语中认为动词可以直接充当主宾语的结论，对泰语中在主宾语位置上的名词化问题的研究具有启发意义。虽然泰语的语言事实表明动词性成分可以直接充当主宾语，但是还有许多亟待解决的问题。例如，该动词性成分是不是还具有谓词性的特征？有没有形式上的依据？动词性成分可以充当主宾语，名词化形式也可以充当主宾语。也就是说，在主宾语位置上，可以有两种形式的存在，一种是带有标记的 การ（kaan¹）和 ความ（khwaam¹）的名词化形式，另一种是动词性成分。那么这两种形式的存在有没有什么差异？因此，在这些方面对 การ（kaan¹）和 ความ（khwaam¹）的研究还有继续深挖的必要性。

总的说来，无论是从类型学的角度，或是区域类型学的角度，还是孤立语的角度来看待泰语中的名词化问题，都会呈现出与这些类型学普遍原理不同、与孤立语特征不同的现象。因此，本书需要对泰语的名词化及其相关问题做进一步研究。

1.3 研究范围与方法

1.3.1 研究范围

1.3.1.1 研究对象及其范围

本书的研究对象是泰语中的名词化标记、名词化形式、动词性成分以及由它们产生的与之相关的名词化形式与动词性成分的内部结构、外部功能的问题。由于泰语中有两个名词化标记，为了在后面的行文中方便说明究竟是哪个名词化标记，或者是哪种名词化形式，我们把名词化标记分别记作 การ（kaan¹）和 ความ（khwaam¹）、名词化形式记作 การ（kaan¹）+VP 形式和 ความ（khwaam¹）+VP 形式、动词性成分记作 0+VP 形式。

根据字典、教材以及语法著作方面的定义和解释，综合来看，การ（kaan¹）和 ความ（khwaam¹）有下面几种含义。การ（kaan¹）主要有四种用法和含义：第一种是名词，意思是工作、事务和事情，如 ทำการ（tham¹kaan¹ 办事情）、ตรวจการ（truat²kaan¹ 检查工作）。第二种是前缀，用于名词前，表示事务、工作，如 การฝีมือ（kaan¹fii⁵muu¹ 手工艺）；第三种是前缀，用于动词前，使动词名词化并表示一个具体的意义，如 การสมรส（kaan¹som⁵rot⁴ 结婚、婚礼）；第四种是后缀，表示……的人，来源于梵语和巴利语，如 กรรมการ（kam¹ma?⁴kaan¹ 委员）、ตุลาการ（tu?²la¹kaan¹ 法官）。ความ（khwaam¹）主要有如下用法和含义：第一种是名词，意思是事情、内容或含义，用于动词或名词后，如 ตีความ（ti¹khwaam¹ 解释、下定义）、ใจความ（cai¹khwaam¹ 本质、中心思想）。第二种是名词，意思是案件、诉讼，法律用语，用于动词或名词后，有少数情况位于名词前。如 ความอาญา（khwaam¹ʔaat²cha?²ja¹ 刑事案件）。第三种是前缀，用于修饰词、动词前使其成为抽象名词，如 ความดี（khwaam¹di¹ 美德、善良）、ความต้องการ（khwaam¹tɔŋ³ kaan¹ 需要）、ความกด（khwaam¹kɔt² 压力）。

有关本书 การ（kaan¹）和 ความ（khwaam¹）的研究范围的限定：关于 การ（kaan¹）和 ความ（khwaam¹）的讨论范围是作为词汇词、构词成分以及语法标记的情况。它们二者作为词汇词和构词成分的讨论是服务于语法标记情况的前期说明，对 การ（kaan¹）和 ความ（khwaam¹）的动词名词化的讨论才是本书的重点和核心所在。同时对 ความ（khwaam¹）的动词名词化的讨论也是服务于 การ（kaan¹）的动词名词化讨论的需要。

有关本书研究对象的语法位置范围的限定：对名词化形式句法成分的考察限定在主语、宾语、定语以及充当介词宾语的情况。对动词性成分句法成分的考察限定在主语、宾语位置的情况。对名词化形式与动词性成分句法成分的对比分析限定在主语和宾语位置的情况。详细的分析情况参见所在各章的说明。

1.3.1.2 词类划分界定的范围

本书在分析上述这些问题的时候离不开名词、动词以及形容词这些词类的划分标准问题。由于词类划分这个问题在国内泰语语法学界与国外泰语语法学界尚不统一，所以我们在这里有必要先说明各个学界的划分标准，然后再说明本书所采用的标准。

名词的划分标准：

国内学者（裴晓睿 2001、2017）认为，除专有名词外，名词都能受数量词、指量词或其他量词结构的修饰，抽象名词只能用表示种类的量词修饰。名词可以受名词、动词、形容词修饰，修饰成分一般位于名词之后，但名词不受副词修饰。名词能与介词组合，构成介词词组，充当名词或动词性成分的修饰语，表示地点、方式等。名词可以单独充当主语、宾语、定语，特殊条件下可充当谓语。

泰国学者（Amara 2010）认为，名词不能受 ไม่（mai³ 不）的修饰；可以位于形容词前；可以位于动词前、动词后或介词后。

本书对名词的定性采用国内学者的观点，并结合汉语的名词划分标准。郭锐（2010）认为，名词的划类标准是：能做主语、宾语、定语，可以进入~里或~以南的格式，并且不满足谓词、方位词、时间词、处所词、量词的标准。在本书认定的名词中，泰国学者所认为的一部分名词不在我们所认定的名词范围内，例如 ตัว（tua¹ 只）ใบ（bai¹ 枚）เส้น（seen³ 条）คุณ（khun¹ 你）เขา（khau⁵ 他）ฉัน（chan⁵ 我）。

动词的划分标准：

国内学者（裴晓睿 2001、2017）认为，动词大都不能受 เหลือเกิน（lɯa⁵

kən¹很）修饰，ชอบ（chɔp³喜欢）类动词可以受 เหลือเกิน（lɯa⁵kən¹很）的修饰。动词或动词性短语可以在句法结构里充当主语、谓语、宾语、状语，还可以直接充当定语。

泰国学者（Amara 2010）认为，动词能受 ไม่（mai³不）修饰，其他词类都不能受 ไม่（mai³不）的修饰。

本书对动词的定性采用国内学者的观点，并结合汉语的动词划分标准。郭锐（2010）认为，动词的划类标准是：能受"不"否定或者"没"否定、能带宾语、能带补语、能前加"所"、能做黏合式补语、能带"着/过"、能做谓语、能受状语修饰，但不能做主语，并且不能受"很[不]"修饰，或虽能受"很[不]"修饰'但还可以进入"很~〈宾〉"格式。在本书认定的动词中，泰国学者所认为的动词的小类或形动词不在我们所认定的动词范围内，例如 สวย（suai⁵ 漂亮）ดี（di¹好）หนัก（nak² 重）。

形容词的划分标准：

国内学者（裴晓睿 2001、2017）认为，形容词可以受程度副词等的修饰。形容词既可以修饰名词又可以修饰动词；形容词可以单独充当谓语；形容词可以做宾语；形容词可以修饰动词做状语。

泰国学者 Amara（2010）认为，形容词可以出现在名词后；不能受"ไม่（mai³不）"修饰；不能受 นี้（ni⁴这）修饰。Amara 认为真正的形容词是 ส่วนตัว（suan²tua¹私人的）สุดท้อง（sut²thɔŋ⁴最小的）ไหน（nai⁵哪里）ใด（dai¹何种）ดีๆ（di¹di¹好）ต่างๆ（taaŋ² taaŋ² 各种各样的）。

本书之所以要单独划出并讨论形容词这个类，是因为在国内泰语语法学界和国外泰语语法学界中对它的定性不统一。国内研究泰语语法的学者潘德鼎（2012）、裴晓睿（2001、2017），泰国研究泰语语法的学者 Prapa Sookgasem（1996），日本研究泰语语法的学者 Iwasaki &Ingkaphirom（2005）以及西方研究泰语语法的学者 Richard B. Noss（1964）、Mark Post（2008）认为泰语中存在形容词这个词类。然而，泰国研究泰语语法的学者 วิจินตน์ ภานุพงศ์（1972）、นววรรณ พันธุเมธา（1982）、Amara Prasithrathsint（2000、2010）和西方研究泰语语法的学者 Mary Haas（1964）则认为泰语中的形容词就是动词，或者说形容词属于动词的一个小类。

本书对形容词的定性采用国内学者的观点，并结合汉语的形容词划分标准。郭锐（2010）认为，形容词的划类标准是：能受"很[不]"修饰并且不能进入"很[不]~〈宾〉"的格式。标准中的"很"代表绝对程度副词，包括"很、挺、十分、非常等"。在本书认定的形容词中，泰国学者所认为的真正的形容词不在我们所认定的形容词范围内，例如 ส่วนตัว（suan²tua¹私人的）สุดท้อง（sut²thɔŋ⁴ 最小的）ไหน（nai⁵哪里）ใด（dai¹何种）ดีๆ

（di¹di¹ 好）ต่างๆ（taaŋ² taaŋ² 各种各样的）。

在本书的例句中，与 การ（kaan¹）和 ความ（khwaam¹）讨论相关的加粗并画下划线的名词、动词以及形容词将参照上述词类划分标准进行选择。

1.3.1.3 词义选取的范围

本书会涉及对动词以及名词化形式含义的讨论，因此对词的含义的选择做一个说明。首先，确定动词的含义，如果这个动词词根本身是一个多义词，词性一致的情况下，我们将词典中的第一个义项作为该词的基本义来分析；如果该词根的词义不超过两个，但是词义之间没有联系，在词性一致的情况下，我们将按照不同的词义分别分析。另外，如果在多义词中，词的含义所体现的词性不一致，我们则按照我们在实际分析中所需要的词性所对应的词的含义来做具体分析，例如一个词语表示动词、名词两种词性，通常本书选用作为动词的义项来进行分析。其次，动词名词化形式的含义，通过参考词典或例句推出。该形式可以是单义或多义，但绝大部分属于单义。无论是单义还是多义，动词名词化形式的词义都必然与其词根含义紧密相关。最后，结合词根所具有的含义和名词化形式的含义，分析名词化形式是否能够在实际使用中发展出上述两种情况没有的含义。

1.3.1.4 理论依据的范围

本书的第二章涉及 **kaan** 和 **khwaam** 语法性质的分析，需要依据类型学理论、语法化研究以及动词的过程结构来作为辅助性参考。

类型学对世界上的语言中的名词化种类有比较细致的分类，例如 Comrie & Thompson（1985），Foong Ha Yap et al（2010）和 Matthias Gerner（2012）都提出了存在于大部分语言中的主要的几种名词化类型。其中，Matthias Gerner（2012）对名词化类型做了比较详细的分类，具体如下：

形态性的名词化：1. 零形式的名词化，指动词短语和小句的名词化。2. 通过在动词上添加语素的名词化，例如添加自由语素、前缀、中缀、后缀、环缀、补充语素以及重复语素。3. 通过格语素、领有连接词、量词、复数语素以及限定词实现的名词化，例如格语素通过主格、宾格、动者格、通格、所有格、与格/受益格、方位格等格标记来表示名词化；限定词通过指示词和定冠词来实现名词化。

句法性的名词化：1. 在谓词或谓词词组后加标记、不定指从句标记、定指从句标记，通过上述标记来实现名词化。2. 从句中的名词化，一种是作修饰功能，另一种是作代词功能。

语义类的名词化：1. 含有参与义的名词化，其中通过表示施事、受事、与事、工具、地点的词来表示名词化。2. 含有领有义的名词化，其中有表示态度、原因和目的的意义。3. 含有状态或事件义的名词化。

语用学方面的名词化：1. 焦点表示名词化；2. 体和时表示名词化；3. 态表示名词化；4. 说话者的态度表示名词化；等等。

Heine& Kuteva（2004）提出，按照通行的定义，语法化既包含从词汇形式到语法形式的演变过程，也包含某个语法形式的语法功能向更虚的语法功能发展的过程。语法化包含四个相互关联的机制：去语义化、扩展、去范畴化、销蚀。语法化首先是一个语义上的加工处理。这个加工受制于语境，因此，语法化有可以被描述为语境引发的重新识解过程。不过，并非所有的重新识解都会带来新语法意义的产生，只有当表达具体意义的形式也能够表达抽象意义时，新的语法形式才会浮现出来。人们有时认为语法化总是离不开词汇范畴的参与，这就是说语法化仅仅是从词汇形式到语法形式的发展。这种对语法化演变的认识是肤浅和僵化的，只能涵盖一部分语法化事实。继而语法化还可以是语法形式的项继续发展为语法化程度更高的项，比如前置词经常发展为连词，动词的完成体屈折形态可能发展为过去时标记等，这些只是在功能范畴层面上发生演变的一些代表性案例。语法化一般始于具体的词汇形式，通常终于零形式。也就是说，在演变过程中，语法形式不断丢失语义、语音内容，最终会被新兴的语法形式所取代。

郭锐（1993）提出，动词的过程结构由动词表示的动作或状态的内部过程可能具有的起点、终点和续段三要素构成。由于三要素的有无和强弱的差异，过程结构形成不同的类型。汉语动词的过程结构分为无限结构、前限结构、双限结构、后限结构和点结构五大类共十个小类。这五大类十小类构成一个完整的渐变系统，在这个系统中存在三个典型的过程结构，这就是处于系统两端的无限结构、点结构和处于系统中心的双限结构。从语义类型看，这个典型过程结构类分别是状态、动作和变化，整个系统可看作是以动作为中心向两极（状态和变化）过渡的连续统。其中，双限结构对本书的分析有很大启发意义。双限结构的特点是有起点、有终点、有续段。

本书的第三、四、五章涉及名词化形式与动词性成分内部结构与外部功能的分析。在这些分析中，需要依据结构主义语言学理论作为指导原则。

结构主义语言学理论产生于索绪尔及其代表作《普通语言学教程》。结构主义语言学分成三个主要的流派，分别是布拉格学派、哥本哈根学派以及美国描写语言学学派。本书所运用的结构主义语言学理论主要是美国描写语言学这个流派的理论。在这个流派中对本书的分析具有指导意义的主要是布龙菲尔德的理论。

Bloomfield（1955）在谈论"意义"这一章节的时候提出，意义的定义是说话人发出语言形式时所处的情景和这个形式在听话人那儿所引起的反应。分析意义的方法有指示法、婉转法和翻译法。他认为根据某些可以识别的语音特征或者语法特征，把这个语言里的一些形式归并成不同的形类：在任何一个形类里，每一个形式都包含一个成分，即类义，它对于这个形类的所有的形式都是相同的。他认为意义存在变化多端的问题，我们肯定而且一致承认其中的一个意义是正常的（或者中心的）意义，而另外一些是边缘的（隐喻的或者转移的）意义。在很多情况下，我们往往犹豫，究竟是把一个形式看成是带有好几种意义的形式呢，还是看成是一套同音异义词。使意义不固定的因素有：狭义的意义和广义的意义以及内涵意义和附带意义。

在谈论"句法"这一章节的时候提出，一个语言的自由形式（词和短语）在较大的自由形式（短语）里出现，是按变调、变音、选择和语序这些语法单位来安排的。任何有意义的、重复出现的这些成套的语法单位（简称"法位"）就是句法结构。一个形式能出现的一些位置就是它的多种功能，或作为总体来讲就是它的功能。所有能占据某一特定位置的形式因而就构成一个形类。

每个句法结构都使我们看到两个（或者有时更多的）自由形式结合成一个短语，我们称之为合成短语。一方面，合成短语可能属于一个与任何成分的形类都不同的形类，就是离心结构；另一方面，合成短语可能和一个（或多个）成分一样属于同一个形类，就是向心结构。向心结构分成两类：并列的和从属的。在从属的向心结构中，合成短语和某一个直接成分属于同一个形类，我们管这个成分叫中心词，另一个成分就是修饰语。如果所有组成一个短语的句法结构都是向心的，那么这短语的最终成分中就会有某个词（或某些词——并列的成员），其形类跟短语的一样。这个词就是短语的中心语。因此，短语的句法形类能够由词的句法形类而得来；也就是句法的形类最容易根据词类来描写。

在谈论"词法"这一章节的时候提出，我们所谓一种语言的词法，意思就是黏附形式出现于组成成分中的结构。从定义上讲，这种合成形式也许是黏附形式也许是词，但绝不是短语。因此，我们可以说，词法包含词和词的一部分的结构，而句法包含短语的结构。短语词和有些复合词可以当作边缘地带，因为它们的直接成分里没有黏附形式，然而在某些方面所显示的，与其说是句法的不如说是词法的结构类型。

就词法而论，还找不到一个简单的语言分类法。一种分类法是把很少使用黏附形式的分析语跟大量使用黏附形式的综合语区别开来；另一种分类法是把语言分成四种词法类型：孤立的、黏附的、多形综合的和屈折的。

然而，我们可以根据直接成分来区分词的分类：次要词，包含复合词和派生次要词；基本词，包含派生基本词和语素词。直接成分的原则引导我们观察组成成分的结构次序。组成成分的结构次序跟它们的实际序列是不同的。一个词可以具有一个次要派生词的特征，而仍然只由一个词素组成，这个词素伴有零形式特征，或有替换特征，或异干互补，或减削特征。我们把这些词作为次要派生词来归类，并且将它们称为次要词素词借以识别它们的特点。

在次要派生结构中那些附加在基础形式上的黏附形式就是词缀。在基础形式之前的词缀就是前缀。在基础形式之后的词缀叫作后缀。词缀加在基础形式中间的称为中缀。重叠是由基础形式的重复部分组成的词缀。

在具有复杂形态的语言中，我们可以这样去观察形态的层序：一个合成词可以被描写为恰好是各种不同的复合成分、附加成分、变化成分等依照一定的次序加在基础形式上那样。因此，在某类语言里，我们可以把形态结构区分成好几层的等级。这些等级可以分成若干类：一个合成词的结构，若以其更为直接的成分而论，首先显露的是外层的屈折结构，然后才是里层的构词法结构。

此外，时体范畴的研究也对本书的分析有着很大的间接性启发意义，例如 Vendler, Zeno（1957）、Östen Dahl（1985）、Comrie, Bernard（1976）、Thiengburanathum, Prang（2013、2014）。

1.3.2 研究方法

本书拟对 การ（kaan¹）+VP 形式、ความ（khwaam¹）+VP 形式以及 0+VP 形式进行结构和功能的考察。主要采用结构主义语言学理论作为核心指导原则，从内部结构和外部功能进行了分析，从而对它们的差异和共同点进行了判断。同时，辅以类型学理论、语法化研究以及动词的过程结构研究作为辅助性参考。

具体方法是：采用类型学理论、语法化研究以及动词的过程结构来分析 การ（kaan¹）和 ความ（khwaam¹）的语法性质。采用结构主义语言学理论分析 การ（kaan¹）+VP 形式与 ความ（khwaam¹）+VP 形式的内部结构及其差异，分析 การ（kaan¹）+VP 形式与 ความ（khwaam¹）+VP 形式的外部功能及其差异，分析 0+VP 形式的内部结构与外部功能，分析 การ（kaan¹）+VP 形式与 0+VP 形式的内部结构与外部功能的差异。

1.4 语料的相关问题

1.4.1 语料来源

本书所选择的名词、动词、形容词以及例句，从下面三个方面归纳而出：第一，词典方面，包括 Haas（1964）《泰英学生词典》、广州外国语学院编（1990）《泰汉词典》、泰国皇家学术委员会（1999）《泰文词典》、Huang Jaobao（วงศ์ วรรธนพิเชฐ 2006）《泰英词典》。第二，Amara（2010）《泰语词类》一书中归纳出的泰语动词。这些动词是她从泰国皇家学院版泰文词典、语料库、报纸、小说、访谈、法律文献等，总共长达两百万字的各种语料中挑选出来的。第三，语料库，主要选用泰国国家语料库（TNC）和 SEAlang 语料库中的语料；其他方面，例如泰国文学作品、泰文报纸杂志等。个别例句摘自相关泰语语法著作。

1.4.2 语料标注方法

本书所用例句采用直译和翻译并用的方式，共分为四行：第一行为泰文，第二行为国际音标注音，第三行为汉语直译每个词，第四行为全句翻译。例句中考察的名词、动词、形容词以及名词化形式分别在第一行的泰文部分、第二行的国际音标注音以及第四行的全句翻译中通过加粗和下划线标记出来。

例句用带括号的数字标出，（1）（2）（3）等，全篇论文连续编号。其中如果是表示一个句子中的小类情况，则使用英文小写字母表示，例如 a.b.c.d. 等。如果例句出现在 a.b.c.d.编号后面还有下一级小类的情况，那么用[1][2][3]等表示。每个例句后面均显示例句来源。如果在行文中只是抽取了前面章节中出现过的例句中的某个部分来说明，那么该例子将继续连续编号，在相关章节中会辅以说明；如果在行文中整体重复出现在前面章节中出现过的例句，那么句子也将继续连续编号，同时在相关章节中也会辅以说明。

本书在每一个句子的句末都标注了句子的出处，例如（TNC ACHM058），TNC 是泰国国家语料库的英文缩写，ACHM 代表该条例句的文本种类是学术类文献，058 代表句子的序号。在泰国国家语料库中，语料来源的文献种类一共有 6 种，分别是小说类、报纸类、非学术类、学术类、法律类和其他。在这六个大类中，每一类又有一些特定的字母编号作为代表，小说类中的英文字母分别是 POET、PRVN、PHSH 三种。报纸类中的英文字母是 INT、NWCOL、NWRP 三种。非学术类中的英文字母是 NACET、NACHM、

NACMD、NACSS 四种。学术类中的英文字母是 ACET、ACHM、ACSS 三种。其他这个种类中的英文字母是 BIO、ESUN、IRP、MG、RLG 五种。例如，小说类中的英文字母分别是 POET、PRVN、PHSH 三种，如果一条语料出自小说类文献中，那么句子编号就是（TNC POET001）、（TNC PRVN003）或（TNC PHSH005）。如果我们自己或读者对例句有疑问，那么可以根据句末标注的编号在语料库中进行重新查证，例如我们对编号为（TNC ACSS032）这个句子有疑问，那么可以根据这个句子中出现的相关动词进行检索，然后找到 ACSS032 这个序号，相对应的那段语料就可以显示出来了。本书中符号 Ø 表示在某个名词化形式或动词性成分后面没有修饰成分出现。

1.4.3 泰文转写标准

本书中的泰文转写采用国际音标（IPA）字母，文中一些具体的处理主要参考了 M. R. Kalaja Tingsabadh and Arthur S. Abramson（1993）文章中对泰语国际音标的处理。另外，对个别辅音的音标转写、泰语声调调序也做了一些调整。在此，我们把本书中的泰文辅音符号、元音符号和声调符号的转写做一个具体的说明。

1.4.3.1 泰语声母系统

泰文字母体系属于巴利文系统，创制于 13 世纪，是素可泰王朝兰甘亨国王时期根据高棉文字创制的。现存最早的泰文文献是兰甘亨碑铭，该碑铭的文字形制与后代文献有相当大的差别。现代泰文中有 44 个辅音字母，每个辅音以一个以该辅音起首的常用名词为其名称。这 44 个辅音字母根据与声调配合关系的不同而分为三组，分别称为高辅音组、中辅音组和低辅音组。

泰语声母共 21 个单辅音（参见本章末尾：表 1.1），这些单辅音都可以出现在音节的起首位置充当声母，其中部分辅音还可以和 -r, -l, -w 组成复合辅音。泰语中的复辅音有 12 个，即 kr, khr, kl, khl, kw, khw, tr, thr, pr, phr, pl, phl。（参见本章末尾：表 1.2）

1.4.3.2 泰语韵母系统

泰语有 9 个单元音（参见本章末尾：表 1.3）可以充当音节的主要元音，这 9 个单元音在写法上都有长短之别，其中长元音可以单独充当韵母，也可以跟其他能够充当韵尾的成分组合，构成复合韵母（参见本章末尾：表 1.4），而短元音则从不单独充当韵母，它们只能作为复合韵母的主要元音成分出现于音节中。泰文中虽然有单独的短元音，但其实它们都是一个"短元音+ʔ"构成的复合韵母。元音不包括在泰文字母里。在分类上它们属于符号。

1.4.3.3 泰语声调系统

泰语开音节与闭音节在跟声调拼合时规则不同。开音节有 5 个声调，中辅音、高辅音和低辅音分别只跟其中三个声调相拼（中辅音可以跟五个调都相拼，但其中第四、第五调字很少，是后起的声调现象）。因此，泰文里根据起首辅音分组不同而只以两个声调符号来分别表示这三个调（每组辅音的第一调都不标调）；闭音节有三个声调，其中中、高辅音一个调，低辅音音节因元音长短不同而分为两个调，但都跟开音节第一调一样，不标调。（参见本章末尾：表1.5）

1.5 各章内容简述

本书的主要内容共分为六章。

第一章，绪论。说明本书研究要解答的问题。回顾泰语名词化问题的前期研究文献。说明本书的研究范围与研究方法。说明本书的语料来源以及泰文转写方法。

第二章，讨论 การ（kaan^1）和 ความ（khwaam^1）的语法性质。从 การ（kaan^1）和 ความ（khwaam^1）分布的不同，可以看出它们各自的一条演变规律。在这一演变过程中，การ（kaan^1）和 ความ（khwaam^1）的发展过程具有不平衡性，这在很大程度上取决于它们在句法中的语法性质。因此，要先分析 การ（kaan^1）和 ความ（khwaam^1）的语法性质，说明 การ（kaan^1）和 ความ（khwaam^1）经历了一个怎样由实到虚的过程。然后，分析 การ（kaan^1）和 ความ（khwaam^1）分布于名词、动词和形容词前的特点和差异。本章试图说明以下几个问题：การ（kaan^1）和 ความ（khwaam^1）的语法性质是什么；它们经历了一个怎样的变化过程；การ（kaan^1）和 ความ（khwaam^1）分布于名词前有什么特点和差异；分布于动词前有什么特点和差异；分布于形容词前有什么特点和差异。

第三章，讨论 การ（kaan^1）+ VP 形式与 ความ（khwaam^1）+ VP 形式的内部结构。การ（kaan^1）和 ความ（khwaam^1）分布于动词前使动词名词化的这种情况下，它们后面的动词可以是光杆动词或动词短语。因此，要先分析 การ（kaan^1）+ VP 形式中 VP 的结构种类。然后，分析 ความ（khwaam^1）+ VP 形式中 VP 的结构种类。最后，对比分析 การ（kaan^1）+ VP 形式与 ความ（khwaam^1）+ VP 形式的内部结构。本章试图说明以下几个问题：การ（kaan^1）和 ความ（khwaam^1）所构成的名词化形式的内部结构是怎样的；这些内部结构有什么差异；这些差异说明了什么问题。

第四章，讨论 การ（kaan¹）+VP 形式与 ความ（khwaam¹）+VP 形式的外部功能，并对比二者外部功能的异同。先分析 การ（kaan¹）+VP 形式与 ความ（khwaam¹）+VP 形式的句法组合能力。然后，分析 การ（kaan¹）+VP 形式与 ความ（khwaam¹）+VP 形式可以充当哪些句法成分。继而，对比分析这两种名词化形式的句法组合能力。最后，在同一个动词的前提下，分析 การ（kaan¹）+VP 形式与 ความ（khwaam¹）+VP 形式的不对称性。本章试图说明以下几个问题：由 การ（kaan¹）和 ความ（khwaam¹）所构成的名词化形式的句法功能有怎样的特点；这些句法功能有什么差异；在同一个动词下，การ（kaan¹）和 ความ（khwaam¹）能不能构成最小对立关系。

第五章，讨论 0+VP 形式在主宾语位置上的内部结构与句法组合能力。先分析主宾语位置上的 0+VP 形式的内部结构。然后，对比分析主宾语位置上 การ（kaan¹）+VP 形式与 0+VP 形式内部结构的异同。接着，再进一步对比分析 การ（kaan¹）+VP 形式与 0+VP 形式外部功能的异同。最后，分析 การ（kaan¹）+VP 形式与 0+VP 形式的位于主宾语的不对称性。本章试图说明以下几个问题：动词的名词化形式可以充当主宾语，动词性成分也可以充当主宾语；动词性成分充当主宾语时，它的内部结构是什么样的；处于主宾语位置的前提下，由 การ（kaan¹）所构成的名词化形式与动词性成分在结构与功能上有什么差异；处于主宾语位置并在同一个动词的前提下，它们二者有什么差异。

第六章，结论。对全书进行总结并指出本书的理论价值和实践意义。提出今后进一步研究的设想和方向。理论价值在于，一方面指出泰语名词化前期研究所存在的不足；另一方面，说明泰语中动词性成分可以直接充当主宾语，对语言类型学作出一个有益的补充。实践意义在于，在教学中，我们可以利用 การ（kaan¹）或 ความ（khwaam¹）来判定某个词究竟是属于动词还是属于形容词。今后的研究方向应该是继续探讨还存在于 การ（kaan¹）中的一些隐性语法意义和泰语中的小句名词化问题。

1.6　主要结论

การ（kaan¹）和 ความ（khwaam¹）的语法性质是经历了词汇词阶段而后演化为构词成分并最终虚化为语法标记，是一种语法化的过程。在这个语法化过程中，体现了 การ（kaan¹）和 ความ（khwaam¹）在每个不同阶段的语法功能，并形成了一个语法化路径的连续统：词汇词→构词成分→语法标记。การ（kaan¹）+VP 形式与 ความ（khwaam¹）+VP 形式是结构不同的两个形式，它们的扩展能力与句法组合能力不一样。0+VP 形式与 การ

（kaan¹）＋VP 形式具有基本相同的内部结构，但是，它们的扩展能力与句法组合能力也不一样。การ（kaan¹）＋VP 形式与 ความ（khwaam¹）＋VP 形式不能构成普遍对立的关系。การ（kaan¹）＋VP 形式与 0＋VP 形式具有普遍对立关系。

下面我们将分章详细论述以下四个方面的问题：การ（kaan¹）和 ความ（khwaam¹）的分布、名词化形式的内部结构、名词化形式的外部功能以及名词化形式与动词性成分的异同。

本书的国际音标转写符号与声调符号列表

表 1.1 泰文声母转写为国际音标对照表

	泰文字母	双唇音	泰文字母	唇齿音	泰文字母	齿腭音	泰文字母	硬腭音	泰文字母	软腭音	泰文字母	声门音
送气	ป	p	ผพภ	ph			ตฏ ถฐทธฑฒ	t th	จ ฉชฌ	c ch	ก ขคฆ	k kh	อ	ʔ
不送气	บ	b			ดฎ	d						
鼻音	ม	m			นณ	n			ง	ŋ		
边音					ลฬ	l						
颤音					ร	r						
塞擦音			ฝฟ	f	สษศซ	s					หฮ	h
半元音	ว	w					ยญ	j				

表 1.2 泰文复辅音转写为国际音标对照表

泰文复合辅音字母	分组	转写
กร-	中	kr
ขร-	高	khr
คร-	低	khr
กล-	中	kl

续表

泰文复合辅音字母	分组	转写
ขล-	高	khl
คล-	低	khl
กว-	中	kw
ขว-	高	khw
คว-	低	khw
ตร-	中	tr
ทร-	低	thr
ปร-	中	pr
พร-	低	phr
ปล-	中	pl
ผล-	高	phl
พล-	低	phl

表 1.3 泰文韵母转写为国际音标对照表

	泰文字母	国际音标舌位前	泰文字母	国际音标舌位中	泰文字母	国际音标舌位后
高	-ิ	i	-ึ	ɯ	-ุ	u
中高	เ-	e	โ-	ɤ		o
中			เ-อ	ə		
中低	แ-	ɛ		ɐ		ɔ
低			-า	a		

表 1.4 泰文元音符号、韵母、复合韵母以及韵尾转写为国际音标对照表

元音\韵尾 符号		-i	-u	-m	-n	-ŋ	-p	-t	-k
符号	-ะ	-ัย ไ-ย ไ- ใ-	เ-า	-ัม -ำ	-ัน	-ัง	-ับ	-ัด	-ัก
国际音标	aʔ	ai	au	am	an	aŋ	ap	at	ak

第一章 绪论

续表

元音\韵尾		-i	-u	-m	-n	-ŋ	-p	-t	-k
符号	-า	-าย	-าว	-าม	-าน	-าง	-าบ	-าด	-าก
国际音标	aa	aai	aau	aam	aan	aaŋ	aap	aat	aak
符号	◌ิ		◌ิว	◌ิม	◌ิน	◌ิง	◌ิบ	◌ิด	◌ิก
国际音标	iʔ		iu	im	in	iŋ	ip	it	ik
符号	◌ี			◌ีม	◌ีน		◌ีบ	◌ีด	◌ีก
国际音标	ii			iim	iin		iip	iit	iik
符号	◌ึ			◌ึม	◌ึน	◌ึง	◌ึบ	◌ึด	◌ึก
国际音标	ɯʔ			ɯm	ɯn	ɯŋ	ɯp	ɯt	ɯk
符号	◌ื			◌ืม	◌ืน		◌ืบ	◌ืด	
国际音标	ɯɯ			ɯɯm	ɯɯn		ɯɯp	ɯɯt	
符号	◌ุ	◌ุย		◌ุม	◌ุน	◌ุง	◌ุบ	◌ุด	◌ุก
国际音标	uʔ	ui		um	un	uŋ	up	ut	uk
符号	◌ู	◌ูย		◌ูม	◌ูน	◌ูง	◌ูบ	◌ูด	◌ูก
国际音标	uu	uui		uum	uun	uuŋ	uup	uut	uuk
符号	เ-ะ		เ็ว	เ็ม	เ็น	เ็ง	เ็บ	เ็ด	เ็ก
国际音标	eʔ		eu	em	en	eŋ	ep	et	ek
符号	เ-		เ-ว	เ-ม	เ-น	เ-ง	เ-บ	เ-ด	เ-ก
国际音标	ee		eeu	eem	een	eeŋ	eep	eet	eek
符号	แ-ะ		แ็ว	แ-ม	แ-น	แ็ง	แ็บ	แ็ด	แ็ก
国际音标	ɛʔ		ɛu	ɛm	ɛn	ɛŋ	ɛp	ɛt	ɛk
符号	แ-		แ-ว	แ-ม	แ-น	แ-ง	แ-บ	แ-ด	แ-ก
国际音标	ɛɛ		ɛɛu	ɛɛm	ɛɛn	ɛɛŋ	ɛɛp	ɛɛt	ɛɛk
符号	เ-อ เ-อะ	เ-ย		เ็ม	เ็น	เ็ง	เ็บ	เ็ด	เ็ก
国际音标	əə əʔ	əi		əm	ən	əŋ	əp	ət	ək
符号	โ-ะ			-ม	-น	-ง	-บ	-ด	-ก
国际音标	oʔ			om	on	oŋ	op	ot	ok

续表

韵尾 元音	-i	-u	-m	-n	-ŋ	-p	-t	-k
符号	โ-	โ-ย		โ-ม	โ-น	โ-ง	โ-บ	โ-ด	โ-ก
国际音标	oo	ooi		oom	oon	ooŋ	oop	oot	ook
符号	เ-าะ ็อย					็อง			็อก
国际音标	ɔʔ	ɔi				ɔŋ			ɔk
符号	-อ	-อย		-อม	-อน	-อง	-อบ	-อด	-อก
国际音标	ɔɔ	ɔɔi		ɔɔm	ɔɔn	ɔɔŋ	ɔɔp	ɔɔt	ɔɔk
符号	เ-ีย เ-ียะ	เียว		เียม	เียน	เียง	เียบ	เียด	เียก
国际音标	ia iaʔ		iau	iam	ian	iaŋ	iap	iat	iak
符号	เ-ือ เ-ือะ	เือย		เือม	เือน	เือง	เือบ	เือด	เือก
国际音标	ɯa ɯaʔ	ɯai		ɯam	ɯan	ɯaŋ	ɯap	ɯat	ɯak
符号	ัว ัวะ	วย		-วม	-วน	-วง	-วบ	-วด	-วก
国际音标	ua uaʔ	uai		uam	uan	uaŋ	uap	uat	uak

表 1.5 泰文声调在国际音标中的标示

音节类型	泰文调名	调值	泰文调序	泰文调号	本书调序	例词	转写
开音节	เสียงสามัญ	33	0	中辅音无 低辅音无	1	การ ความ	kaan¹ khwaam¹
开音节	เสียงเอก	22	1	中辅音 ่ 高辅音 ่	2	ด่า ขี่	da² khi²
开音节	เสียงโท	41	2	中辅音 ้ 高辅音 ้ 低辅音 ้	3	ป้า ถ้า เชื่อ	pa³ tha³ chɯa³

续表

音节类型	泰文调名	调值	泰文调序	泰文调号	本书调序	例词	转写
开音节	เสียงตรี	453	3	中辅音 ◌๊ 低辅音 ◌๊	4	โต๊ะ น้ำ	toʔ⁴ nam⁴
开音节	เสียงจัตวา	24	4	中辅音 ◌๋ 高辅音无	5	เก๋ง หั๋น	keeŋ⁵ han⁵
闭音节		22	1	中辅音无 高辅音无	2	ปัก สระ	pak² saʔ²
闭音节		55	3	低辅音无	4	รับ	rap⁴
闭音节		41	2	低辅音 长元音无	3	ทอด	thɔt³

第二章　kaan 和 khwaam 的分布

在第一章，我们讨论了前期研究所存在的问题，并认为对泰语的名词化及其相关问题有进行再研究的必要性。因此，本书在第二、三、四、五章将围绕这个主题进行详细分析。

从 การ（kaan¹）和 ความ（khwaam¹）分布的不同，可以看出它们各自的演变规律。在演变过程中，การ（kaan¹）和 ความ（khwaam¹）的发展过程具有不平衡性，这在很大程度上是因为它们在句法中的语法性质。因此，本章将分析 การ（kaan¹）和 ความ（khwaam¹）的语法性质，说明 การ（kaan¹）和 ความ（khwaam¹）怎样经历了一个由实到虚的过程。然后，分析 การ（kaan¹）和 ความ（khwaam¹）分布于名词、动词和形容词前的特点和差异。

本章试图说明以下几个问题：การ（kaan¹）和 ความ（khwaam¹）的语法性质是什么；它们经历了一个怎样的变化过程；การ（kaan¹）和 ความ（khwaam¹）分布于名词前有什么特点和差异；分布于动词前有什么特点和差异；分布于形容词前有什么特点和差异。

2.1　การ（kaan¹）和 ความ（khwaam¹）的语法性质

การ（kaan¹）和 ความ（khwaam¹）在虚化之前，它们二者均可以是一个词汇词，具有普通名词的特点。之后，การ（kaan¹）和 ความ（khwaam¹）的词汇意义就开始逐步虚化，演变为一种构词成分，能够较为规律地出现于一批词的前面。最后，การ（kaan¹）和 ความ（khwaam¹）的词汇意义更加虚化，成为一种语法标记。

2.1.1　词汇词

การ（kaan¹）和 ความ（khwaam¹）都可以是词汇词，具有普通名词的特点。其中，它们二者既可以单独充当句子成分，也可以与其他词构成固定词组充当句子成分。

2.1.1.1 词汇词 การ（kaan¹）

当 การ（kaan¹）是一个词汇词的时候，它能够单独充当句子成分，可以受其他词的修饰，在句子中与修饰它的成分构成一个词组，例如句子（1）。

（1）เรามีปัจจัยครบสี่แล้วเป็น**การดี**（Thai-Eng lexitron Dict）

rau¹　　mi¹　　pat²cai¹　　khrop⁴　si²　leu⁴　pen¹　**kaan¹**　di¹
我们　　有　　衣食住行　　齐全　　四　　了　　是　　事情　好的

我们的衣食住行都齐全了是个好事情。

句子（1）中的 การ，含义是工作、事情，การ 的后面有修饰语 ดี，การดี 的含义是好的事情，做动词 เป็น 的宾语。

除此之外，虽然 การ（kaan¹）具有普通名词的特点，但是在有些情况下要与其他词组合在一起才能使用，二者构成一个固定词组，例如句子（2）—（3）。

（2）ทุกคนต่างก็มี**งานการ**ทำเป็นของตัวเอง（TNC PRSH011）

thuk⁴　khon¹　taaŋ²kɔ³　mi¹　**ŋaan¹kaan¹**　tham¹　pen¹　khɔŋ⁵　tua¹ʔeeŋ¹
每　　　人　　都　　　有　　事情事务　　做　　　是　　的　　自己

每个人都有自己的**事情**做。

（3）น้องเขยเป็นคน**เอาการเอางาน**（SEAlang）

nɔŋ⁴khəi⁵　pen¹　khon¹　**ʔau¹kaan¹ʔau¹ŋaan¹**
妹夫　　　　是　　人　　　认真工作

妹夫是一个认真工作的人。

句子（2）中的 การ，含义是事情、事务，通常与名词 งาน 搭配使用，形成一个固定词组 งานการ，含义是事情，在句中做动词 มี 的宾语。句子（3）中的 การ，含义是工作、事情，เอาการเอางาน 是一个固定词组，การ 的含义包含在整个词组的含义中，这个固定词组的含义是认真工作，在句中做名词 คน 的定语。

从上述 2.1.1.1 的分析可以看出，การ（kaan¹）可以独立成词，充当句子成分，并受其他成分的修饰。此外，การ（kaan¹）也可以与其他成分组合在一起构成一个固定词组，共同充当句子成分。在由 การ（kaan¹）所构成的固定词组中，การ（kaan¹）的含义往往也融合于这个固定词组之中。这些由 การ（kaan¹）所构成的固定词组还有 จัดการ（cat²kaan¹ 安排）ให้การ（hai³kaan¹ 提供证词）ทางการ（thaaŋ¹ kaan¹ 官方）กิจการ（kit²ca?²kaan¹ 事务）หลักการ（lak²kaan¹ 原则）เจ้ากี้เจ้าการ（cau³ki³cau³kaan¹ 碍事之人）等。

2.1.1.2 词汇词 ความ（khwaam¹）

当 ความ（khwaam¹）是一个词汇词的时候，它能够单独充当句子成分，可以受其他词的修饰，在句子中与修饰它的成分构成一个词组，例如句子（4）。

(4) นายควรเรียนให้รู้<u>ความ</u>ข้อนี้เสียบ้าง（TNC ACHM047）

naai¹　khuan¹　rian¹　hai³　ru⁴　**khwaam¹**　khɔ³　ni⁴　sia⁵　baaŋ³
你　　应该　　学习　使之　知道　khwaam　　点　　这　　助词　些

你应该略微懂得这个<u>含义</u>。

句子（4）中的 ความ，意思是内容、含义，ความ 的后面有修饰语 ข้อนี้，ความข้อนี้ 的含义是这个含义，做动词 ควรเรียนให้รู้ 的宾语。

除此之外，虽然 ความ（khwaam¹）具有普通名词的特点，但是在有些情况下要与其他词组合在一起才能使用，二者构成一个固定词组，例如句子（5）—（6）。

(5) บทนี้มี<u>เนื้อความ</u>ยาวมาก（TNC ACHM011）

bot²　ni⁴　mi¹　**nɯa⁴khwaam¹**　jaau¹　maak³
文章　这　有　　内容　　　　　　长　　非常

这篇文章有很长的<u>内容</u>。

(6) <u>อายุความ</u>จะเริ่มนับแต่เมื่อใด（TNC ACSS068）

ʔa¹juʔ⁴khwaam¹　caʔ²　rəm³　nap⁴tɛʔ²　mɯa³dai¹
年龄　案件　　　　　要　　开始　从　　　　何时

<u>案件时效</u>从何时开始？

句子（5）中的 ความ，含义是事情、内容，通常与名词 เนื้อ 搭配使用，形成一个固定词组 เนื้อความ，含义是内容，在句中做动词 มี 的宾语。句子（6）中的 ความ，含义是案件、事情，อายุความ 是一个固定词组，ความ 的含义包含在整个名词的含义中，这个固定词组的含义是案件时效，在句中做主语。

从上述 2.1.1.2 的分析可以看出，ความ（khwaam¹）可以独立成词，充当句子成分，并受其他成分的修饰。此外，ความ（khwaam¹）也可以与其他成分组合在一起构成固定词组，共同充当句子成分。在由 ความ（khwaam¹）所构成的固定词组中，ความ（khwaam¹）的含义往往也融合于这个固定词组之中。这些由 ความ（khwaam¹）所构成的固定词组还有 ว่าความ（wa³khwaam¹ 驳斥）เก็บความ（kep²khwaam¹ 选择要点）ใส่ความ（sai²khwaam¹ 诬陷）กินความ（kin¹khwaam¹ 推敲）ข้อความ（khɔ³khwaam¹ 内容；消息）บทความ（bot² khwaam¹ 文章）ข้อใหญ่ใจความ（khɔ³jai²cai¹khwaam¹ 要点）等。

从上述 2.1.1 的分析可以看出，การ（kaan¹）和 ความ（khwaam¹）充当词汇词的时候，可以单独充当句子成分，也可以与其他词构成固定词组充当句子成分。其中，当它们二者与其他词构成固定词组的时候，其自身的含义会体现为容易辨认（例如，งานการ 和 เนื้อความ）和不容易辨认（例如，เอาการเอางาน 和 ใส่ความ）两种情况。

根据 การ（kaan¹）和 ความ（khwaam¹）的含义分为容易辨认和不容易辨认来看，它们的含义会经历一个语义漂白的过程，也就是说 การ（kaan¹）和 ความ（khwaam¹）会由一个比较实的语素向一个比较虚的语素即构词成分演变，这时它们自身的语义体现出不完全虚化的情况。把 การ（kaan¹）和 ความ（khwaam¹）当成构词成分来看待，是因为它们能够有规律地分布于一批名词的前面。

2.1.2 构词成分

除了 การ（kaan¹）可以分布于名词前以外，ความ（khwaam¹）还可以分布于少数的几个名词前，由它们二者所构成的名词性成分也有所不同。การ（kaan¹）分布于名词前通常与原名词的含义不同，ความ（khwaam¹）分布于名词前通常与原名词的含义相近。

2.1.2.1 构词成分 การ（kaan¹）

在此部分，我们需要列出名词和 การ（kaan¹）分布于名词前的两组句子，从而形成一组对照，以便观察名词的含义和加了 การ（kaan¹）的整个名词性成分的含义有什么区别。前加了 การ（kaan¹）的名词，在含义上表现为两种情况：一种是名词性成分的含义表现为显性的改变，与名词的含义不同。另一种是名词性成分的含义表现为隐性的改变，与名词的含义相近。例如句子（7）—（8）。

（7）a. ธัญญาอยู่บ้าน แล้วชอบลงไปใน**ครัว**ทำกับข้าว （TNC BIO009）

than¹ja¹ ju² baan³ lɛu⁴ chɔp³ loŋ¹ pai¹ nai¹ **khrua¹**
唐雅 在 家 然后 喜欢 下 去 在…内 厨房

tham¹ kap²khaau³
做 菜

唐雅在家的时候，喜欢去**厨房**做饭。

b. ข้าพเจ้าเตรียมอุปกรณ์**การครัว**และเครื่องปรุงพร้อมสรรพ（TNC NACHM107）

kha³pha?²chau³ triam¹ ?up²pa²kɔn¹ **kaan¹khrua¹** lɛ?⁴ khrɯaŋ³pruŋ¹
我 准备 器具 事情 厨房 和 调料

phrɔm⁴   sap²
同时   各种

我准备了**烹调**器具以及各种调料。

句子（7）a、b。句子 a 中，ครัว 是一个名词，含义是厨房，指做饭菜的屋子。句子 b 中，การครัว 是一个名词性成分，含义是烹饪、烹调，指有关做饭做菜的事务。在名词性成分 การครัว 中，การ 和 ครัว 的含义已经无法辨认，它们融合在一起发展出了一个新的含义。

(8) a. **ไฟฟ้า**เป็นพลังงานที่สำคัญในการสนับสนุนการพัฒนากิจกรรมต่าง ๆ（TNC ACSS069）

fai¹fa⁴   pen¹   phaʔ⁴laŋ¹ŋaan¹   thi³ sam⁵khan¹ nai¹
电   是   能源   的   重要   在……内
kaan¹   saʔ²nap²saʔ²nun⁵ kaan¹phat⁴thaʔ⁴na¹
kaan   支持   kaan   发展
kit²caʔ²kam¹   taaŋ²taaŋ²
活动   各种

电是促进各种事业发展的重要能源。

b[1]หลังจากนั้นพ่อก็ย้ายไปทำงาน**การไฟฟ้า**（TNC ACSS069）
laŋ⁵caak² nan⁴ phɔ³ kɔ³ jaai⁴ pai¹ tham¹ŋaan¹ **kaan¹fai¹fa⁴**
之后   那   爸爸 就 搬迁 去   做   工作   事务 电

自此之后，爸爸就转向从事**电力工程**。

b[2]**การไฟฟ้า**ฝ่ายผลิตเป็นรัฐวิสาหกิจซึ่งผูกขาดการขายกระแสไฟฟ้าในประเทศไทยแต่ผู้เดียว（TNC ACHM059）

kaan¹fai¹fa⁴   faai²   phaʔ²lit²   pen¹ ratʔ⁴wiʔ⁴saʔ⁵haʔ²kit² suŋ³
事务   电   方面   生产   是   国营企业   虚词
phuuk²khaat²   kaan¹khaai⁵   kraʔ²sɛ⁵fai¹fa⁴   nai¹   praʔ²theet²
垄断   kaan 卖   电力   在…内   国家
thai¹   phu³   diau¹
泰国   人   单一

电力局是唯一一家垄断泰国国内电力买卖的国营企业。

句子（8）a、b。句子 a 中，ไฟฟ้า 是一个名词，含义是电，指有电荷存在和电荷变化的现象，或者表示一种能源。句子 b[1]中，การไฟฟ้า 是一个名词性成分，含义是电气工程，指与电有关的工作。在名词性成分 การไฟฟ้า b[1]中，การ 和 ไฟฟ้า 保留原有的含义，整个词的含义是它们二者相加之义。句子 b[2]中，การไฟฟ้า 是一个名词性成分，含义是电力局，指管理与电相关事务的机构。在名词性成分 การไฟฟ้า b[2]中，การ 和 ไฟฟ้า 的含义已经无法辨认，它们融合在一起发展出了一个新的含义。

从上述 2.1.2.1 的分析可以看出，การ（kaan¹）分布于名词前，其语义没有完全虚化。通常说来由它所构成的名词性成分在含义上体现了显性的改变和隐性的改变两种情况。显性的改变中，整个名词性成分通常是 การ（kaan¹）和名词的含义无法辨认，它们融合在一起发展出了一个新的含义。隐性的改变中，整个名词性成分通常是 การ（kaan¹）和名词保留原有的含义，整个词的含义是它们二者相加之义。

这样看来，การ（kaan¹）是一个既有语法意义又有词汇意义的构词成分。说 การ（kaan¹）具有语法意义，是因为当 การ（kaan¹）与名词组合在一起，由它们所构成的名词性成分的含义有显性的改变，这时候整个名词性成分的含义融合了 การ（kaan¹）的含义与该名词的含义而发展出一个新的含义，这两个部分的语义具有不透明性。说 การ（kaan¹）具有词汇意义，是因为当 การ（kaan¹）与名词组合在一起，由它们所构成的名词性成分的含义是隐性的改变，这时候 การ（kaan¹）具有名词的特点，整个名词性成分的含义等于 การ（kaan¹）与该名词直接相加而得出，这两个部分的语义具有透明性。

2.1.2.2 构词成分 ความ（khwaam¹）

在此部分，我们需要列出名词和 ความ（khwaam¹）分布于名词前的两组句子，从而形成一组对照，以便观察名词的含义和加了 ความ（khwaam¹）的整个名词性成分的含义有什么区别。前加了 ความ（khwaam¹）的名词，在含义上表现为两种情况：一种是名词性成分的含义表现为隐性的改变，与名词的含义相近。另一种是名词性成分的含义表现为显性的改变，与名词的含义不同。例如句子（9）—（10）。

(9) a. ทั้งฝ่ายชนะและฝ่ายแพ้สงครามต่างก็ประสบ<u>หายนะ</u>จากการสงครามทั้งสิ้น（TNC ACSS040）

thaŋ⁴	faai²	chaʔ⁴naʔ⁴	lɛʔ⁴	faai²	<u>phɛ⁴</u>	soŋ⁵khraam¹
既	方面	胜利	又	方面	失败	战争

taaŋ²	kɔʔ³	praʔ²sop²	<u>haai⁵jaʔ⁴naʔ⁴</u>	caak²
各自		遇到	灾难	从

soŋ⁵ khraam¹	thaŋ⁴sin³
战争	所有

战争的胜利方和战败方都将遭受战争带来的<u>灾难</u>。

b. เมื่อการพัฒนาอุตสาหกรรมขยายตัวออกไปมากขึ้นก็นำไปสู่<u>ความหายนะ</u>ของชนบท（TNC ACHM007）

mɯa³	kaan¹	phat⁴tha?⁴na¹	?ut²sa⁵ha?²kam¹
当…时候	kaan	发展	工业
kha?²jaai⁵tua¹	?ɔk²	pai¹	maak³ khɯɯn³
扩大	出	去	非常 上
kɔ³	nam¹	pai¹	suu²
就	带来	去	至
khwaam¹haai⁵ja?⁴na?⁴	khɔŋ⁵	chon¹na?⁴bot²	
性质 灾难	的	农村	

当工业壮大发展就会导致农村的<u>灾难化</u>。

句子（9）a、b。句子 a 中，หายนะ 是一个名词，含义是灾难，指天灾人祸所造成的严重损害和痛苦。句子 b 中，ความหายนะ 是一个名词性成分，含义是灾难化。在名词性成分 ความหายนะ 中，ความ 和 หายนะ 保留原有的含义，整个词的含义是它们二者相加之义。a 句侧重表达灾难这个事情，b 句侧重表达灾难的状态属性。

（10）a. พี่บัวเคยบอกแกว่า**หลัง**บ้านที่เราอยู่ทุกวันนี้มีของดีๆของเก่าๆอยู่เยอะ（TNC NWCOL017）

phi³bua¹	khəi¹	bɔk²		kɛ¹	wa³	**laŋ⁵**	baan³	thi³
哥哥布瓦	曾经	告诉		给	说	后面	屋子	的
rau¹	ju²	thuk⁴wan¹ni⁴	mi¹	khɔŋ⁵	di¹di¹	khɔŋ⁵	kau²kau²	
我们	在	现在	有	东西	好	东西	旧的	
ju²	jə?⁴							
在	许多							

布瓦哥哥曾告诉他说，我们现在住的屋子<u>后面</u>有许多值钱的东西。

b. ชายหนุ่มลืม**ความหลัง**ไม่ได้ （TNC ACHM041）

chaai¹	num²	lɯɯm¹	**khwaam¹laŋ⁵**	mai³dai³
男	少年	忘记	性质 后面	不能

男子忘不了<u>过去</u>。

句子（10）a、b。句子 a 中，หลัง 是一个名词，含义是后面，指空间或位置靠后的部分。句子 b 中，ความหลัง 是一个名词性成分，含义是过去，指从前、以前的时期，与现在、将来相对。在名词性成分 ความหลัง 中，ความ 和 หลัง 的含义已经无法辨认，它们融合在一起发展出了一个新的含义。a 句的含义是后面，表示空间概念，b 句的含义是过去，表示时间概念。

从上述 2.1.2.2 的分析可以看出，ความ（khwaam¹）分布于名词前，其语义没有完全虚化。通常说来由它所构成的名词性成分在含义上体现了隐性的改变和显性的改变两种情况。隐性的改变中，整个名词性成分通常是

ความ（khwaam¹）和名词保留原有的含义，整个词的含义是它们二者相加之义。显性的改变中，整个名词性成分通常是 ความ（khwaam¹）和名词的含义无法辨认，它们融合在一起发展出了一个新的含义。

这样看来，ความ（khwaam¹）是一个既有词汇意义又有语法意义的构词成分。说 ความ（khwaam¹）具有词汇意义，是因为当 ความ（khwaam¹）与名词组合在一起，由它们所构成的名词性成分的含义是隐性的改变，这时候 ความ（khwaam¹）具有名词的特点，整个名词性成分的含义等于 ความ（khwaam¹）与该名词直接相加而得出，这两个部分的语义具有透明性。说 ความ（khwaam¹）具有语法意义，是因为当 ความ（khwaam¹）与名词组合在一起，由它们所构成的名词性成分的含义是显性的改变，这时候整个名词性成分的含义是融合了 ความ（khwaam¹）的含义与该名词的含义而发展出一个新的含义，这两个部分的语义具有不透明性。

从上述 2.1.2 的分析可以看出，如果用 NP 表示名词或名词词组，前加了构词成分 การ（kaan¹）后表示为 การ（kaan¹）+NP 形式，前加了构词成分 ความ（khwaam¹）后表示为 ความ（khwaam¹）+NP 形式。从上述对 การ（kaan¹）和 ความ（khwaam¹）充当构词成分的分析来看，不存在词类发生改变的现象，只是词的语义发生了改变。这种词义的改变分为两种情况：一种是显性的改变，另一种是隐性的改变。

การ（kaan¹）+NP 形式中，การ（kaan¹）通常使得整个名词性成分的含义呈显性的改变。ความ（khwaam¹）+NP 形式中，ความ（khwaam¹）通常使得整个名词性成分的含义呈隐性的改变。

2.1.3 语法标记

通常说来，动词、形容词通过前加 การ（kaan¹）或 ความ（khwaam¹）都可以变为名词化形式。一种名词化形式是动词、形容词前加 การ（kaan¹），例如动词 เดิน（dən¹，行走），名词化后是 การเดิน（kaan¹ dən¹，行走）；บิน（bin¹，飞；飞行），名词化后是 การบิน（kaan¹ bin¹，飞行；航空业）。再例如形容词 ใจดี（cai¹di¹，善良），名词化后是 การใจดี（kaan¹cai¹di¹，善良）。另一种名词化形式是动词、形容词前加 ความ（khwaam¹），例如动词 รู้สึก（ru⁴suk²，觉得），名词化后是 ความรู้สึก（khwaam¹ru⁴suk²，感觉）；รู้（ru⁴，知道），名词化后是 ความรู้（khwaam¹ru⁴，知识）。再例如形容词 สะดวก（sa?²duak²，方便），名词化后是 ความสะดวก（khwaam¹ sa?²duak²，方便）；เร็ว（reu¹，快），名词化后是 ความเร็ว（khwaam¹ reu¹，速度；速率）。

在 การ（kaan¹）和 ความ（khwaam¹）都可以分别分布于动词、形容词前的情况下，การ（kaan¹）和 ความ（khwaam¹）分布于动词前使动词名词化的情况有所不同；การ（kaan¹）和 ความ（khwaam¹）分布于形容词前使形容词名词化的情况也各有不同。

2.1.3.1 名词化标记 การ（kaan¹）

การ（kaan¹）在充当名词化标记的时候，通常可以使动词名词化，也可以使形容词名词化。由于 การ（kaan¹）几乎可以使所有的动词名词化，但是只有少数几个形容词能够前加 การ（kaan¹）而名词化。因此，本书先讨论 การ（kaan¹）用于动词前的情况，再讨论 การ（kaan¹）用于形容词前的情况。

在此部分，我们需要列出动词和 การ（kaan¹）使动词名词化的两组句子，从而形成一组对照，以便观察动词的含义和加了 การ（kaan¹）的整个名词化形式的含义有什么区别和联系。动词充当谓语时，其含义通常表示一种动作、行为，该动词前加 การ（kaan¹）而名词化后，在含义上通常表现为两种情况：一种是名词化形式的含义表现为显性的改变，与动词含义不同；另一种是名词化形式的含义表现为隐性的改变，与动词含义相近。例如句子（11）—（14）。

（11）a. นกกระจาบที่ถูกปล่อย**บิน**ไปได้ไม่ไกลนักก็หมดเรี่ยวแรง （TNC ACHM005）

nok⁴kra?²caap² thi³ thuuk² plɔi² **bin¹** pai¹ dai³ mai³ klai¹
麻雀 的 被 放 飞 去 得 不 远

nak⁴ kɔ³ mot² riau³rɛŋ¹
语气词 就 完 力气

被放生的麻雀没飞多远就没力气了。

b. ทหารอาสาไทยได้ไปสงครามยุโรปและกลับมาเริ่มสร้าง**การบิน**ขึ้น（TNC ACSS093）

tha?⁴haan⁵ ?a¹sa⁵ thai¹ dai³ pai¹ soŋ⁵khraam¹ ju?⁴rop²
军人 志愿 泰国 已经 去 战争 欧洲

lɛ?⁴ klap² ma¹ rəm¹ saaŋ³ **kaan¹bin¹** khun¹
和 回 来 开始 建造 kaan飞行 上

泰国志愿军去参加了欧洲战役，回国后建立了航空工业。

c. ลักษณะและรูปแบบ**การบินของนก**แต่ละชนิดยังแตกต่างกัน（TNC MG013）

lak⁴sa?²na?² lɛ?⁴ ruup³bɛp² **kaan¹bin¹** khɔŋ⁵ nok⁴
特点 和 方式 kaan飞 的 鸟

tɛ²laʔ⁴	chaʔ²nit⁴	jaŋ¹	tɛk²taaŋ²	kan¹
每一	种类	还	不同	一起

每一种鸟的飞行特点和方式都不尽相同。

句子（11）a、b、c。句子 a 中，บิน 是一个不及物动词，含义是飞、飞行，指（鸟、虫等）鼓动翅膀在空中活动。该动词充当谓语。句子 b 中，การบิน 是动词的名词化形式，含义是航空业，指与飞行这个行为相关的综合事务。这里名词化形式的词义与动词相比较是一种显性的改变。句子 c 中，การบินของนก 是动词的名词化形式，含义是鸟的飞行。这里名词化形式的词义与动词相比较是一种隐性的改变。

(12) a. คืนนี้ คุณอยากจะ**กิน**อะไรล่ะ（TNC ACHM007）

khɯɯn¹	ni⁴	khun¹	jaak²	caʔ²	**kin¹**	ʔaʔ²rai¹	laʔ³
晚上	这	你	想	将要	吃	什么	呢

今晚，你想**吃**什么呢？

b. วิวัฒนาการ**การกินของมนุษย์**ได้ค่อยๆเปลี่ยนแปลงและมีลักษณะพลิกแพลงมากขึ้น（TNC NACMD088）

wiʔ⁴wat⁴thaʔ²na¹kaan¹	**kaan¹kin¹**	khɔŋ⁵	**maʔ⁴nut⁴**	dai³
进化	kaan 吃	的	人类	已经

khɔi³khɔi³	plian²pleŋ¹	lɛʔ²mi¹	lak⁴saʔ²naʔ²
慢慢的	改变	和有	特点

phlik⁴phleŋ¹	maak³	khɯn³
巨大的	非常	上

人类**饮食**的进化是逐步变化的，并有着翻天覆地的特点。

c. **การกินด้วยช้อนกับส้อมนั้น**ดูจะเป็นแบบแผนที่ไทยเราพัฒนามาเป็นลักษณะเฉพาะตัวจริงๆ（TNC BIO041）

kaan¹	**kin¹**	duai³	chɔn⁴	kap²	sɔm³	nan⁴
kaan	吃	以…方式	勺	和	叉	那

duʔ¹caʔ²	pen¹	bɛp²phɛn⁵	thi³	thai¹	rau¹
似乎	是	模式	的	泰国	我们

phat⁴thaʔ²na¹	pen¹	lak⁴saʔ²naʔ²
发展	是	特点

chaʔ²phɔʔ²tua¹	ciŋ¹ciŋ¹
尤其	真的

用勺和叉子来吃似乎是我们泰国人发明的独有的方式。

句子（12）a、b、c。句子 a 中，กิน 是一个及物动词，含义是吃，指把食物等放到嘴里经过咀嚼咽下去。该动词充当谓语。句子 b 中，

การกินของมนุษย์ 是动词的名词化形式，含义是人类的饮食。这里的饮食指吃的和喝的东西，指与吃这个动作相关的综合内容。这里名词化形式的词义与动词相比较是一种显性的改变。句子 c 中，การกินด้วยช้อนกับส้อมนั้น 是动词的名词化形式，含义是用勺和叉子吃。这里名词化形式的词义与动词相比较是一种隐性的改变。

（13）a. ผม**ออกกำลังกาย**ทุกวัน（TNC BIO030）

phom⁵　　**ʔɔk²kam¹laŋ¹kaai¹**　　thuk⁴wan¹
我　　　　锻炼身体　　　　　　　每天

我每天**锻炼身体**。

b. สิ่งที่ขาดไม่ได้นั่นก็คือ**การออกกำลังกายอย่างสม่ำเสมอ**（TNC INST081）

siŋ²　　thi³　　　　　khaat²　mai³dai³　　　nan³　kɔ³　　khɯ¹
事情　　的　　　　　缺乏　　不能　　　　那　　就　　是

kaan¹　**ʔɔk²kam¹laŋ¹kaai¹**　jaaŋ²　sa²mam²sa²mɔ⁵
kaan　　锻炼身体　　　　　　地　　　经常

不能缺少的事情，那就是**经常性地锻炼**。

句子（13）a、b。句子 a 中，ออกกำลังกาย 是一个不及物动词，含义是锻炼，指通过体育运动使身体强壮。该动词充当谓语。句子 b 中，การออกกำลังกายอย่างสม่ำเสมอ 是动词的名词化形式，含义是经常性地锻炼。这里名词化形式的词义与动词相比较是一种隐性的改变。

（14）a. เวลาเด็กเห็นคนแก่**เดิน**หลังโกง ก็อาจจะเลียนแบบบ้าง（TNC ACSS145）

we¹la¹　　　dek²　hen⁵　khon¹kɛ²　**dən¹**　laŋ⁵　kooŋ¹　kɔ³　ʔaat²caʔ²
当……时候　孩子　看见　老人　　　走　　　背部　驼　　就　　可能

lian¹pɛp²　baaŋ³
模仿　　　一些

当孩子看见老人驼背**行走**的时候，可能会模仿。

b. ในแอฟริกา **การเดินช้า**ๆ ถือว่าเป็นกฎ คนที่เร่งรีบ จะถูกสงสัยว่าพยายามที่จะโกหก（TNC ACHM074）

nai¹　　　　ʔe¹friʔ²kaʔ¹　**kaan¹dən¹cha⁴cha⁴**
在……内　　非洲　　　　kaan　走　慢慢地

thɯɯ⁵wa³　pen¹　　kot²　　khon¹　thi³　　　　　reŋ³riip³
认为　　　是　　　规则　　人　　　的　　　　　急忙

caʔ²　　thuuk²　sɔŋ⁵sai⁵　wa³　　phaʔ²ja¹jaam¹
会　　　被　　　怀疑　　说　　　尽量

thi³ca?²   ko¹hok²
虚词   欺骗

在非洲，<u>慢慢走</u>是一种基本规则，走得急的人会被怀疑是要极力隐瞒什么。

句子（14）a、b。句子 a 中，เดิน 是一个不及物动词，含义是走，指人或鸟兽的脚交互向前移动。该动词充当谓语。句子 b 中，การเดินช้าๆ 是动词的名词化形式，含义是慢慢走。这里名词化形式的词义与动词相比较是种隐性的改变。

如果用 VP 表示动词或动词词组，前加了标记 การ（kaan¹）并名词化后表示为 การ（kaan¹）+VP 形式。การ（kaan¹）使动词名词化后，由 การ（kaan¹）构成的名词化形式的语义有两种情况：一种是显性的改变，การ（kaan¹）+ VP 形式与 VP 的语义不同，การ（kaan¹）+ VP 形式的含义是 การ（kaan¹）和 VP 的含义相加之义，表示一种事物化的概念，例如句子（11b、12b）。另一种是隐性的改变，การ（kaan¹）+ VP 形式与 VP 的语义相近，主要体现 VP 的含义，表示某种行为，例如句子（11c、12c、13、14）。

下面，我们需要列出形容词和 การ（kaan¹）使形容词名词化的两组句子，从而形成一组对照，以便观察形容词的含义和加了 การ（kaan¹）的整个名词化形式的含义有什么区别和联系。此外，上述这些能够前加 การ（kaan¹）的形容词，通常都能够前加 ความ（khwaam¹），所以我们还需要列出 ความ（khwaam¹）分布于形容词前的情况的句子，以便与形容词以及 การ（kaan¹）分布于形容词前的情况形成对照，并分析形容词的含义和加了 ความ（khwaam¹）的整个名词化形式的含义有什么区别和联系。

形容词充当谓语或定语时，其含义通常表示一种性质、属性，该形容词前加 การ（kaan¹）而名词化后，在含义上通常表达一种行为化的概念；前加 ความ（khwaam¹）而名词化后，在含义上通常表达一种抽象概念。例如句子（15）—（16）。

(15) a. ตัวทางเศรษฐีเองเป็นชาย<u>ใจดี</u>（TNC NACHM091）
　　　 tua¹　thaaŋ¹　set²thi⁵　?eeŋ¹　pen¹　chaai¹　<u>cai¹di¹</u>
　　　 身体　方面　　富翁　　自己　是　　男子　　善良
　　　 富翁是一个<u>善良</u>的男子。

b. บางครั้ง<u>การใจดีเกินไป</u>อาจทำให้เสียการปกครอง（TNC NACHM087）
　　baaŋ¹khraŋ⁴　<u>kaan¹cai¹di¹</u>　kən¹　pai¹　?aat²　tham¹hai³　sia⁵
　　有时　　　　kaan 善良　　　超过　去　　可能　使得　　失去

kaan¹   pok²khrɔŋ¹
kaan   管理

有时，<u>过度的善良行为</u>可能会导致管理方面的失败。

c. พลังแห่ง<u>ความใจดี</u>นั้นสัมผัสพวกเราทุกคน（TNC NACHM048）

phaʔ⁴laŋ¹   hɛŋ²   <u>khwaam¹cai¹di¹</u>   nan⁴   sam⁵phat²   phuak³
力量   的   khwaam 善良   那   碰触   们

rau¹   thuk⁴   khon¹
我们   每   人

那种<u>善良</u>的力量感动了我们每个人。

句子（15）a、b、c。句子 a 中，ใจดี 是一个形容词，含义是善良，指心地纯洁、没有恶意，侧重表达善良这种性质。该形容词充当定语，修饰名词 ชาย。句子 b 中，การใจดีเกินไป 是形容词的名词化形式，含义是过度的善良行为，侧重表达善良这种行为。句子 c 中，ความใจดี 是形容词的名词化形式，含义是善良，侧重表达善良这种抽象概念。

（16）a. ชายคนนั้น<u>ถ่อมตัว</u>（TNC PRNV156）

chai¹   khon¹   nan⁴   <u>thɔm²tua¹</u>
男   人   那   谦虚

那个男子很<u>谦虚</u>。

b. บุคคลเหล่านี้ยังหาความปลอดภัยโดย<u>การถ่อมตัว</u>เป็นพิเศษ（TNC ACSS161）

puk²khon¹   lau²ni⁴   jaŋ¹   ha⁵   khwaam   plɔt²phai¹   dooi¹
人   这些   还   找   khwaam   安全   以……方式

<u>kaan¹thɔm²tua¹</u>   pen¹phiʔ⁴set²
kaan 谦虚   专门的

这些人专门用<u>谦虚</u>的方式找到了安全感。

c. หน้ากากของ<u>ความถ่อมตัว</u>ทำให้เธอรู้สึกปลอดภัย（TNC ACSS161）

na³kaak²   khɔŋ⁵   <u>khwaam¹thɔm²tua¹</u>   tham¹hai³
面具   的   khwaam 谦虚   使得

thə¹   ru⁴sɯk²   plɔt²phai¹
她   觉得   安全

<u>谦虚</u>的外表使她觉得安全。

句子（16）a、b、c。句子 a 中，ถ่อมตัว 是一个形容词，含义是谦虚，指虚心、不自满、肯接受批评，侧重表达谦虚这种性质。该形容词充当谓语。句子 b 中，การถ่อมตัว 是形容词的名词化形式，含义是谦虚，侧重表

达谦虚这种行为。句子 c 中，ความถ่อมตัว 是形容词的名词化形式，含义是谦虚，侧重表达谦虚这种抽象概念。

如果用 AP 表示形容词或形容词词组，前加了标记 การ（kaan¹）并名词化后表示为 การ（kaan¹）+ AP 形式。การ（kaan¹）使形容词名词化后，其语义通常是一种隐性的改变。การ（kaan¹）+ AP 形式与 AP 的语义相近，主要体现 AP 的含义，表示行为化的意义。此外，与 การ（kaan¹）+ AP 形式相对应的几个 ความ（khwaam¹）+ AP 形式，二者所表达的含义也有所区别，前者表达行为化的概念，后者表达一种抽象概念。

从上述 2.1.3.1 的分析可以看出，การ（kaan¹）能使动词名词化，但只能使少数几个形容词名词化。การ（kaan¹）使动词名词化后，名词化形式的含义存在显性改变和隐性改变，前者表达一种事物化的概念，后者表达一种行为。การ（kaan¹）使形容词名词化后，名词化形式的含义是隐性的改变，表达一种行为化的概念。

2.1.3.2 名词化标记 ความ（khwaam¹）

ความ（khwaam¹）在充当名词化标记的时候，通常可以使形容词名词化，也可以使动词名词化。由于 ความ（khwaam¹）几乎可以使所有的形容词名词化，但是只有少部分动词能够前加 ความ（khwaam¹）而名词化。因此，本书先讨论 ความ（khwaam¹）分布于形容词前的情况，再讨论 ความ（khwaam¹）分布于动词前的情况。

在此部分，我们需要列出形容词和 ความ（khwaam¹）使形容词名词化的两组句子，从而形成一组对照，以便观察形容词的含义和加了 ความ（khwaam¹）的整个名词化形式的含义有什么区别和联系。形容词充当谓语、定语或状语时，其含义通常表示一种性质、属性，该形容词前加 ความ（khwaam¹）而名词化后，在含义上通常表现为两种情况，一种是名词化形式的含义表现为显性的改变，与形容词含义不同；另一种是名词化形式的含义表现为隐性的改变，与形容词含义相近。例如句子（17）—（20）。

（17）a. นิทานชาดกจึงเป็นเรื่อง**จริง**ในทัศนะของชาวไทย（TNC ACHM011）

ni?⁴thaan¹ cha¹dok² cɯŋ¹ pen¹ rɯaŋ³ **ciŋ¹** nai¹
故事　　　佛本生经　　就　　是　　事情　　真实的　　在……内

that⁴sa?²na?⁴ khɔŋ⁵ chaau¹ thai¹
观点　　　　的　　　　人　　　泰国

在泰国人的观念中，佛本生经故事是**真实的**故事。

b. นักวิจัยแทบทุกคนยอมรับ**ความจริง**ข้อนี้（TNC ACSS113）

nak⁴wi?²cai¹ thep³ thuk⁴ khon¹ jɔm¹ rap⁴ **khwaam¹ciŋ¹**

研究者		几乎	每	人	愿意	接受	khwaam	真实的
khɔ³		ni⁴						
个		这						

几乎每一个研究者都承认这个**事实**。

句子（17）a、b。句子 a 中，**จริง** 是一个形容词，含义是真实的、确定的，指与客观事实相符。该形容词充当定语，修饰名词 **เรื่อง**。句子 b 中，**ความจริง** 是形容词的名词化形式，含义是事实。这里名词化形式的词义与动词相比较是一种显性的改变。

(18) a. ฉันคิดว่าน้ำคงจะ**เย็น**มาก ๆ（TNC BIO028）

| chan⁵ | khit⁴ | wa³ | nam⁴ | khoŋ¹caʔ² | **jen¹** | maak³maak³ |
| 我 | 想 | 说 | 水 | 可能 | 凉 | 非常 |

我想水可能很**凉**。

b. ต้นไม้ขนาดใหญ่ 1 ต้นให้**ความเย็น**ประมาณ 12000 บีทียู（TNC NACET014）

ton³mai⁴	khaʔ²naat²	jai²	1	ton³	hai³	**khwaam¹jen¹**	praʔ²maan¹
树	型号	大	1	棵	给予	khwaam 冷	大约
12000	bi¹thi¹juu¹						
12000	BTU						

一棵大树产生的**冷气**大约为 12000 BTU。

c. ถ้าไม่มีความร้อน เราก็ไม่รู้ว่าอะไรคือ**ความเย็น**（TNC NACMD088）

tha³	mai³mi¹	khwaam¹rɔn⁴	rau¹	kɔ³	mai³	ru⁴	wa³
如果	没有	khwaam 热	我们	就	不	知道	说
ʔaʔ²rai¹	khɯɯ¹	**khwaam¹jen¹**					
什么	是	khwaam 冷					

如果没有热，我们就不知道什么是**冷**。

句子（18）a、b、c。句子 a 中，**เย็น** 是一个形容词，含义是凉的、冷的，表示温度低。该形容词充当谓语。句子 b 中，**ความเย็น** 是形容词的名词化形式，含义是冷气，指利用空调等制冷方式产生的低温空气。这里名词化形式的词义与动词相比较是一种显性的改变。句子 c 中，**ความเย็น** 是形容词的名词化形式，含义是冷。这里名词化形式的词义与动词相比较是一种隐性的改变。

(19) a. ม้าตัวนั้นวิ่ง**เร็ว**（TNCACHM018）

| ma⁴ | tua¹ | nan⁴ | wiŋ³ | **reu¹** |
| 马 | 只 | 那 | 跑 | 快 |

那匹马跑得**快**。

b. ผมรักษา**ความเร็ว**ในการวิ่งอย่างสม่ำเสมอ（TNC BIO037）

phom⁵	rak⁴sa⁵	**khwaam¹reu¹**	nai¹	kaan¹	wiŋ³
我	维持	khwaam 快	在……内	kaan	跑
jaaŋ²	saʔ²mam²saʔ²mə⁵				
地	经常				

我一直保持着跑步的**速度**。

c. **ความเร็ว**ของไอน้ำควรจะมีค่าประมาณ 15 เมตรต่อวินาที（TNC ACET004）

khwaam¹reu¹	khɔŋ⁵	ʔai¹nam⁴	khuan¹	caʔ²	mi¹	kha³
khwaam 快	的	蒸汽水	应该	会	有	数值
praʔ²maan¹	15	met⁴	tɔ²	wiʔ⁴na¹thi¹		
大约	15	米	每	秒		

水蒸气的**流速**大约是每秒 15 米。

句子（19）a、b、c。句子 a 中，เร็ว 是一个形容词，含义是快的，表示速度高。该形容词充当状语，修饰动词 วิ่ง。句子 b 中，ความเร็ว 是形容词的名词化形式，含义是速度，指快慢程度。这里名词化形式的词义与动词相比较是一种显性的改变。句子 c 中，ความเร็ว 是形容词的名词化形式，含义是速率，指运动物体在某一个方向上单位时间内所通过的距离。这里名词化形式的词义与动词相比较是一种显性的改变。

（20）a. เขามองว่าเรา**โง่**（TNC ACHM074）

khau⁵	mɔŋ¹	wa³	rau¹	ŋo³
他	看	说	我们	笨

他认为我们**笨**。

b. **ความโง่**มักจะถูกมองว่าเป็นผลมาจากการมีพื้นฐานการศึกษาต่ำ（TNC ACSS001）

khwaam¹ŋo³	mak⁴	caʔ²	thuuk²	mɔŋ¹	wa³	pen¹
khwaam 笨	往往	会	被	看	说	是
phon⁵	ma¹caak²	kaan¹	mi¹	phɯɯm⁴thaan⁵	kaan¹	
结果	来自	kaan	有	基础	kaan	
suk²sa⁵	tam²					
教育	低					

笨往往被认为是教育基础差的结果。

句子（20）a、b。句子 a 中，โง่ 是一个形容词，含义是笨、愚蠢的，表示傻、不聪明。该形容词充当句子分句的谓语。句子 b 中，ความโง่ 是形容词的名词化形式，含义是笨。这里名词化形式的词义与动词相比较是一如果用 AP 表示形容词或形容词词组，前加了标记 ความ（khwaam¹）并名词化后表示为 ความ（khwaam¹）+VP 形式。ความ（khwaam¹）使形容词名词化后，由 ความ（khwaam¹）构成的名词化形式的语义有两种情况：一种是显性的改变，ความ（khwaam¹）+AP 形式与 AP 的语义不同，ความ（khwaam¹）+AP 形式的含义是融合了 ความ（khwaam¹）和 AP 的含义而发展出一个新的含义，表示某种事物化的概念，例如句子（17）、（19）中的。另一种是隐性的改变，ความ（khwaam¹）+AP 形式与 AP 的语义相近，主要体现 AP 的含义，表示某种抽象的概念，例如句子（20）。

下面，我们需要列出动词和 ความ（khwaam¹）分布于动词前的情况的两组句子，从而形成一组对照，以便观察动词的含义和加了 ความ（khwaam¹）的整个名词化形式的含义有什么区别和联系。动词充当谓语时，其含义通常表示一种行为、动作，该动词前加 ความ（khwaam¹）而名词化后，在含义上通常表现为两种情况，一种是名词化形式的含义表现为显性的改变，与动词含义不同；另一种是名词化形式的含义表现为隐性的改变，与动词含义相近。例如句子（21）—（23）。

（21）a. บุคคลดังกล่าวจะ**รู้**ทุกๆอย่างเกี่ยวกับธรรมชาติ（TNC ACSS100）
buk²khon¹　　daŋ¹klaau²　　　　caʔ²　**ru⁴**　　thuk⁴thuk⁴　jaaŋ²
人　　　　　　上述　　　　　　会　　知道　　每　　　　　样
kiau²kap²　　tham¹maʔ⁴chaat³
与……有关　　自然
上述那些人**知道**关于自然的一切。

b. กระบวนการถ่ายทอด**ความรู้**ประกอบด้วยผู้วิจัย ผู้อ่านและการรายงานผล（TNC ACSS017）
kraʔ²buan¹kaan¹　thaai²thɔt³　**khwaam¹ru⁴**　praʔ²kɔp²duai³
过程　　　　　　　传授　　　　khwaam 知道　包括
phu³wiʔ⁴cai　　phu³ʔaan²　lɛʔ⁴　　　kaan¹　　raai¹ŋaan phon⁵
研究者　　　　读者　　　和　　　　kaan　　汇报　　成果
传授**知识**的过程包含研究者、读者和成果的汇报。

句子（21）a、b。句子 a 中，รู้ 是一个及物动词，含义是知道，指对事实或道理有认识。该动词充当谓语。句子 b 中，ความรู้ 是动词的名词化形式，含义是知识，指人们在社会实践中所获的认识和经验的总和。这里名词化形式的词义与动词相比较是一种显性的改变。

第二章　kaan 和 khwaam 的分布　　41

（22）a. เขา**รัก**แม่ของเขามาก（TNC ACHM041）

khau⁵　**rak⁴**　mɛ³　khɔŋ⁵　khau⁵　maak³
他　　　爱　　妈妈　的　　他　　非常

他很*爱*他的妈妈。

b. ปมเรื่องในนวนิยายเกิดจากปัญหา**ความรักของหญิงชาย**（TNC ACHM005）

pom¹rɯaŋ³　nai¹　　　　　　naʔ⁴waʔ⁴niʔ⁴jaai¹　kət²　caak²
情节　　　　在……内　　小说　　　　　　　　产生　从

pan¹ha⁵　**khwaam¹rak⁴khɔŋ⁵ jiŋ⁵chaai¹**
问题　　　khwaam 爱　 的 女　男

小说情节的展开始于*男女间的爱情*问题。

c. เด็กที่ได้รับ**ความรัก**มาอย่างดีนั้นเมื่อเติบโตขึ้นจะรักคนอื่นเป็น（TNC NACHM081）

dek²　thi³　dai³rap⁴　khwaam¹rak⁴　ma¹　jaaŋ²　di¹　nan⁴
孩子　的　　受到　　khwaam 爱　　来　　地　　好　　那

mɯa³　təp²to¹　khɯn³　caʔ²　rak⁴　khon¹　ʔɯɯn²　pen¹
当……时候　长大　上　　会　　爱　　人　　其他　　会

曾经得到过很多*爱*的孩子，长大以后也会爱他人。

句子（22）a、b、c。句子 a 中，**รัก** 是一个及物动词，含义是爱，表示对人或事物有很深的感情。该动词充当句子的谓语。句子 b 中，**ความรักของหญิงชาย** 是动词的名词化形式，含义是男女间的爱情，这里的爱指男女相爱的感情。这里名词化形式的词义与动词相比较是一种显性的改变。句子 c 中，**ความรัก** 是动词的名词化形式，含义是爱。这里名词化形式的词义与动词相比较是一种隐性的改变。

（23）a. เธอไม่กล้าที่จะ**ไว้ใจ**ใครง่ายๆอีกแล้ว（TNC ACSS039）

thə¹　mai³　kla³　thi³caʔ²　**wai⁴cai¹**　khrai¹　ŋaai³ŋaai³　ʔiik²　lɛu⁴
她　　不　　敢　　虚词　　信任　　　谁　　　容易　　　　又　　了

她不敢再轻易*信任*谁了。

b. ดังนั้นบีมจึงทุ่มเททำงานอย่างเต็มที่ให้สมกับค่าจ้างและ**ความไว้ใจของป้า**
（TNC PRNV146）

daŋ¹nan⁴　biim¹　　　　　　　　　　cɯŋ¹　thum³the¹　tham¹ŋaan¹
因此　　　碧姆　　　　　　　　　　　就　　 倾注　　　 做工作

jaaŋ²　tem¹thi³　　　　　　　　　　hai³　som⁵kap²　kha³caaŋ³
地　　　全力以赴　　　　　　　　　使之　符合　　 佣金

lɛʔ⁴　　　　khwaam¹wai⁴cai¹khɔŋ⁵pa³
和　　　　khwaam 信任　的 伯母

因此，碧姆全身心投入工作以便对得起伯母的佣金和<u>信任</u>。

句子（23）a、b。句子 a 中，ไว้ใจ 是一个及物动词，含义是信任，表示相信而敢于托付。该动词充当谓语。句子 b 中，ความไว้ใจของป้า 是动词的名词化形式，含义是伯母的信任。这里名词化形式的词义与动词相比较是一种隐性的改变。

如果用 VP 表示动词或动词词组，前加了标记 ความ（khwaam¹）并名词化后表示为 ความ（khwaam¹）+VP 形式。ความ（khwaam¹）使动词名词化后，由 ความ（khwaam¹）构成的名词化形式的语义有两种情况：一种是显性的改变，ความ（khwaam¹）+VP 形式与 VP 的语义不同，ความ（khwaam¹）+VP 形式的含义融合了 ความ（khwaam¹）和 VP 的含义而发展出一个新的含义，表示一种事物化的概念，例如句子（21）。另一种是隐性的改变，ความ（khwaam¹）+VP 形式与 VP 的语义相近，主要体现 VP 的含义，表示一种抽象概念，例如句子（23）。

从上述 2.1.3.2 的分析可以看出，ความ（khwaam¹）能使形容词名词化，但只能使少数的一部分动词名词化。ความ（khwaam¹）使形容词名词化后，名词化形式的含义分为显性的改变和隐性的改变；ความ（khwaam¹）使动词名词化，名词化形式的含义分为显性的改变和隐性的改变。简言之，由 ความ（khwaam¹）构成的名词化形式的含义存在显性改变和隐性改变，前者表达一种事物化的概念，后者表达一种抽象概念。

从上述 2.1.3 的分析可以看出，การ（kaan¹）能使动词名词化，但几乎不能分布于形容词前（少数几个形容词除外）。ความ（khwaam¹）能使形容词名词化，但只能使少数的一部分动词名词化。在语义为显性改变的情况下，การ（kaan¹）+VP 与 VP 的含义不同，การ（kaan¹）+VP 形式的含义表达一种事物化的概念；ความ（khwaam¹）+VP 与 VP 的含义不同，ความ（khwaam¹）+VP 形式的含义表达一种事物化的概念；ความ（khwaam¹）+AP 与 AP 的含义不同，ความ（khwaam¹）+AP 形式的含义表达一种事物化的概念。在语义为隐性改变的情况下，การ（kaan¹）+VP/AP 与 VP/AP 的含义相近，การ（kaan¹）+VP 形式的含义表达某种行为，การ（kaan¹）+AP 形式的含义表达一种行为化的概念；ความ（khwaam¹）+VP/AP 与 VP/AP 的含义相近，ความ（khwaam¹）+VP/AP 形式的含义表达一种抽象概念。

综合 2.1 的分析来看，การ（kaan¹）和 ความ（khwaam¹）用于动词和形容词前，改变了这些词类的词性，突显了 การ（kaan¹）和 ความ（khwaam¹）的语法功能。因此，การ（kaan¹）和 ความ（khwaam¹）就从词汇词、构词成分演变为一个更加虚化的语法标记了。

การ（kaan¹）和 ความ（khwaam¹）的发展变化经历了一个语法化过程，即词汇词 การ（kaan¹）、ความ（khwaam¹）→ 构词成分 การ（kaan¹）、ความ（khwaam¹）→ 语法标记 การ（kaan¹）、ความ（khwaam¹）。

การ（kaan¹）和 ความ（khwaam¹）的这一语法化路径表明，การ（kaan¹）和 ความ（khwaam¹）在不同的句法结构中有不同的语法功能，การ（kaan¹）和 ความ（khwaam¹）的特征是动态发展的过程。การ（kaan¹）和 ความ（khwaam¹）都可以分布于名词、动词和形容词前，但是在这些词类前面它们又各有差异。这一差异就使得 การ（kaan¹）和 ความ（khwaam¹）呈现出参差的情况。

2.2　การ（kaan¹）和 ความ（khwaam¹）的不对称性

上述对 การ（kaan¹）和 ความ（khwaam¹）的语法化路径的分析，是为了看到它们作为词汇词、构词成分以及语法标记这几个阶段的语法功能，看到它们二者在充当这些成分时候的差异。การ（kaan¹）和 ความ（khwaam¹）的不对称性主要是它们在分布于名词前、动词前和形容词前的不对称性。

2.2.1　การ（kaan¹）和 ความ（khwaam¹）分布于名词前的不对称性

根据 2.1.2 中例句的分析表明，การ（kaan¹）可以分布于一大批名词前，然而 ความ（khwaam¹）只能分布于少数的几个名词前。也就是说 การ（kaan¹）分布于名词前是一种普遍的现象，而 ความ（khwaam¹）分布于名词前是种极少数的情况。其中，能前加 การ（kaan¹）的名词，往往也不可能出现前加 ความ（khwaam¹）的情况。能前加 ความ（khwaam¹）的名词，通常也不可能出现前加 การ（kaan¹）的情况。因此，不存在同一个名词既能前加 การ（kaan¹）又能前加 ความ（khwaam¹）的情况。例如（24）—（38）。

(24) ครัว（khrua¹）厨房 → การครัว（kaan¹khrua¹）烹调
　　　　　　*ความครัว（*khwaam¹khrua¹）

(25) เงิน（ŋən¹）钱 → การเงิน（kaan¹ŋən¹）金融
　　　　　　*ความเงิน（*khwaam¹ŋən¹）

(26) ทหาร（thaʔ⁴haan⁵）军人 → การทหาร（kaan¹thaʔ⁴haan⁵）军事
　　　　　　*ความทหาร（*khwaam¹thaʔ⁴haan⁵）

(27) ป่าไม้（pa²mai⁴）森林 → การป่าไม้（kaan¹pa²mai⁴）林业
　　　　　　*ความป่าไม้（*khwaam¹pa²mai⁴）

（28）แพทย์（phɛt³）医生 → การแพทย์（kaan¹phɛt³）医疗；医学
*ความแพทย์（*khwaam¹phɛt³）
（29）ไฟฟ้า（fai¹fa⁴）电 → การไฟฟ้า（kaan¹fai¹fa⁴）电力工程；电力局
*ความไฟฟ้า（*khwaam¹fai¹fa⁴）
（30）เมือง（mɯaŋ¹）国家 → การเมือง（kaan¹mɯaŋ¹）政治
*ความเมือง（*khwaam¹mɯaŋ¹）
（31）เศรษฐกิจ（set²thaʔ²kit²）经济 → การเศรษฐกิจ（kaan¹set²thaʔ²kit²）经济行为
*ความเศรษฐกิจ（*khwaam¹set²thaʔ²kit²）
（32）บ้าน（baan³）房屋 → การบ้าน（kaan¹baan³）作业
*ความบ้าน（*khwaam¹baan³）
（33）พาณิชย์（pha¹nit⁴）商业 → การพาณิชย์（kaan¹pha¹nit⁴）商务；商业化
*ความพาณิชย์（*khwaam¹pha¹nit⁴）
（34）ทุกข์（thuk⁴）痛苦 → *การทุกข์（*kaan¹thuk⁴）
ความทุกข์（khwaam¹thuk⁴）痛苦性
（35）สัตย์（sat²）真诚 → *การสัตย์（*kaan¹sat²）
ความสัตย์（khwaam¹sat²）忠实性
（36）หายนะ（haai⁵jaʔ⁴naʔ⁴）灾难 → *การหายนะ（*kaan¹ haai⁵jaʔ⁴naʔ⁴）
ความหายนะ（khwaam¹ haai⁵jaʔ⁴naʔ⁴）灾难化
（37）เมตตา（meet³ta¹）仁慈 → *การเมตตา（*kaan¹meet³ta¹）
ความเมตตา（khwaam¹meet³ta¹）仁爱性
（38）หลัง（khwaam¹laŋ⁵）后面 → *การหลัง（*kaan¹laŋ⁵）
ความหลัง（khwaam¹laŋ⁵）过去

在上述所列举的前加 การ（kaan¹）和 ความ（khwaam¹）的名词例词中，能前加 การ（kaan¹）的名词，就不能前加 ความ（khwaam¹）构成名词性成分。然而，能前加 ความ（khwaam¹）的名词，就不能前加 การ（kaan¹）构成名词性成分。由此看来，การ（kaan¹）和 ความ（khwaam¹）分布于名词前没有交集。

2.2.2 การ（kaan¹）和 ความ（khwaam¹）分布于动词前的不对称性

根据 2.1.3 中动词部分的例句分析表明，การ（kaan¹）几乎能分布于所有动词前，然而 ความ（khwaam¹）只能分布于少数动词的前面。其中，存

第二章　kaan 和 khwaam 的分布　　　　　　　45

在同一个动词既能前加 การ（kaan¹）又能前加 ความ（khwaam¹）的情况。例如（39）—（56）。

(39) ท่องเที่ยว（thɔŋ³ thiau³）旅游 → การท่องเที่ยว（kaan¹thɔŋ³ thiau³）旅游业；旅游

　　　　　　　　　　　*ความท่องเที่ยว（*khwaam¹thɔŋ³ thiau³）

(40) บิน（bin¹）飞 → การบิน（kaan¹bin¹）航空业；飞
　　　　　　　　　*ความบิน（*khwaam¹bin¹）

(41) กิน（kin¹）吃 → การกิน（kaan¹kin¹）饮食；吃
　　　　　　　　　*ความกิน（*khwaam¹ kin¹）

(42) กระทำ（kraʔ²tham¹）做 → การกระทำ（kaan¹kraʔ²tham¹）行为；做
　　　　　　　　　*ความกระทำ（*khwaam¹kraʔ²tham¹）

(43) ออกกำลังกาย（kaan¹ʔɔk²kam¹laŋ¹ kaai¹）锻炼 →
　　　　　　　　　การออกกำลังกาย（kaan¹ʔɔk²kam¹laŋ¹ kaai¹）锻炼
　　　　　　　　　*ความออกกำลังกาย（*khwaam¹ ʔɔk²kam¹laŋ¹ kaai¹）

(44) ตรวจ（truat²）检查 → การตรวจ（kaan¹truat²）检查
　　　　　　　　　*ความตรวจ（*khwaam¹truat²）

(45) แตกแยก（tɛk²jɛk³）分裂 → การแตกแยก（kaan¹tɛk²jɛk³）分裂
　　　　　　　　　ความแตกแยก（khwaam¹tɛk²jɛk³）分裂

(46) ดึงดูด（dɯŋ¹ dut²）吸引 → การดึงดูด（kaan¹dɯŋ¹ dut²）吸引
　　　　　　　　　ความดึงดูด（khwaam¹dɯŋ¹ dut²）吸引；引力

(47) เค้น（keen⁴）挤 → การเค้น（kaan¹keen⁴）挤
　　　　　　　　　ความเค้น（khwaam¹keen⁴）应力

(48) อยาก（khwaam¹jaak²）想 → การอยาก（ʔkaan¹jaak²）想
　　　　　　　　　ความอยาก（khwaam¹jaak²）欲望

(49) รู้（ru⁴）知道 → การรู้（kaan¹ru⁴）知道
　　　　　　　　　ความรู้（khwaam¹ru⁴）知识

(50) เกี่ยวพัน（kiau²phan¹）关系 → การเกี่ยวพัน（kaan¹kiau²phan¹）关系
　　　　　　　　　ความเกี่ยวพัน（khwaam¹kiau²phan¹）关系

(51) เชื่อ（chɯa³）相信 → การเชื่อ（kaan¹chɯa³）相信
　　　　　　　　　　　　　ความเชื่อ（khwaam¹chɯa³）信仰；相信
(52) เคารพ（khau¹rop⁴）尊重 → การเคารพ（kaan¹ khau¹rop⁴）尊重
　　　　　　　　　　　　　ความเคารพ（khwaam¹ khau¹rop⁴）尊重
(53) ปกครอง（pok²khlɔŋ¹）统治 → การปกครอง（kaan¹ pok²khlɔŋ¹）统治
　　　　　　　　　　　　　ความปกครอง（khwaam¹ pok²khlɔŋ¹）
　　　　　　　　　　　　　统治
(54) ไว้ใจ（wai⁴cai¹）放心 → การไว้ใจ（kaan¹wai⁴cai¹）放心
　　　　　　　　　　　　　ความไว้ใจ（khwaam¹wai⁴cai¹）放心
(55) รัก（khwaam¹rak⁴）爱 → การรัก（kaan¹rak⁴）爱
　　　　　　　　　　　　　ความรัก（khwaam¹rak⁴）爱；爱情
(56) ตาย（taai¹）死 → การตาย（kaan¹taai¹）死
　　　　　　　　　　　　　ความตาย（khwaam¹taai¹）死亡

在上述所列举的前加 การ（kaan¹）和 ความ（khwaam¹）的动词例词中，有的动词只能前加 การ（kaan¹）构成名词化形式，有的动词既能前加 การ（kaan¹）又能前加 ความ（khwaam¹）构成名词化形式。能前加 ความ（khwaam¹）的动词都能前加 การ（kaan¹）构成名词化形式。然而，能前加 การ（kaan¹）的动词不一定总是能前加 ความ（khwaam¹）构成名词化形式。由此看来，การ（kaan¹）和 ความ（khwaam¹）分布于动词前有一部分交集。

2.2.3　การ（kaan¹）和 ความ（khwaam¹）分布于形容词前的不对称性

根据 2.1.3 中形容词部分的例句分析表明，การ（kaan¹）只能分布于为数不多的几个形容词前，然而 ความ（khwaam¹）几乎能分布于所有形容词前。其中，存在同一个形容词既能前加 การ（kaan¹）又能前加 ความ（khwaam¹）的情况。也就是说 ความ（khwaam¹）分布于形容词前是一种较为普遍的现象，而 การ（kaan¹）分布于形容词前是种极少数的情况。例如（57）—（71）。

(57) ใจดี（cai¹di¹）善良 → การใจดี（kaan¹cai¹di¹）善良
　　　　　　　　　　　　　ความใจดี（khwaam¹cai¹di¹）善良
(58) เงียบ（ŋiap³）安静 → การเงียบ（kaan¹ŋiap³）安静
　　　　　　　　　　　　　ความเงียบ（khwaam¹ŋiap³）安静
(59) ถ่อมตัว（thɔm²tua¹）谦虚 → การถ่อมตัว（kaan¹thɔm²tua¹）谦虚
　　　　　　　　　　　　　ความถ่อมตัว（khwaam¹thɔm²tua¹）
　　　　　　　　　　　　　谦虚
(60) แน่นอน（nɛ³nɔn¹）确定 → การแน่นอน（kaan¹nɛ³nɔn¹）确定
　　　　　　　　　　　　　ความแน่นอน（khwaam¹nɛ³nɔn¹）
　　　　　　　　　　　　　确定

（61）ยืดหยุ่น（juɯt³jun²）有弹性 → การยืดหยุ่น（kaan¹juɯt³jun²）弹性
　　　　　　　　　　　　　　　ความยืดหยุ่น（khwaam¹juɯt³jun²）弹性
（62）เค็ม（khem¹）咸 → *การเค็ม（*kaan¹khem¹）
　　　　　　　　　　　 ความเค็ม（khwaam¹khem¹）咸度
（63）โง่（khwaam¹ŋo³）笨 → *การโง่（*kaan¹ŋo³）
　　　　　　　　　　　　　ความโง่（khwaam¹ŋo³）笨
（64）จริง（khwaam¹ciŋ¹）真正的 → *การจริง（*kaan¹ciŋ¹）
　　　　　　　　　　　　　　　　 ความจริง（khwaam¹ciŋ¹）事实
（65）ฉลาด（chaʔ²laat²）聪明 → *การฉลาด（*kaan¹chaʔ²laat²）
　　　　　　　　　　　　　　 ความฉลาด（khwaam¹chaʔ²laat²）智力；聪明
（66）ช้า（cha⁴）慢 → *การช้า（*kaan¹cha⁴）
　　　　　　　　　　 ความช้า（khwaam¹cha⁴）慢
（67）ดี（di¹）好 → *การดี（*kaan¹di¹）
　　　　　　　　　 ความดี（khwaam¹di⁴）功德；好
（68）เย็น（jen¹）冷 → *การเย็น（*kaan¹jen¹）
　　　　　　　　　　 ความเย็น（khwaam¹jen¹）冷气；冷
（69）ร่ำรวย（ram³ruai¹）富裕 → *การร่ำรวย（*kaan¹ram³ruai¹）
　　　　　　　　　　　　　　　 ความร่ำรวย（khwaam¹ram³ruai¹）财富；富裕
（70）เร็ว（reu¹）快 → *การเร็ว（*kaan¹reu¹）
　　　　　　　　　　 ความเร็ว（khwaam¹reu¹）速度；速率；快
（71）สะดวก（saʔ²duak²）方便 → *การสะดวก（*kaan¹saʔ²duak²）
　　　　　　　　　　　　　　　 ความสะดวก（khwaam¹saʔ²duak²）方便

在上述所列举的前加 การ（kaan¹）和 ความ（khwaam¹）的形容词例词中，有的形容词只能前加 ความ（khwaam¹）构成名词化形式，有的形容词既能前加 การ（kaan¹）又能前加 ความ（khwaam¹）构成名词化形式。能前加 การ（kaan¹）的形容词都能前加 ความ（khwaam¹）构成名词化形式。然而，能前加 ความ（khwaam¹）的形容词不一定总是能前加 การ（kaan¹）构成名词化形式。由此看来，การ（kaan¹）和 ความ（khwaam¹）分布于形容词前仅有为数不多的几个词的交集。

综合 2.2 的分析来看，การ（kaan¹）和 ความ（khwaam¹）分布于名词前，也就是充当构词成分的时候就体现出了不对称性。การ（kaan¹）和 ความ

(khwaam¹)分布于动词和形容前，也就是充当语法标记的时候也体现出了不对称性。以此看来，การ（kaan¹）和 ความ（khwaam¹）具有不对称性。

2.3 小　　结

在本节可以回答本章开头提出的几个问题，首先，การ（kaan¹）和 ความ（khwaam¹）的语法性质是由词汇词变化为构词成分最终形成语法标记。在这个过程中它们二者的虚化程度一步步加深。การ（kaan¹）和 ความ（khwaam¹）经历了由一个词汇词向语法标记演变的语法化过程。

其次，การ（kaan¹）能分布于一大批名词的前面，而 ความ（khwaam¹）只能分布于少数几个名词的前面。不存在同一个名词既可以加 การ（kaan¹）又可以加 ความ（khwaam¹）的情况。การ（kaan¹）分布于名词前，通常使得整个名词性成分的含义呈显性的改变。ความ（khwaam¹）分布于名词前，通常使得整个名词性成分的含义呈隐性的改变。这样看来，การ（kaan¹）和 ความ（khwaam¹）分布于名词前具有不对称性。

การ（kaan¹）几乎可以分布于所有动词前，使动词名词化，而 ความ（khwaam¹）只能分布于少数动词的前面，使动词名词化。由 การ（kaan¹）和 ความ（khwaam¹）所构成的动词名词化形式的语义都存在显性改变和隐性改变。在显性改变中两种名词化形式都是表达一种事物化的概念；在隐性改变中两种名词化形式有表达行为与表达抽象概念的区别。这样看来，การ（kaan¹）和 ความ（khwaam¹）分布于动词前具有不对称性。

การ（kaan¹）只能分布于极少数的几个形容词前，使形容词名词化，而 ความ（khwaam¹）几乎可以分布于所有的形容词前，使形容词名词化。由 การ（kaan¹）和 ความ（khwaam¹）所构成的形容词名词化形式的语义都存在隐性改变，在这一改变中有行为化的概念与抽象概念的区别；只有由 ความ（khwaam¹）所构成的形容词名词化形式的语义存在显性改变，表达一种事物化的概念。这样看来，การ（kaan¹）和 ความ（khwaam¹）分布于形容词前具有不对称性。

最后，通过上述的这些不对称性来看，一方面说明，我们不能总是把 การ（kaan¹）和 ความ（khwaam¹）当成对立的现象来进行对比研究；另一方面说明，可以把 การ（kaan¹）和 ความ（khwaam¹）看作是划分动词和形容词的判断标准。要判断一个谓词性成分是动词还是形容词，可以通过添加 การ（kaan¹）或 ความ（khwaam¹）来进行判断。如果这个谓词性成分能前加 การ（kaan¹）并且不能前加 ความ（khwaam¹），那么它就是动词。如果这个谓词性成分能前加 ความ（khwaam¹）并且不能前加 การ（kaan¹），那么它就是形容词。如果这个谓词性成分既能前加 การ（kaan¹）也能前加 ความ（khwaam¹），那么它也是一个动词。这种既能前加 การ（kaan¹）也能前加 ความ（khwaam¹）的动词与只能前加 การ（kaan¹）的动词是有区别的，这种区别主要是前者属于静态动词而后者属于动态动词（郭锐 1993）。

การ（kaan¹）和 ความ（khwaam¹）分布于名词前，不属于名词化的现象，只是一种构词现象。这个分析是为了帮助我们看到 การ（kaan¹）和 ความ（khwaam¹）的不对称性。

การ（kaan¹）和 ความ（khwaam¹）分布于形容词前，虽然是一种名词化现象，但是由于 การ（kaan¹）只能分布于极少数的几个形容词前，而 ความ（khwaam¹）几乎可以分布于所有形容词前，由它们二者所构成的形容词名词化形式只在极个别形容词中有交集，所以 การ（kaan¹）和 ความ（khwaam¹）失去了成对比较的意义，这一讨论也只是为了帮助我们看到 การ（kaan¹）和 ความ（khwaam¹）的不对称性，从而找到区分动词与形容词的划分标准。再者，虽然 ความ（khwaam¹）可以分布于所有形容词前，使形容词名词化。但是由 ความ（khwaam¹）所构成的形容词名词化形式，其内部结构不具备扩展能力，与由 ความ（khwaam¹）所构成的动词名词化形式仍然存在较大区别。因此，本书在后面只讨论由 การ（kaan¹）和 ความ（khwaam¹）所构成的动词名词化的情况，形容词名词化的问题就不再讨论了。

การ（kaan¹）和 ความ（khwaam¹）分布于动词前使动词名词化的这种情况虽然具有不对称性，但是 การ（kaan¹）和 ความ（khwaam¹）仍存在一小部分交集。另外，在动词名词化的形式中，能够体现出形容词名词化不能体现出的现象。因此，动词的名词化问题就有了继续分析的必要性，并且该情况还与本书在绪论中所提出的其他问题息息相关。接下来，本书进一步讨论 การ（kaan¹）和 ความ（khwaam¹）分布于动词前的情况。

第三章　名词化形式的内部结构

在第二章，我们讨论了 การ（kaan¹）和 ความ（khwaam¹）的语法化过程，看到了它们在分布上的不对称性。接下来，本章要分析由它们二者所构成的名词化形式在内部结构上的差异。

การ（kaan¹）和 ความ（khwaam¹）分布于动词前使动词名词化的这种情况下，它们后面的动词可以是光杆动词或动词短语。因此，本章要分析 การ（kaan¹）+ VP 形式中 VP 的结构种类。然后，分析 ความ（khwaam¹）+ VP 形式中 VP 的结构种类。最后，对比分析 การ（kaan¹）+ VP 形式与 ความ（khwaam¹）+ VP 形式的内部结构。

本章试图说明以下几个问题：การ（kaan¹）和 ความ（khwaam¹）所构成的名词化形式的内部结构是怎样的；这些内部结构有什么差异；这些差异说明了什么问题。

3.1　การ（kaan¹）+VP 的内部结构

要分析 การ（kaan¹）+VP 形式的内部结构，主要是分析 VP 是个怎样的结构形式，从而判断 การ（kaan¹）的管辖范围。

3.1.1　内部结构为光杆动词

内部结构为光杆动词的时候，整个名词化形式由 การ（kaan¹）和单个动词构成。例如句子（72）—（75）。

（72）**การเรียนรู้**เกิดขึ้นได้ในหัวใจของคนทุกคน（TNC PRNV014）

kaan¹rian¹ru⁴	kət²	khɯn⁵	dai³	nai¹	hua⁵cai¹	khɔŋ⁵
kaan 学习	产生	上	能够	在……内	心脏	的

khon¹	thuk⁴	khon¹
人	每	人

<u>学习</u>产生于每个人的心中。

第三章　名词化形式的内部结构

句子（72）中，名词化形式 การเรียนรู้ 是由名词化标记 การ 和光杆动词 เรียนรู้ 构成。

(73) **การฟัง**ต้องใช้ความพยายามอย่างสม่ำเสมอ（TNC ACSS145）

kaan¹faŋ¹	tɔŋ³	chai⁴	khwaam¹phaʔja¹jaam¹
kaan 听	必须	使用	khwaam 努力
jaaŋ²	saʔ²mam²saʔ²mə⁵		
地	经常		

听需要经常性地练习。

句子（73）中，名词化形式 การฟัง 是由名词化标记 การ 和光杆动词 ฟัง 构成。

(74) มนุษย์เรามียืนควบคุม**การคิด**ไหม（TNC NACMD099）

maʔ⁴nut⁴rau¹	mi¹	jin¹	khuap³khum¹	**kaan¹khit⁴**	mai⁵
人类 我们	有	基因	控制	kaan 思考	吗

我们人类有能力掌控思考吗？

句子（74）中，名词化形式 การคิด 是由名词化标记 การ 和光杆动词 คิด 构成。

(75) คนอื่นไม่มีสิทธิให้**การรักษา**แม้แต่ผู้ที่ใช้วิชาฝังเข็ม（TNC NACMD094）

khon¹	ʔɯɯn²	mai³mi¹	sit²thiʔ⁴	hai³	**kaan¹rak⁴sa⁵**	mɛ⁴tɛ²
人	其他	没有	权利	给	kaan 治疗	即使
phu³	thi³	chai⁴	wiʔ⁴cha¹	faŋ⁵khem⁵		
人	的	使用	专业	针灸		

他人没有权利给予治疗，即使是针灸专业的人。

句子（75）中，名词化形式 การรักษา 是由名词化标记 การ 和光杆动词 รักษา 构成。

3.1.2　内部结构为动词短语

内部结构为动词短语的时候，VP 可以是中状结构、述宾结构、联合结构以及连动结构。

3.1.2.1　中状结构的 VP

当 VP 是中状结构的短语时，整个名词化形式由 การ（kaan¹）和动词短语构成。例如句子（76）—（77）。

(76) **การเปลี่ยนแปลงอย่างรวดเร็ว**ในสังคมแบบหลังสมัยใหม่ ไม่ว่าจะเป็นเรื่องของค่านิยม สินค้าทัศนคติ ทำให้สรรพสิ่งในสังคมแบบนี้ไม่มีความมั่นคง（TNC ACSS108）

kaan¹plian²plɛŋ¹	jaaŋ²ruat³reu¹	nai¹		
kaan 改变	地 迅速	在…内		
saŋ¹khom¹	pɛp²	laŋ⁵	saʔ²mai⁵	mai²
社会	式样	后面	时代	新
mai³wa³	caʔ²	pen¹	rɯɯ³	khɔŋ⁵
无论	要	是	事情	的
kha³niʔ⁴jom¹	sin⁵kha⁴	that⁴saʔ²naʔ⁴khaʔ⁴diʔ²	tham¹hai³	
价值观	商品	观点	使得	
sap²siŋ²	nai¹	saŋ⁵khom¹	pɛp²	
各种东西	在…内	社会	式样	
ni⁴	mai³mi¹	khwaam¹man³khoŋ¹		
这	没有	khwaam 稳定		

后现代社会中的**迅速变化**，无论是价值观、商品还是观点都使得这种社会中的各个方面没有稳定性。

句子（76）中，名词化形式 การเปลี่ยนแปลงอย่างรวดเร็วในสังคมแบบหลังสมัยใหม่ 可以表示为这样的结构层次[การ[[เปลี่ยนแปลง]อย่างรวดเร็ว]]ในสังคมแบบหลังสมัยใหม่，其中，形容词 รวดเร็ว 修饰动词 เปลี่ยนแปลง，通过结构助词 อย่าง 连接修饰与被修饰成分。การ 管辖整个中状结构。在这个名词化形式的外层还有一个修饰语 ในสังคมแบบหลังสมัยใหม่。

（77）**การวิเคราะห์การกระทำของมนุษย์โดยพื้นฐานปรัชญา**จะเป็นการตอบคำถามเกี่ยวกับค่านิยมของบุคคล（TNC ACSS130）

kaan¹	wiʔ⁴khrɔʔ⁴	kaan¹kraʔ²tham¹	khɔŋ⁵	
kaan	分析	行为	的	
maʔ²nut⁴	dooi¹	phɯɯn⁴taan⁵	prat²ja¹	caʔ²	pen¹
人类	以…方式	基础	哲学	会	是
kaan¹	tɔp²	kham¹thaam⁵	kiau²kap²	kha³niʔ⁴jom¹	
kaan	回答	问题	有关	价值观	
khɔŋ⁵	buk²khon¹				
的	人				

以哲学基础来分析人类行为是对人的价值观问题的解答。

句子（77）中，名词化形式 การวิเคราะห์การกระทำของมนุษย์โดยพื้นฐานปรัชญา 可以表示为这样的结构层次 การ[[วิเคราะห์การกระทำของมนุษย์]โดยพื้นฐานปรัชญา]，其中，介词结构 โดยพื้นฐานปรัชญา 修饰动词短语 วิเคราะห์การกระทำของมนุษย์。การ 管辖整个中状结构。

3.1.2.2 述宾结构的 VP

当 VP 是述宾结构的短语时，整个名词化形式由 การ（kaan¹）和动词短语构成。例如句子（78）—（79）。

（78）**การขายหนังสือ**เป็นงานกุศล（TNC PRNV020）

<u>kaan¹</u>　<u>khaai⁵</u>　<u>naŋ⁵sɯ⁵</u>　pen¹　ŋaan¹　kuʔ²son⁵
kaan　　卖　　　书　　　是　　工作　　功德

<u>卖书</u>是种功德。

句子（78）中，名词化形式 การขายหนังสือ 可以表示为这样的结构层次 การ[ขาย[หนังสือ]]，其中，名词 หนังสือ 是动词 ขาย 的宾语。การ 管辖整个述宾结构。

（79）**การมีความรัก**เป็นสิ่งที่ทำให้โลกสวยงาม（TNC NACHM087）

<u>kaan¹</u>　<u>mi¹</u>　<u>khwaam¹</u>　<u>rak⁴</u>　pen¹　siŋ²　thi³　tham¹hai³　look³　suai⁵ŋaam¹
kaan　有　khwaam　爱　是　东西　的　使得　世界　美丽

<u>存有爱</u>心是让世界变得美好的事情。

句子（79）中，名词化形式 การมีความรัก 可以表示为这样的结构层次 การ[มี[ความรัก]]，其中，名词化形式 ความรัก 是动词 มี 的宾语。การ 管辖整个述宾结构。

3.1.2.3 联合结构的 VP

当 VP 是联合结构的短语时，整个名词化形式由 การ（kaan¹）和动词短语构成。例如句子（80）—（81）。

（80）**การให้ยาผิดหรือฉีดยาผิด**ย่อมหมายถึงอันตรายที่จะเกิดขึ้นกับร่างกายหรือชีวิตของผู้ป่วย（TNC ACSS089）

<u>kaan¹</u>　　　<u>hai³</u>　　<u>ja¹</u>　　<u>phit²</u>　<u>rɯ⁵</u>　<u>chit²ja¹</u>　<u>phit²</u>　jɔm³
kaan　　　给　　　药　　错的　或者　　打针　　错的　必然

maai⁴thɯŋ⁵　ʔan¹taʔ²raai¹　thi³caʔ²　kət²　khɯn³　kap²
意味着　　　危险　　　　　虚词　　产生　上　　和

raaŋ³kaai¹　rɯ⁵　chi¹wit⁴　khɔŋ¹　phu³puai²
身体　　　或者　生命　　的　　　病人

<u>开错药或者打错针</u>必然意味着病人的身体或生命会有危险。

句子（80）中，名词化形式 การให้ยาผิดหรือฉีดยาผิด 是个联合结构，可以表示为这样的结构层次 การ[[ให้ยาผิด]หรือ[ฉีดยาผิด]]，其中，通过选择关系连接词 หรือ 来连接 ให้ยาผิด 与 ฉีดยาผิด 这两个动词短语。การ 管辖整个联合结构。

（81）**การตระหนักรู้และทำงานอย่างมีสตินี้**เรียกรวมๆ ว่าเป็นขั้นอ่านตัวออก
（TNC ACSS089）

kaan¹	tra?²nak²ru⁴	lɛ?⁴	tham¹ŋaan¹	jaaŋ²	mi¹	sa?²di?²	ni⁴
kaan	认识	和	工作	地	有	理智	这
riak³	ruam¹ruam¹	wa³	pen¹		khan³	?aan²	tua¹	?ɔk²
叫做	总的	说	是		阶段	读	自己	出去

<u>这种理性的自我认识和理性的工作态度</u>可以统称为自我解读的阶段。

句子（81）中，名词化形式 การตระหนักรู้และทำงานอย่างมีสติ 是个联合结构，可以表示为这样的结构层次 [การ[[[ตระหนักรู้]และ[ทำงาน]]อย่างมีสติ]]นี้，其中，通过并列关系连接词 และ 来连接 ตระหนักรู้ 与 ทำงาน 这两个动词短语。การ 管辖整个联合结构。在这个名词化形式的外层还有一个修饰语 นี้。

3.1.2.4 连动结构的 VP

当 VP 是连动结构的短语时，整个名词化形式由 การ（kaan¹）和动词短语构成。例如句子（82）—（83）。

（82）การเรียนเศรษฐศาสตร์คือ<u>การนำเอาทฤษฎีต่างๆมาประยุกต์ใช้ในการจัดสรรและบริหารทรัพยากร</u>（TNC ESUN063）

kaan¹	rian¹		set²ta?²saat²	khɯ¹	kaan¹
kaan	学习		经济学	是	kaan
nam¹?au	¹thrit⁴sa?²di¹	taaŋ²taaŋ²	ma¹	pra?²juk⁴
拿	理论	各种	来	运用
chai⁴	nai¹	kaan¹cat²saan⁵	lɛ?⁴	
使用	在…内	kaan 分配	和	
bɔ¹ri?⁴haan⁵	sap⁴pha?²ja¹kɔn¹			
管理	资源			

学习经济学就是<u>把各种理论知识运用于分配和管理资源的实践中</u>。

句子（82）中，名词化形式 การนำเอาทฤษฎีต่างๆมาประยุกต์ใช้ในการจัดสรรและบริหารทรัพยากร 是个连动结构，可以表示为这样的结构层次 การ[นำเอาทฤษฎีต่างๆมาประยุกต์ใช้ในการจัดสรรและบริหารทรัพยากร]，其中，没有连接词连接 นำเอาทฤษฎีต่างๆมา 与 ประยุกต์ใช้ในการจัดสรรและบริหารทรัพยากร 这两个动词短语。การ 管辖整个连动结构。

（83）หากรัฐบาลควบคุมสถานการณ์ไม่ได้อาจมีสมาชิกหลายประเทศยกเลิก<u>การเดินทางเข้ามาร่วมประชุมอาเซียน</u>（TNC NWRP_PL022）

| haak² | rat⁴tha?²baan¹ | khuap³khum¹ |
| 如果 | 政府 | 控制 |

saʔ²thaan⁵naʔ⁴kaan¹	mai³dai³	ʔaat²	mi¹	saʔ²ma¹chik⁴
局势	不能	可能	有	成员
laai⁵	praʔ²theet³	jok⁴lək³	**kaan¹**	**dən¹thaaŋ¹**
许多	国家	取消	kaan	出行
khau³ruam³	**praʔ²chum¹**	**ʔa¹sian³**		
参加	会议	东盟		

如果政府不能控制局势，可能就会有成员国取消<u>出行参加东盟会议</u>。

句子（83）中，名词化形式 การเดินทางเข้ามาร่วมประชุมอาเซียน 是个连动结构，可以表示为这样的结构层次[การ[เดินทางเข้ามาร่วมประชุมอาเซียน]，其中，没有连接词连接 เดินทาง 与 เข้ามาร่วมร่วมประชุมอาเซียน 这两个动词短语。การ 管辖整个连动结构。

综合 3.1 的分析来看，การ（kaan¹）+VP 形式内部结构有两种情况：一种内部结构是光杆动词；另一种内部结构是动词短语。当内部结构是光杆动词的时候，การ（kaan¹）+VP 形式中 VP 的内部结构没有扩展。当内部结构是动词短语的时候，การ（kaan¹）+VP 形式中 VP 的内部结构扩展自由。例如，在中状结构中，状语通常由较长的短语来充当。在联合结构和连动结构中，往往可以出现动词短语的并列使用。在述宾结构中，การ（kaan¹）+VP 形式的扩展性也相对有限。因此，การ（kaan¹）既可以管辖一个光杆动词，也可以管辖一个长的动词短语。

3.2　ความ（khwaam¹）+VP 的内部结构

要分析 ความ（khwaam¹）+VP 形式的内部结构，主要是分析 VP 是个怎样的结构形式，从而判断 ความ（khwaam¹）的管辖范围。

3.2.1　内部结构为光杆动词

内部结构为光杆动词的时候，整个名词化形式由 ความ（khwaam¹）和单个动词构成。例如句子（84）—（85）。

（84）<u>**ความอยาก**</u>เป็นพลังกระตุ้นชีวิต（TNC NWCOL108）

khwaam¹jaak²	pen¹	pha⁴laŋ¹	kraʔ²tun³	chi¹wit⁴
欲望	是	力量	激励	生命

<u>欲望</u>是生命的动力。

句子（84）中，名词化形式 ความอยาก 是由名词化标记 ความ 和光杆动词 อยาก 构成。

（85）หนังสือพิมพ์รายงานว่าแรกๆชาวบ้านก็ไม่เข้าใจ แต่เมื่อเจ้าหน้าที่ชี้แจงให้ฟังก็มี**ความเข้าใจ**（TNC ACSS042）

naŋ⁵sɯ⁵phim¹ raai¹ŋaan¹ wa³ rek³rek³
报纸　　　　报道　说　起初

chaau¹baan³ kɔ³ mai³ khau³cai¹ tɛ² mɯa³　　cau³na³thi³
人们　　　　就　不　理解　　但是　当…时候　工作人员

chi⁴cɛŋ¹ hai³ faŋ¹ kɔ³ mi¹ **khwaam¹khau³cai¹**
指明　　给　听　就　有　khwaam 理解

报纸报道说，起初村民们不理解，但是工作人员讲解了以后就**理解**了。

句子（85）中，名词化形式 ความเข้าใจ 是由名词化标记 การ 和光杆动词 เข้าใจ 构成。

3.2.2　内部结构为动词短语

当内部结构为动词短语的时候，VP 可以是中状或状中结构、述宾结构、联合结构以及连动结构。

3.2.2.1　中状结构的 VP

当 VP 是中状结构或状中结构的短语时，整个名词化形式由 ความ (khwaam¹) 和动词短语构成。例如句子（86）—（87）。

（86）ลำดับขั้นที่ 4 เป็นช่วงที่สังคมเริ่มมี**ความเจริญขึ้นเรื่อย ๆ**（TNC ACSS129）

lam¹dap²khan³ thi³⁴　pen¹　chuan³ thi³　saŋ¹khom¹
阶段　　　　　第 4　是　　时期　的　　社会

rəm³ mi¹ **khwaam¹ ca?²rən¹ khɯn³ rɯai³rɯai³**
开始 有　khwaam 繁荣　　　上　　逐渐地

第四阶段是社会开始**逐渐繁荣**的时期。

句子（86）中，名词化形式 ความเจริญขึ้นเรื่อย ๆ 可以表示为这样的结构层次 ความ[[เจริญ]ขึ้นเรื่อย ๆ]，其中，副词结构 ขึ้นเรื่อย ๆ 直接修饰动词 เจริญ。ความ 管辖整个中状结构。

（87）เราจึงจะกล่าวได้ว่าสิ่งที่เรานำมาใช้เป็นมาตรวัดมี**ความเชื่อถือได้สูง**（TNC ACSS016）

rau¹ cɯŋ¹ca?² klaau² dai³ wa³ siŋ² thi³ rau¹ nam¹
我们　因此　　说　　能够　说　东西 的　我们 拿

ma¹ chai⁴ pen¹ maat³tra?² wat⁴ mi¹
来　使用 是　计量单位　　测量 有

khwaam¹	chɯa³	thɯɯ⁵	dai³	suuŋ⁵
khwaam	相信	得		高

我们可以这样说我们所使用的标准具有很高的可信度。

句子（87）中，名词化形式 ความเชื่อถือได้สูง 可以表示为这样的结构层次 ความ[[เชื่อถือ]ได้สูง]，其中，副词结构 ได้สูง 直接修饰动词 เชื่อถือ。ความ 管辖整个中状结构。

3.2.2.2 述宾结构的 VP

当 VP 是述宾结构的短语时，整个名词化形式由 ความ（khwaam¹）和动词短语构成。例如句子（88）—（89）。

(88) ปัญหาอยู่ที่<u>ความเชื่อมั่นต่างประเทศ</u>มีมากแค่ไหน（TNC NWRP_EC112）

pan¹ha⁵	ju²thi³	khwaam¹	chɯa³man³	taaŋ²praʔ²theet³	mi¹
问题	在于	khwaam	相信	国外	有

maak³	khɛ³nai⁵
非常	多少

问题在于能够在多大程度上<u>相信国外</u>。

句子（88）中，名词化形式 ความเชื่อมั่นต่างประเทศ 可以表示为这样的结构层次 ความ[เชื่อมั่น[ต่างประเทศ]]，其中，名词 ต่างประเทศ 是动词 เชื่อมั่น 的宾语。ความ 管辖整个述宾结构。

(89) อั๊วได้พบกับสาวงามคนหนึ่งเป็นลูกผสมไทยจีนเหมือนอั๊ว แต่มี<u>ความเป็นไทย</u>มาก（TNC PRNV037）

ʔua⁴	dai³	phop⁴	kap²	saau⁵	ŋaam¹	khon¹	nɯŋ²
我	已经	遇见	和	女孩	美丽	人	一

pen¹	luuk³	phaʔ²som⁵	thai¹	ciin¹	mɯan⁵	ʔua⁴	tɛ²	mi¹
是	孩子	混合	泰国	中国	像	我	但是	有

khwaam¹	**pen¹**	**thai¹**	maak³
khwaam	是	泰国	多

我看到了一个漂亮的女孩，是一个像我一样的中泰混血儿，但是<u>像泰国人的成分</u>更多一些。

句子（89）中，名词化形式 ความเป็นไทย 可以表示为这样的结构层次 ความ[เป็น[ไทย]]，其中，名词 ไทย 是动词 เป็น 的宾语。ความ 管辖整个述宾结构。

3.2.2.3 联合结构的 VP

当 VP 是联合结构的短语时，整个名词化形式由 ความ（khwaam¹）和动词短语构成。例如句子（90）—（91）。

（90）**ความเป็นไปและเป็นจริงของชีวิตคือกำแพง**（TNC PRNV022）

khwaam¹	pen¹pai¹	lɛʔ⁴	pen¹ciŋ¹	khɔŋ⁵	chi¹wit⁴
khwaam	进行	和	实现	的	生活

khɯ¹	kam¹phɛŋ¹
是	墙

<u>生活的可能性和现实性之间</u>存在着一堵墙。

句子（90）中，名词化形式 ความเป็นไปและเป็นจริงของชีวิต 是个联合结构，可以表示为这样的结构层次[ความ[[เป็นไป]และ[เป็นจริง]]]ของชีวิต，其中，有并列关系连词 และ 连接 เป็นไป 与 เป็นจริง 这两个动词。

（91）**ความมีหรือไม่มี** ไม่ใช่ภาวะเด็ดขาดลอยตัว（TNC ACHM046）

khwaam¹	mi¹	rɯ⁵	mai³mi¹	mai³chai³	pha¹waʔ⁴
khwaam	有	或者	没有	不是	状态

ded²khaat²	lɔi¹tua¹
坚决的	完结

<u>有或没有</u>不是一成不变的状态。

句子（91）中，名词化形式 ความมีหรือไม่มี 是个联合结构，可以表示为这样的结构层次 ความ[[มี]หรือ[ไม่มี]]，其中，通过选择关系连接词 หรือ 来连接 มี 与 ไม่มี 这两个动词。ความ 管辖整个联合结构。

3.2.2.4 连动结构的 VP

当 VP 是连动结构的短语时，整个名词化形式由 ความ（khwaam¹）和动词短语构成。例如句子（92）—（93）。

（92）เขาก็อาจไม่มี**ความมุ่งมั่นอยากเป็นแพทย์จริง ๆ**（TNC NACNS003）

khau⁵	kɔ³	ʔaat²	mai³mi¹	khwaam¹	muŋ³man³	jaak²
他	就	可能	不	khwaam	坚定	想

pen¹	phet³	ciŋ¹ciŋ¹
是	医生	真正的

他可能不是<u>真正地坚定信念、想要成为医生</u>。

句子（92）中，名词化形式 ความมุ่งมั่นอยากเป็นแพทย์จริง ๆ 是个连动结构，可以表示为这样的结构层次 ความ[มุ่งมั่นอยากเป็นแพทย์จริง ๆ]，其中，没有连接词来连接 มุ่งมั่น、อยาก 与 เป็นแพทย์ 这三个动词或动词短语。ความ 管辖整个连动结构。

（93）คนผู้ไม่ยอมทนอยู่ในความจำยอม เพราะถือว่าเป็นหน้าที่ เป็น**ความต้องช่วยกันเข้าไปปรับผิดชอบ**（TNC NWCOL106）

khon¹phu³	mai³	jɔm¹	thon¹	ju²	nai¹	khwaam¹
人	不	愿意	忍受	在	在内	Khwaam

第三章　名词化形式的内部结构　　59

cam¹jɔm¹	phrɔʔ⁴	thɯɯ⁵wa³	pen¹	na³thi³		pen¹	khwaam¹
不情愿	因为	认为	是	职责		是	khwaam

tɔŋ³	chuai³	kan¹	khau³	pai¹rap⁴phit²chɔp³
必须	帮助	一起	进入 去	负责

人们愿意忍受不情愿的事情，是因为把它当成了一种责任，<u>需要为之而负责</u>。

　　句子（93）中，名词化形式 ความต้องช่วยกันเข้าไปรับผิดชอบ 是个连动结构，可以表示为这样的结构层次 ความ[ต้องช่วยกันเข้าไปรับผิดชอบ]，其中，没有连接词来连接 ต้อง、ช่วยกัน、เข้าไป 与 รับผิดชอบ 这四个动词。ความ 管辖整个连动结构。

　　综合 3.2 的分析来看，ความ（khwaam¹）+VP 形式中的内部结构有两种情况：一种内部结构是光杆动词；另一种内部结构是动词短语。当内部结构是光杆动词的时候，ความ（khwaam¹）+VP 形式中 VP 的没有扩展。当内部结构是动词短语的时候，ความ（khwaam¹）+VP 形式中 VP 的扩展能力受限。例如，在中状结构中，状语通常是由词来充当或为前置状语，不会像在 การ（kaan¹）+VP 形式中那样状语由较长的介词结构来充当。在联合结构和连动结构中，往往只是单个动词的并列使用，不会像在 การ（kaan¹）+VP 形式那样出现动词短语的并列使用。在述宾结构中，ความ（khwaam¹）+VP 形式的扩展性也相对有限。因此，ความ（khwaam¹）既可以管辖一个光杆动词，也可以管辖一个短的动词短语。

3.3　การ（kaan¹）+VP 与 ความ（khwaam¹）+VP 内部结构的对比

　　在本章 3.1 和 3.2 的分析中，可以初步看出 การ（kaan¹）+VP 形式与 ความ（khwaam¹）+VP 形式的一些相同之处和不同之处。相同之处在于它们二者的内部结构都存在光杆动词和动词短语这两种情况。不同之处在于，内部结构属于动词短语的情况下，การ（kaan¹）+VP 形式中的内部结构可以是一个长的动词短语，而 ความ（khwaam¹）+VP 形式中的内部结构则是一个短的动词短语。下面本文将通过对比的方式，进一步说明 การ（kaan¹）+VP 形式与 ความ（khwaam¹）+VP 形式在内部结构中的异同。

3.3.1　内部结构为光杆动词的对比

　　通过上述实际语料的分析，可以看出在 การ（kaan¹）+VP 形式中，当内部结构是光杆动词的时候，动词名词化形式的构成有两种情况：一种是动词只能前加 การ（kaan¹）构成名词化形式，另一种是动词既可以前加 การ（kaan¹）又可以前加 ความ（khwaam¹）构成名词化形式。

3.3.1.1 只能前加 การ（kaan¹）的动词

在 3.2 的分析中，可以看出有一部分动词只能前加 การ（kaan¹）构成名词化形式，在这部分动词中没有与 การ（kaan¹）+VP 形式对应的 ความ（khwaam¹）+VP 形式。例如（94）—（98）。

(94) เรียนรู้（rian¹ru⁴）学习 → การเรียนรู้（kaan¹rian¹ru⁴）学习
　　　　　　　*ความเรียนรู้（*khwaam¹rian¹ru⁴）

(95) ฟัง（faŋ¹）听 → การฟัง（kaan¹faŋ¹）听
　　　　　　　*ความฟัง（*khwaam¹faŋ¹）

(96) เดิน（dən¹）走 → การเดิน（kaan¹dən¹）走
　　　　　　　*ความเดิน（*khwaam¹dən¹）

(97) แต่งกาย（tɛŋ²kaai¹）打扮 → การแต่งกาย（kaan¹tɛŋ²kaai¹）打扮
　　　　　　　*ความแต่งกาย（*khwaam¹tɛŋ²kaai¹）

(98) แนะนำ（nɛʔ⁴nam¹）介绍 → การแนะนำ（kaan¹nɛʔ⁴nam¹）介绍
　　　　　　　*ความแนะนำ（*khwaam¹nɛʔ⁴nam¹）

3.3.1.2 既可以前加 การ（kaan¹）又可以前加 ความ（khwaam¹）的动词

在 3.2 的分析中，可以看出有一部分动词既可以前加 การ（kaan¹）又可以前加 ความ（khwaam¹）构成名词化形式。在这类可前加 การ（kaan¹）和 ความ（khwaam¹）、并由光杆动词构成的名词化形式中，它们在含义上有表示行为与表示抽象概念或事物化概念的区别。例如（99）—（111）。

(99) กดขี่（kot²khi²）压迫 → การกดขี่（kaan¹kot²khi²）压迫（行为）
　　　　　　　ความกดขี่（khwaam¹kot²khi²）压迫（抽象概念）

(100) คิด（khit⁴）思考 → การคิด（kaan¹khit⁴）思考（行为）
　　　　　　　ความคิด（khwaam¹khit⁴）想法（事物化的概念）

(101) รักษา（rak⁴sa⁵）维护 → การรักษา（kaan¹rak⁴sa⁵）维护（行为）
　　　　　　　ความรักษา（khwaam¹rak⁴sa⁵）维护（抽象概念）

(102) ตาย（taai¹）死 → การตาย（kaan¹taai¹）死（行为）
　　　　　　　ความตาย（khwaam¹taai¹）死（抽象概念）

(103) สนใจ（son⁵cai¹）关心 → การสนใจ（kaan¹son⁵cai¹）关心（行为）
　　　　　　　ความสนใจ（khwaam¹son⁵cai¹）关心（抽象概念）

第三章　名词化形式的内部结构

(104) ผิดพลาด（phit²phlaat³）失误→การผิดพลาด（kaan¹phit²phlaat³）
　　　　失误（行为）
　　　　ความผิดพลาด（khwaam¹phit²phlaat³）
　　　　失误（抽象概念）

(105) เคยชิน（khəi¹chin¹）习惯→การเคยชิน（kaan¹khəi¹chin¹）习惯
　　　　（行为）
　　　　ความเคยชิน（khwaam¹khəi¹chin¹）
　　　　习惯（抽象概念）

(106) รัก（rak⁴）爱→การรัก（kaan¹rak⁴）爱（行为）
　　　　ความรัก（khwaam¹rak⁴）爱（抽象概念）；爱情
　　　　（事物化的概念）

(107) อยาก（jaak²）想→การอยาก（kaan¹jaak²）想（行为）
　　　　ความอยาก（khwaam¹jaak²）欲望（事物化的
　　　　概念）

(108) โกรธ（kroot²）愤恨→การโกรธ（kaan¹kroot²）愤恨（行为）
　　　　ความโกรธ（khwaam¹kroot²）愤恨（事物
　　　　化的概念）

(109) กลัว（klua¹）害怕→การกลัว（kaan¹klua¹）害怕（行为）
　　　　ความกลัว（khwaam¹klua¹）害怕（抽象概念）

(110) เข้าใจ（khau³cai¹）理解→การเข้าใจ（kaan¹khau³cai¹）理解（行为）
　　　　ความเข้าใจ（khwaam¹khau³cai¹）理解
　　　　（抽象概念）

(111) ก้าวหน้า（kaau³na³）进步→การก้าวหน้า（kaan¹kaau³na³）进步（行为）
　　　　ความก้าวหน้า（khwaam¹kaau³na³）进步
　　　　（抽象概念）

从上述 3.3.1 的分析可以看出，泰语中有很大一部分动词，只存在 การ（kaan¹）+VP 形式，而不存在 ความ（khwaam¹）+VP 形式。在这种情况下，การ（kaan¹）和 ความ（khwaam¹）不能构成对立。另外，泰语中有少部分动词，既存在 การ（kaan¹）+VP 形式，又存在 ความ（khwaam¹）+VP 式，虽然这两个形式在语义上有行为与抽象概念的区别，但是，这种是不是可以看成一种对立关系？也就是说 การ（kaan¹）和 ความ（khwaam¹）是否能够形成对立？这个问题将在本书的第四章再进行详细讨论。

在内部结构为光杆动词的情况中，การ（kaan¹）+VP 形式与 ความ（khwaam¹）+VP 形式中 VP 没有扩展。

3.3.2 内部结构为动词短语的对比

通过前面的分析，可以看出 การ（kaan¹）+VP 形式与 ความ（khwaam¹）+VP 形式中的内部结构都存在着中状结构、述宾结构、联合结构以及连动结构。但是，这两种名词化形式中的这些结构实则是有差异的。

3.3.2.1 VP 是中状结构的对比

当 VP 是中状结构的时候，การ（kaan¹）+VP 形式比较长，而 ความ（khwaam¹）+VP 形式比较短，例如句子（112）。

（112）a. <u>การวิเคราะห์การกระทำของมนุษย์โดยพื้นฐานปรัชญา</u>จะเป็นการตอบคำถามเกี่ยวกับค่านิยมของบุคคล （TNC ACSS130）

kaan¹	wi?⁴khrɔ?⁴	kaan¹kra?²tham¹	khɔŋ⁵
kaan	分析	行为	的

ma?⁴nut⁴	dooi¹	phɯɯn⁴taan⁵	prat²ja¹	ca?²	pen¹
人类	以……方式	基础	哲学	会	是

kaan¹	tɔp²	kham¹thaam⁵	kiau²kap²	kha³ni?⁴jom¹
kaan	回答	问题	有关	价值观

khɔŋ⁵	buk²khon¹
的	人

<u>以哲学基础分析人类的行为</u>可能是对人们价值观的回答。

b. เราจึงจะกล่าวได้ว่าสิ่งที่เรานำมาใช้เป็นมาตรวัดมี<u>ความเชื่อถือได้สูง</u>（TNC ACSS016）

rau¹	cɯŋ¹ca?²	klaau²	dai³	wa³	siŋ²	thi³	rau¹	nam¹
我们	因此	说	能够	说	东西	的	我们	拿

ma¹	chai⁴	pen¹	maat³tra?²	wat⁴	mi¹
来	使用	是	计量单位	测量	有

khwaam¹	chɯa³	thɯɯ⁵	dai³	suuŋ⁵
khwaam	相信	得		高

我们可以这样说我们所使用的标准具有<u>很高的可信度</u>。

句子（112）中，名词化形式 การวิเคราะห์การกระทำของมนุษย์โดยพื้นฐานปรัชญา 与名词化形式 ความเชื่อถือได้สูง 的长短不一样，前者是个比较长的形式，后者是个比较短的形式。句子 a 中，การวิเคราะห์การกระทำของมนุษย์โดยพื้นฐานปรัชญา 这个中状结构是个比较长的形式，整个带中状结构的动词短语受 การ 的管辖。其中，介词 โดย 作为标记词，连接它后面的成分 พื้นฐานปรัชญา 来修饰前面的动词 วิเคราะห์。在这个结构中，由于有标记词连接修饰与被修饰的成分，那么作为充当修饰的这个成分来说，任何词类都可以进入到这个带有介词的结构中，以修饰前面的动词，所以这种结构的扩展性很强。句子 b 中，ความเชื่อถือได้สูง 这个中状结构是个较为短小的形式，整个带中状结构的动词短语受 ความ 的管辖。其中，เชื่อถือ 受 ได้สูง 的修饰，在这里 ได้ 是个结构助词，连接修饰与被修饰成分。在这个结构中，虽然有结构助词 ได้ 连接修饰与被修饰成分，但是能进入这个结构的词语依然会受到很大的限制，所以这种结构的扩展性很弱。通常说来，在受 การ 管辖的中状结构中，一般可以是个述宾结构而后再带上状语，而受 ความ 管辖的中状结构中，动词一般不带宾语（即使带了宾语，更像一个词而非短语）直接受状语的修饰，其关系比较紧凑。

3.3.2.2 VP 是述宾结构的对比

当 VP 是述宾结构的时候，การ（kaan[1]）+VP 形式比较短，ความ（khwaam[1]）+VP 形也比较短，例如句子（113）。

（113）a. **การขายหนังสือเป็นงานกุศล**（TNC PRNV020）

kaan[1] khaai[5] naŋ[5]sɯɯ[1] pen[1] ŋaan[1] kuʔ[2]son[5]

kaan　　卖　　书　　　　是　　工作　　功德

<u>卖书</u>是种功德。

b. อั๊วได้พบกับสาวงามคนหนึ่งเป็นลูกผสมไทยจีนเหมือนอั๊ว แต่มี**ความเป็นไทย**มาก（TNC PRNV037）

ʔua[4]　　dai[3]　　phop[4]　　kap[2]　　saau[5]　ŋaam[1]　khon[1]　nɯŋ[2]

我　　　　已经　　　遇见　　　和　　　　女孩　　美丽　　　人　　　一

pen[1]　　luuk[3]　　phaʔ[2]som[5]　thai[1]　　ciin[1]　　muan[5]　ʔua[4]　　tɛ[2]　　mi[1]

是　　　　孩子　　　混合　　　　　泰国　　　中国　　　像　　　　我　　　但是　　有

khwaam[1]　pen[1]　thai[1]　　maak[3]

khwaam　　　是　　　泰国　　　　多

我看到了一个漂亮的女孩，是一个像我一样的中泰混血儿，但是<u>像泰国人</u>的成分更多一些。

句子（113）中，名词化形式 การขายหนังสือ 与名词化形式 ความเป็นไทย 的长度相当。句子 a 中，การขายหนังสือ 这个述宾结构是个比较短小的形式。其中，名词 หนังสือ 是动词 ขาย 的宾语，整个述宾结构受 การ 的管辖。句子 b 中，ความเป็นไทย 这个述宾结构是个较为短小的形式。其中，名词 ไทย 是动词 เป็น 的宾语，整个述宾结构受 ความ 的管辖。这两种名词化形式的述宾结构通常都比较短小，能够扩展的部分是作为宾语的这个成分，可以从名词扩展为名词短语。与上述中状结构相比，述宾结构的长度通常不会很长。

再从整体含义上来对比 การขายหนังสือ 与 ความเป็นไทย,可以看出它们二者还是有些差异的。การขายหนังสือ 这个述宾结构的中心是 ขาย 这个动词，a 句的含义指卖书这个行为是种功德，强调的是卖书这个行为。ความเป็นไทย 这个述宾结构的表达焦点是落在 ไทย 这个宾语的部分上，b 句的含义指作为泰国人的成分更多些，强调的是泰国人这种成分。这样看来，说明 a 句与 b 句的述宾结构表达含义的侧重点不同，前者侧重表达某种行为，后者侧重表达某种现象。

3.3.2.3 VP 是联合结构的对比

当 VP 是联合结构的时候，การ（kaan^1）+VP 形式比较长，而 ความ（khwaam^1）+VP 形式比较短，例如句子（114）。

（114）a. <u>การให้ยาผิดหรือฉีดยาผิด</u>ย่อมหมายถึงอันตรายที่จะเกิดขึ้นกับร่างกายหรือชีวิตของผู้ป่วย（TNC ACSS089）

<u>kaan^1</u>	hai^3	ja^1	phit^2	rɯ^5	chit^{2}ja^1	phit^2	jɔm^3
kaan	给	药	错的	或者	打针	错的	必然
maai^{4}thɯŋ^5	ʔan^{1}ta^{1}raai^1	thi^{3}ca^2	kət^2	khɯn^3	kap^2		
意味着	危险	虚词	产生	上	和		
raaŋ^{3}kaai^1	rɯ^5	chi^{1}wit^4	khɔŋ^5	phu^{3}puai^2			
身体	或者	生命	的	病人			

<u>开错药或者打错针</u>必然意味着病人的身体或生命会有危险。

b. <u>ความมีหรือไม่มี</u> ไม่ใช่ภาวะเด็ดขาดลอยตัว （TNC ACHM046）

<u>khwaam^1</u>	mi^1	rɯ^5	mai^{3}mi^1	mai^{3}chai^3	pha^{1}wa^2
khwaam	有	或者	没有	不是	状态
ded^{2}khaat^2	lɔi^{1}tua^1				
坚决的	完结				

<u>有或没有</u>不是一成不变的状态。

句子（114）中，名词化形式 การให้ยาผิดหรือฉีดยาผิด 与名词化形式 ความมีหรือไม่มี 的长短不一样，前者是个比较长的形式，后者是个比较短的形式。句子 a 中，การให้ยาผิดหรือฉีดยาผิด 这个联合结构是个比较长的形式，整个并列结构的动词短语受 การ 的管辖。其中，并列连词 และ 作为标记词，连接 ให้ยาผิด 与 ฉีดยาผิด 这两个动词短语。在这个结构中，有标记词连接两个并列成分，并且作为其中的每一个被连接的成分都是动词短语，所以这种结构的扩展性很强。句子 b 中，ความมีหรือไม่มี 这个联合结构是个较为短小的形式，整个并列结构的动词短语受 ความ 的管辖。其中，选择连词 หรือ 作为标记词，连接 มี 与 ไม่มี 这两个动词。在这个结构中，有标记词连接两个并列成分，但是作为其中的每一个被连接的成分通常是单个动词，

第三章　名词化形式的内部结构　　65

所以这种结构的扩展性很弱。本句中的 ไม่มี 实则可以被看成是一个动词，表示"无"的含义。

3.3.2.4　VP 是连动结构的对比

当 VP 是联动结构的时候，การ（kaan¹）+VP 形式比较长，而 ความ（khwaam¹）+VP 形式比较短，例如句子（115）。

（115）a. การเรียนเศรษฐศาสตร์คือ<u>การนำเอาทฤษฎีต่างๆมาประยุกต์ใช้ใน การจัดสรรและบริหารทรัพยากร</u>（TNC ESUN063）

kaan¹	rian¹	set²ta²saat²	khɯ¹	**kaan¹**
kaan	学习	经济学	是	kaan
nam¹ʔau	**¹thrit⁴sa²di¹**	**taaŋ²taaŋ²**	**ma¹**	**praʔ²juk⁴**
拿	理论	各种	来	运用
chai⁴	**nai¹**	**kaan¹cat²saan⁵**	**lɛʔ⁴**	
使用	在……内	kaan 分配	和	
bɔ¹riʔ⁴haan⁵	**sap⁴phaʔ²ja¹kɔn¹**			

学习经济学就是<u>把各种理论知识运用于分配和管理资源的实践中</u>。

b. คนผู้ไม่ยอมทนอยู่ในความจำยอม เพราะถือว่าเป็นหน้าที่ เป็น<u>**ความต้อง ช่วยกันเข้าไปรับผิดชอบ**</u>（TNC NWCOL106）

khon¹phu³	mai³	jɔm¹	thon¹	ju²		nai¹	khwaam¹
人	不	愿意	忍受	在		在内	khwaam
cam¹jɔm¹	phrɔʔ⁴	thɯ⁵wa³	pen¹	na³thi³		pen¹	**khwaam¹**
不情愿	因为	认为	是	职责		是	khwaam
tɔŋ²	**chuai³**	**kan¹**	**khau³**	**pai¹rap⁴phit²chɔp³**			
必须	帮助	一起	进入	去	负责		

人们愿意忍受不情愿的事情，是因为把它当成了一种责任，<u>需要为之 而负责</u>。

句子（115）中，名词化形式 การนำเอาทฤษฎีต่างๆมาประยุกต์ใช้ในการจัด สรรและบริหารทรัพยากร 与名词化形式 ความต้องช่วยกันเข้าไปรับผิดชอบ 的长短不一样，前者是个比较长的形式，后者是个比较短的形式。句子 a 中，การนำเอาทฤษฎีต่างๆมาประยุกต์ใช้ในการจัดสรรและบริหารทรัพยากร 这个连动结构是个比较长的形式，整个连动结构的动词短语受 การ 的管辖。其中，没有标记词连接多个动词，这几个次第发生的动词短语是 นำเอาทฤษฎี ต่างๆมา、ประยุกต์ใช้ในการจัดสรรและบริหารทรัพยากร。在这个结构中，每一个成分都是由动词短语构成，在动词与动词之间能够插入其他成分，所以这种结构的扩展性很强。句子 b 中，ความต้องช่วยกันเข้าไปรับผิดชอบ 这个联合结构是个比较短小的形式,整个连动结构的动词短语受 ความ 的管辖。其中,没有标记词连接多个动词,这几个次第发生的动词是 ต้องช่วยกัน、เข้าไป、รับผิดชอบ。在这个结构中,每一个成分都是由光杆动词构成,动词与动词之间不能插入其他成分,所以这种结构的扩展性很弱。

从上述 3.3.2 的分析可以看出,การ(kaan¹)+VP 形式与 ความ(khwaam¹)+VP 形式中的内部结构是短语的时候,所呈现出的中状结构、述宾结构、联合结构以及连动结构具有不同的特征。也就是说,它们二者虽然具有相同类型的短语结构,但其内部又各有差异。

综合 3.3 的分析来看,当 การ(kaan¹)+VP 形式与 ความ(khwaam¹)+VP 形式中的内部结构是光杆动词的时候,一种情况是,动词只能前加 การ(kaan¹) 而不能前加 ความ(khwaam¹) 构成名词化形式。另一种情况是,动词既能前加 การ(kaan¹) 又能前加 ความ(khwaam¹) 构成名词化形式。在这种情况中 การ(kaan¹)+VP 形式与 ความ(khwaam¹)+VP 形式中的 VP 都没有扩展。

当 การ(kaan¹)+VP 形式与 ความ(khwaam¹)+VP 形式中的内部结构是短语的时候,这个短语可以呈现出多种形式,即中状或状中结构、述宾结构、联合结构以及连动结构。在这种情况下,การ(kaan¹)+VP 形式中 VP 的扩展自由,通常是一个长的动词短语,而 ความ(khwaam¹)+VP 形式中 VP 的扩展受限,通常是一个短的动词短语。

3.4 小　　结

在本节可以回答本章开头提出的几个问题,首先,การ(kaan¹)+VP 形式与 ความ(khwaam¹)+VP 形式的内部结构都可以是光杆动词和动词短语。其中,这些短语的结构有中状结构、述宾结构、联合结构以及连动结构。

其次,การ(kaan¹)+VP 形式与 ความ(khwaam¹)+VP 形式的区别是它们二者的内部结构不对称。一种不对称是,当 การ(kaan¹) 后面的动词是个光杆动词的时候,绝大部分动词只能前加 การ(kaan¹) 而不能前加 ความ(khwaam¹) 构成名词化;另一种不对称是,当 การ(kaan¹) 后面的动词是动词短语的时候,การ(kaan¹)+VP 形式与 ความ(khwaam¹)+VP 形式的内部结构的扩展能力不对称,前者是个长结构、扩展较为自由,而后者是个短结构、扩展较为受限。因此,它们二者是结构不同的两种形式。

结合前面上述分析来看，การ（kaan¹）+VP 形式的内部结构会就会呈现出两种不同的情况：一种是其内部结构没有扩展，即光杆动词；另一种是其内部结构的扩展自由，即动词短语。结合第二章 2.1.3 的分析，การ（kaan¹）+VP 形式与 VP 的语义相比较而言，如果 การ（kaan¹）+VP 形式的语义是隐性的改变，那么 การ（kaan¹）后面的动词可以是动词短语或光杆动词，体现出扩展自由或没有扩展；如果 การ（kaan¹）+VP 形式的语义是显性的改变，那么 การ（kaan¹）后面的动词就只能是一个光杆动词，其内部结构没有扩展。

ความ（khwaam¹）+VP 形式的内部结构也会呈现出两种不同的情况：一种是其内部结构没有扩展；另一种是其内部结构的扩展受限。结合第二章 2.1.3 的分析，ความ（khwaam¹）+VP 形式与 VP 的语义相比较而言，如果 ความ（khwaam¹）+VP 形式的语义是隐性的改变，那么 ความ（khwaam¹）后面的动词可以是动词短语或光杆动词，体现出扩展受限或没有扩展；如果 ความ（khwaam¹）+VP 形式的语义是显性的改变，那么 ความ（khwaam¹）后面的动词就只能是一个光杆动词，其内部结构没有扩展。

最后，การ（kaan¹）管辖一个长结构的 VP，ความ（khwaam¹）管辖一个短结构的 VP。การ（kaan¹）+VP 形式与 ความ（khwaam¹）+VP 形式语义在体现显性改变的时候，它们二者表示事物化的概念。การ（kaan¹）+VP 形式与 ความ（khwaam¹）+VP 形式语义在体现隐性改变的时候，การ（kaan¹）+VP 形式表示行为，ความ（khwaam¹）+VP 形式表示抽象的概念。也就是说，如果 การ（kaan¹）+VP 形式与 ความ（khwaam¹）+VP 形式的语义与 VP 相比较而言发生了明显的改变，那么这时名词化形式的内部结构没有扩展。如果 การ（kaan¹）+VP 形式与 ความ（khwaam¹）+VP 形式的语义与 VP 相比较而言没有改变，那么这时名词化形式的内部结构可以扩展，如果 การ（kaan¹）或 ความ（khwaam¹）后面的动词是短语说明已经扩展，如果 การ（kaan¹）或 ความ（khwaam¹）后面的动词是光杆动词说明没有扩展，但是这两种情况中的动词都具备扩展能力。

因此，首先，由于绝大部分动词只能前加 การ（kaan¹）而不能前加 ความ（khwaam¹）构成名词化，所以，在这部分动词中 การ（kaan¹）+VP 形式与 ความ（khwaam¹）+VP 形式不存在一一对应关系。其次，由于 การ（kaan¹）+VP 形式与 ความ（khwaam¹）+VP 形式内部结构的扩展存在自由和受限的不同，所以，การ（kaan¹）+VP 形式与 ความ（khwaam¹）+VP 形式不可能构成普遍对立关系。

通过第二章和第三章的分析可知，泰语语言事实中存在这样一部分动词，既能前加 การ（kaan¹）构成名词化形式，又能前加 ความ（khwaam¹）

构成名词化形式。既然 การ（kaan¹）+VP 形式与 ความ（khwaam¹）+VP 形式不能构成普遍对立关系，那么在这部分既能前加 การ（kaan¹）又能前加 ความ（khwaam¹）的动词中 การ（kaan¹）+VP 形式与 ความ（khwaam¹）+VP 形式是不是可以构成最小对立关系？要回答这一问题，就需要对由 การ（kaan¹）和 ความ（khwaam¹）所构成的名词化形式的外部功能以及外部功能的异同进行分析。因此，接下来，我们将对名词化形式的外部功能以及这两种名词化形式是否能够在同一个动词中构成最小对立关系的问题进行分析。

第四章 名词化形式的外部功能

在第三章，我们讨论了名词化形式的内部结构，看到了由 การ（kaan[1]）和 ความ（khwaam[1]）所构成的名词化形式在内部结构上的差异。接下来，我们要分析由 การ（kaan[1]）和 ความ（khwaam[1]）所构成的名词化形式在外部功能上的特点以及差异。

本章将分析 การ（kaan[1]）+VP 形式与 ความ（khwaam[1]）+VP 形式的句法组合能力。然后，分析 การ（kaan[1]）+VP 形式与 ความ（khwaam[1]）+VP 形式可以充当哪些句法成分。继而，对比分析这两种名词化形式的句法组合能力。最后，在同一个动词的前提下，分析 การ（kaan[1]）+VP 形式与 ความ（khwaam[1]）+VP 形式的不对称性。

本章试图说明以下几个问题：由 การ（kaan[1]）和 ความ（khwaam[1]）所构成的名词化形式的句法功能有怎样的特点；这些句法功能有什么差异；在同一个动词下，การ（kaan[1]）和 ความ（khwaam[1]）能不能构成最小对立关系。

4.1 名词化形式的句法组合能力

分析 การ（kaan[1]）+VP 形式与 ความ（khwaam[1]）+VP 形式的句法组合能力，一方面要把这个形式当作一个整体来看，分析它可以受哪些词或短语的修饰；另一方面要分析出现在这些位置的短语有怎样的特征，需要满足一些怎样的语法条件。

4.1.1 การ（kaan[1]）+VP 的句法组合能力

当 การ（kaan[1]）+VP 形式作为一个整体的时候，它可以受其他成分的修饰，这些修饰成分的种类呈现出多样性。

4.1.1.1 การ（kaan[1]）+VP 受名词结构的修饰

การ（kaan[1]）+VP 形式可以和名词结构构成中定结构，在这些中定结构中，有的结构通过结构助词连接中心语和定语，有的结构则是看似没有结构助词连接中心语和定语。这些名词结构可以由短语构成，也可以由单个词构成，例如句子（116）—（117）。

（116）นัตมีกลุ่มเพื่อนสนิทที่ต่างคนต่างมีปัญหาทั้งสิ้น ทั้งปัญหา**การแตกแยกของครอบครัว** การเรียน ความรัก รวมทั้งปัญหาขัดแย้งทางการเมืองที่มีผลกระทบกับทุกคน（TNC PRNV014）

nat⁴	mi¹	klum²	phuan³	sa?²nit²	thi³
阿纳	有	组	朋友	亲密	的
taaŋ²khon¹	taaŋ²	mi¹	pan¹ha⁵	thaŋ⁴sin³	thaŋ⁴
各自	都	有	问题	全部	既有
pan¹ha⁵	**kaan¹**	**tek²**	**jɛk²**	**khɔŋ⁵**	**khrɔp³khrua¹**
问题	kaan	分裂	的	家庭
kaan¹rian¹	khwaam¹	rak⁴	ruam¹thaŋ⁴	pan¹ha⁵
kaan 学习	khwaam	爱	包括	问题
khat²jɛŋ⁴	thaaŋ⁴	kaan¹muaŋ¹	thi³	mi¹	phon⁵kra?²thop⁴
矛盾	方面	政治	的	有	影响
kap²	thuk⁴khon¹
和	每 人

阿纳有一群朋友，这些朋友都各自存在一些问题，例如**家庭的分裂**、学习、情感问题以及涉及每个人的政治分歧问题。

句子（116）中，名词化形式 การแตกแยก 与名词 ครอบครัว 构成一个中定结构，可以表示为这样的结构层次[การแตกแยก]ของครอบครัว，其中，有结构助词 ของ 连接 การแตกแยก 与 ครอบครัว 这两个成分。

（117）เด็กที่ทำงานในช่วงวัยที่กำลังเจริญเติบโตเป็นวัยรุ่น เป็นช่วงที่มี**การเปลี่ยนแปลงทั้งร่างกายและอารมณ์**（TNC ACSS104）

dek²	thi³	tham¹ŋaan¹	nai¹	chuaŋ³wai³	thi³
孩子	的	工作	在……内	时期	的
kam¹laŋ¹	ca?²rən¹təp²to¹	pen¹	wai¹run³
正在	繁荣	是	青年
pen¹	chuaŋ³	thi³	mi¹	**kaan¹**	**plian²plɛŋ¹**
是	时期	的	有	kaan	变化
thaŋ⁴	**raaŋ³kaai¹**	**lɛ?⁴**	**?a¹rom¹**
既	身体	又	心理

在茁壮成长时期就工作的孩子，正处于一个**身体和心理都有变化的时期**。

句子（117）中，名词化形式 การเปลี่ยนแปลง 与名词结构 ทั้งร่างกายและ

อารมณ์ 构成一个中定结构，可以表示为这样的结构层次[การเปลี่ยนแปลง]ทั้งร่างกายและอารมณ์，其中，连词结构 ทั้ง......และ 替代了结构助词的功能，连接 การเปลี่ยนแปลง 与 ร่างกาย、อารมณ์ 这两个成分。这个例子也可看作是一个比较特殊的情况，中心语与修饰语之间看似没有连接词，应该是一个名词短语直接修饰中心语。但是，这个句子中存在 ทั้ง......และ 这个连词结构，它的功能相当于一个结构助词的功能，其中相当于结构助词被删除了。这种情况依然应该看作有标记词连接中心语与定语的情况。

4.1.1.2　การ（kaan¹）+VP 受介词结构的修饰

การ（kaan¹）+VP 形式可以和介词结构构成中定结构，在这些中定结构中，都有介词连接中心语和定语。这些介词结构可以由短语构成，也可以由单个词构成，例如句子（118）—（119）。

（118）การวิจัยนี้จะสร้างความรู้ใหม่และความเข้าใจอันใหม่ ซึ่งก็คือ**การผสมกันระหว่างวัฒนธรรมพื้นบ้านกับวัฒนธรรมตะวันตก**（TNC ACSS012）

kaan¹wiʔ⁴cai¹	ni⁴	caʔ²	saaŋ³	khwaam¹ru⁴
kaan 分析	这	会	建立	知识
mai²	lɛʔ⁴	khwaam¹	khau³cai¹	ʔan¹
新的	和	khwaam	理解	的
mai²	sɯŋ³	kɔ³	khɯɯ¹	**kaan¹**
新的	的	就	是	**kaan**
phaʔ²som⁵	**kan¹**	**raʔ²waaŋ²**	**watʰ⁴thaʔ²naʔ²tham¹**	
融合	一起	之间	文化	
phɯɯn⁴baan¹	**kap²**	**watʰ⁴thaʔ² naʔ²tham¹**	**taʔ²wan¹tok²**	
民间	和	文化	西方	

这个研究为<u>当地文化和西方文化之间的融合</u>带来了新的认识。

句子（118）中，名词化形式 การผสมกัน 与介词结构 ระหว่างวัฒนธรรมพื้นบ้านกับวัฒนธรรมตะวันตก 构成一个中定结构，可以表示为这样的结构层次[การผสมกัน]ระหว่างวัฒนธรรมพื้นบ้านกับวัฒนธรรมตะวันตก，其中，有介词 ระหว่าง 连接 การผสมกัน 与 วัฒนธรรมพื้นบ้านกับวัฒนธรรมตะวันตก 这两个成分。

（119）**การแปรปรวนของอุปสงค์สำหรับการขนส่ง**จะมีลักษณะเป็นวัฏจักรระยะยาว（TNC ACSS136）

kaan¹	**pre¹pruan¹**	**khɔŋ⁵**	**ʔup²paʔ²soŋ⁵**	**sam⁵rap²**
kaan	变幻	的	供求	对于
kaan¹khon⁵soŋ²	**caʔ²**	**mi¹**	**lak⁴saʔ²naʔ²**	**pen¹**
kaan 运输	会	有	特征	是

wat⁴cak²　　　ra?⁴ja?⁴　　jaau¹
循环　　　　　长期

<u>运**输**方面的供需变化</u>会出现长期循环的特点。

句子（119）中，名词化形式 การแปรปรวนของอุปสงค์ 与介词结构 สำหรับการขนส่ง 构成一个中定结构，可以表示为这样的结构层次 [การแปรปรวนของอุปสงค์]สำหรับการขนส่ง，其中，介词 สำหรับ 连接 การแปรปรวนของอุปสงค์ 与 การขนส่ง 这两个成分。

在这部分例句中，由于介词后面的词通常都是名词或名词短语，实则也可以把这类介词看作结构助词，类似结构助词 ของ 的功能。

4.1.1.3　การ（kaan¹）+VP 受量词结构的修饰

การ（kaan¹）+VP 形式可以和量词结构构成中定结构，在这些中定结构中，中心语受定语的直接修饰。这些量词结构可以由数量词或指量词词组构成，例如句子（120）—（121）。

（120）ในกรณีนี้นับได้ว่าเป็น**การกลัวอย่างหนึ่ง**（TNC ACSS043）

nai¹　　ko¹ra?⁴ni¹ ni⁴　nap⁴dai³wa³　pen¹　**kaan¹klua**　jaaŋ²　nɯŋ²
在…内　情况　　这　算是　　　　是　　kaan 害怕　种类　一

这种情况可以被认为是一种<u>害怕</u>。

句子（120）中，名词化形式 การกลัว 与数量词 อย่างหนึ่ง 构成一个中定结构，可以表示为这样的结构层次[การกลัว]อย่างหนึ่ง，其中，การกลัว 受 อย่างหนึ่ง 的直接修饰。

（121）**การวิจัยครั้งนี้**เป็นการวิจัยเชิงคุณภาพ（TNC ACSS032）

kaan¹ wi?⁴cai¹ khraŋ⁴ ni⁴　pen¹　kaan¹ wi?⁴cai¹ chəŋ¹　khun¹na?⁴phaap³
kaan 分析　次　这　　是　　kaan　分析　方面　　质量

<u>这次研究</u>是一次高质量的研究。

句子（121）中，名词化形式 การวิจัย 与指量词词组 ครั้งนี้ 构成一个中定结构，可以表示为这样的结构层次[การวิจัย]ครั้งนี้，其中，การวิจัย 受 ครั้งนี้ 的直接修饰。

4.1.1.4　การ（kaan¹）+VP 受谓词性结构的修饰

การ（kaan¹）+VP 形式可以和谓词性结构构成中定结构，在这些中定结构中，都有结构助词连接中心语和定语。这些谓词性结构可以由形容词性的短语、动词短语或主谓短语构成，例如句子（122）—（124）。

（122）เราก็ยังเห็น**การปฏิบัติที่ไม่เท่าเทียมกัน**ในหมู่ผู้ที่มีความแตกต่างของสถานะทางสังคมได้อย่างชัดเจนอยู่ตลอดเวลา（TNC PRNV014）

rau¹　　ko³　jaŋ¹　hen⁵　　**kaan¹**　　**pa?²ti?²pat²**
我们　　就　　还　　看见　　kaan　　　对待

第四章 名词化形式的外部功能

thi³	mai³	thau³thiam¹	kan¹	nai¹	mu²	phu³
的	不	平等	一起	在……内	群	人
thi³	mi¹	khwaam¹	tɛk²taaŋ²	khɔŋ⁵	saʔ²ta⁵naʔ⁴	thaaŋ¹
的	有	khwaam	不同	的	地位	方面
saŋ¹khom¹	dai³	jaaŋ²	chat⁴ceen¹	ju²	taʔ²lɔt²	we¹la¹
社会	能够	地	清晰的	在	一直	时间

我们一直以来都清晰地看到了在有社会等级差异中的人与人之间所受的<u>不平等对待</u>。

句子（122）中，名词化形式 การปฏิบัติ 与形容词性的短语 ที่ไม่เท่าเทียมกัน 构成一个中定结构，可以表示为这样的结构层次 [การปฏิบัติ]ที่ไม่เท่าเทียมกัน，其中，有结构助词 ที่ 连接 การปฏิบัติ 与 ไม่เท่าเทียมกัน 这两个成分。

（123）<u>การออกแบบที่มีการใช้หลังคากันแดดสำหรับทางเดิน</u>ไม่ว่าจะเป็นหลังคาที่สร้างด้วยวัสดุชั่วคราวหรือถาวรก็ตาม เป็นลักษณะการออกแบบที่มีการให้ความเอื้อเฟื้อต่อกันของชนชาวตะวันออก（TNC ACHM032）

kaan¹	ʔɔk²pɛp²	thi³	mi¹	kaan¹	chai⁴
kaan	设计	的	有	kaan	使用
laŋ⁵kha¹	kan¹	dɛt²	sam⁵rap²	thaaŋ¹	dən¹
屋檐	防止	阳光	对于	路	走
mai³wa³	caʔ²	pen¹	laŋ⁵kha¹	thi³	saaŋ³ duai³
无论	要	是	屋檐	的	建设 以方式
wat⁴saʔ²duʔ²	chua³khraau¹	rɯ⁵	tha⁵wɔn¹	kɔ³taam¹	pen¹
材料	临时的	或者	永久	也好	是
lak⁴saʔ²naʔ²	kaan¹	ʔɔk²pɛp²	thi³	mi¹	kaan¹ hai³
特征	kaan	设计	的	有	kaan 给予
khwaam¹	ʔɯa³fɯa⁴	tɔʔ²kan¹	khɔŋ⁵		
khwaam	恩惠	相互的	的		
chon¹chaau¹	taʔ²wan¹ʔɔk²				
人们	东方				

<u>把遮阳屋檐使用在人行道上的设计</u>，无论是用临时材质或永久材质制成的，这种设计都体现了东方人民互施恩惠的特点。

句子（123）中，名词化形式 การออกแบบ 与动词短语 ที่มีการใช้หลังคากันแดดสำหรับทางเดิน 构成一个中定结构，可以表示为这样的结构层次[การออกแบบ]ที่มีการใช้หลังคากันแดดสำหรับทางเดิน，其中，有结构助词 ที่ 连接 การออกแบบ 与 มีการใช้หลังคากันแดดสำหรับทางเดิน 这两个成分。

（124）การเขียนบทวิจารณ์วรรณกรรมไม่มีสูตรตายตัว ขึ้นอยู่กับ<u>การเขียน</u>

ที่ผู้วิจารณ์คิดว่าเหมาะสม（TNC PRNV014）

kaan¹khian⁵	bot²		wi?⁴caan¹	wan¹na?⁴kam¹	mai³mi¹
kaan 写	文章		评论	文学	没有
suut²	taai¹tua²	khɯn³ju²kap²	**kaan¹khian¹**	thi³	phu³
模式	固定的	取决于	kaan 写	的	人
wi?⁴caan¹	**khit⁴wa³**	**mɔ?²som⁵**			
评论	认为	合适			

写文学评论文章没有固定的模式,取决于<u>评论者所认为的合适的写法</u>。

句子（124）中,名词化形式 การเขียน 与主谓短语 ที่ผู้วิจารณ์คิดว่าเหมาะสม 构成一个中定结构,可以表示为这样的结构层次 [การเขียน]ที่ผู้วิจารณ์คิดว่าเหมาะสม,其中,有结构助词 ที่ 连接 การเขียน 与 ผู้วิจารณ์คิดว่าเหมาะสม 这两个成分。

4.1.1.5 การ（kaan¹）+VP 受代词的修饰

การ（kaan¹）+VP 形式可以和代词构成中定结构,在这些中定结构中,可以是有结构助词连接中心语和定语,也可以是中心语受定语的直接修饰。这些代词可以是人称代词或不定代词,例如句子（125）—（126）。

（125）ถ้าลูกเรียนภาษาไทยให้พออ่านออกเขียนได้ ก็คงจะเป็นการดีต่อ<u>**การค้าของเรา**</u>ไม่น้อย（TNC PRNV012）

tha³	luuk³	rian¹	pha¹sa⁵	thai¹	hai³	phɔ¹	?aan²
如果	孩子	学习	语言	泰国	使之	足够	读
?ɔk²	khian⁵	dai³	kɔ³	khoŋ¹	ca?²	pen¹	kaan¹di¹	tɔ²
出	写	能够	就	可能	要	是	事情好	对于
kaan¹kha⁴	**khɔŋ⁵**	**rau¹**	mai³	nɔi⁴			
kaan 买卖	的	我们	不	少			

如果你学泰语学得能够会说会写,那么对<u>**我们的买卖**</u>肯定有不少好处。

句子（125）中,名词化形式 การค้า 与人称代词 ของเรา 构成一个中定结构,可以表示为这样的结构层次[การค้า]ของเรา,其中,有结构助词 ของ 连接 การค้า 与 เรา 这两个成分。

（126）คุณต้องยอมรับก่อนว่าชีวิตนี้คือการต่อสู้ ไม่มี<u>**การต่อสู้**</u>ใดในชีวิตที่คุณจะได้ชัยชนะมาโดยง่าย（TNC POET023）

khun¹	tɔŋ³		jom¹rap⁴	kɔn²	wa³	chi¹wit⁴	ni⁴	khɯ¹
你	必须		承认	先	说	生活	这	是
kaan¹	tɔ²su³		mai³mi¹	**kaan¹**	**tɔ²su³**	**dai¹**	nai¹	
kaan	斗争		没有	kaan	斗争	任何	在内	

第四章 名词化形式的外部功能　　　　　　　　75

chi¹wit⁴	thi³	khun¹	ca?²	dai³	chai¹cha?⁴na?⁴
生活	的	你	会	已经	胜利
ma¹	dooi¹	ŋaai³			
来	以……方式	容易			

你首先必须承认生活中充满斗争，而生活中没有<u>什么斗争</u>是能够轻易战胜的。

　　句子（126）中，名词化形式 การต่อสู้ 与不定代词 ใด 构成一个中定结构，可以表示为这样的结构层次[การต่อสู้]ใด，其中，การต่อสู้ 受 ใด 的直接修饰。

　　4.1.1.6　การ（kaan¹）+VP 受指示词的修饰

　　การ（kaan¹）+VP 形式可以和指示词构成中定结构，在这些中定结构中，中心语受指示词的直接修饰，例如句子（127）—（128）。

　　（127）<u>**การวิจัยนี้**</u>มีจุดประสงค์ที่จะศึกษาถึงความเข้าใจทางการเมืองและการมีส่วนร่วมทางการเมืองของประชาชนอำเภอเมืองชลบุรี（TNC PRNV014）

kaan¹wi?⁴cai¹	ni⁴	mi¹	cut²pra?²soŋ⁵	thi³ca?²	suk²sa⁵
kaan 研究	这	有	目的	虚词	研究
thuŋ⁵	khwaam¹	khau³cai¹	thaaŋ¹	kaan¹mɯaŋ¹	lɛ?⁴
至	khwaam	理解	方面	政治	和
kaan¹	mi¹	suan²ruam³	thaaŋ¹	kaan¹mɯaŋ¹	khɔŋ⁵
kaan	有	参加	方面	政治	的
pra?²cha¹chon¹	?am¹phəə¹	mɯaŋ¹	chon¹bu?²ri¹		
人民	县	城市	春武里		

<u>这个研究</u>的目的是要分析春武里人民对政治以及政治参与的理解。

　　句子（127）中，名词化形式 การวิจัย 与指示词 นี้ 构成一个中定结构，可以表示为这样的结构层次[การวิจัย]นี้，其中，การวิจัย 受 นี้ 的直接修饰。

　　（128）<u>**การเอาราษฎรเป็นสื่อกลางนี้**</u>ไม่ประสบความสำเร็จเอาเลย（TNC PRNV014）

kaan¹	?au¹	raat³sa?²dɔn¹	pen¹	sɯɯ²	klaaŋ¹	ni⁴	mai³
kaan	拿	民众	是	媒介	中间	这	不
pra?²sop²	khwaam¹	sam⁵ret²	?au¹ləi¹				
经历	khwaam	成功	彻底的				

<u>像这样把民众当作媒介</u>是根本不会成功的。

　　句子（128）中，名词化形式 การเอาราษฎรเป็นสื่อกลาง 与指示词 นี้ 构成一个中定结构，可以表示为这样的结构层次[การเอาราษฎรเป็นสื่อกลาง]นี้，其中，กาเอาราษฎรเป็นสื่อกลาง 受 นี้ 的直接修饰。

从上述 4.1.1 的分析可以看出，การ（kaan[1]）+VP 形式可以受名词结构、介词结构、量词结构、谓词性结构、代词以及指示词的修饰。当 การ（kaan[1]）+VP 形式受其他成分修饰的时候，它的内部结构可以是光杆动词也可以是动词短语，但是通常说来，内部结构是光杆动词的情况较为普遍。

4.1.2 ความ（khwaam[1]）+VP 的句法组合能力

当 ความ（khwaam[1]）+VP 形式作为一个整体的时候，它可以受其他成分的修饰，这些修饰成分的种类呈现出多样性。

4.1.2.1 ความ（khwaam[1]）+VP 受名词结构的修饰

ความ（khwaam[1]）+VP 形式可以和名词结构构成中定结构，在这些中定结构中，有的结构通过结构助词连接中心语和定语，有的结构则没有结构助词连接中心语和定语。这些名词结构可以由短语构成，也可以由单个词构成，例如句子（129）—（130）。

（129）**ความต่อเนื่องของข้อมูล**ทำให้ผลของการวิเคราะห์น่าเชื่อถือ（TNC ACET010）

khwaam[1]	tɔ²nɯaŋ³	khɔŋ⁵	khɔ³muun[1]	tham[1]hai³
khwaam	继续	的	资料	使得
phon⁵	khɔŋ⁵	kaan[1]	wi?⁴khrɔ?⁴	na³	chɯa³thɯɯ⁵
结果	的	kaan	分析	值得	相信

<u>资料的连贯性</u>使得分析结果很可靠。

句子（129）中，名词化形式 ความต่อเนื่อง 与名词结构 ของข้อมูล 构成一个中定结构，可以表示为这样的结构层次[ความต่อเนื่อง]ของข้อมูล，其中，有结构助词 ของ 连接 ความต่อเนื่อง 与 ข้อมูล 这两个成分。

（130）ผู้ใหญ่ในครอบครัวก็ขาด**ความรักพื้นฐาน** ทำให้ไม่สามารถให้ความรักคนในครอบครัวได้（TNC NWCOL105）

phu³jai²	nai[1]	khrɔp³khrua[1]	kɔ³	khaat²	**khwaam[1]rak⁴**
大人	在……内	家庭	就	缺乏	khwaam 爱
phɯɯn⁴taan⁵	tham[1]hai³	mai³		sa⁵maat²	hai³	khwaam[1]rak⁴
基础	使得	不		能够	给予	khwaam 爱
khon[1]	nai[1]	khrɔp³khrua[1]	dai³
人	在……内	家庭	能够

家中的长辈本就缺乏<u>基本的爱</u>，那么就无法把爱给予家人。

句子（130）中，名词化形式 ความรัก 与名词 พื้นฐาน 构成一个中定结构，可以表示为这样的结构层次[ความรัก]พื้นฐาน，其中，ความรัก 受 พื้นฐาน

第四章 名词化形式的外部功能 77

的直接修饰。中心语受定语的直接修饰，这时充当定语的名词具有属性化功能，表达一种属性意义。

4.1.2.2 ความ（khwaam¹）+VP 受介词结构的修饰

ความ（khwaam¹）+VP 形式可以和介词结构构成中定结构，在这些中定结构中，都有介词连接中心语和定语。这些介词结构可以由短语构成，也可以由单个词构成，例如句子（131）—（132）。

（131）**ความสัมพันธ์ระหว่างคนในประเทศ**ก็กระชับขึ้นกว่าแต่ก่อน（TNC ACSS093）

khwaam¹sam⁵phan¹	raʔ⁴waaŋ²	khon⁵	nai¹	praʔ²theet³	kɔ³
khwaam 关系	之间	人	在……内	国家	就
kraʔ²chap⁴	khɯn³	kwa²	tɛ²kɔn²		
紧密	上	表示比较	之前		

<u>国内人民之间的关系</u>就比以前更加密切了。

句子（131）中，名词化形式 ความสัมพันธ์ 与介词结构 ระหว่างคนในประเทศ 构成一个中定结构，可以表示为这样的结构层次[ความสัมพันธ์]ระหว่างคนในประเทศ，其中，有介词 ระหว่าง 连接 ความสัมพันธ์ 与 คนในประเทศ 这两个成分。

（132）**ความคุ้นเคยระหว่างเรา**น่าจะเกิดขึ้นตั้งแต่วินาทีแรกที่สบตา（TNC PRNV008）

khwaam¹khun⁴khəi¹	raʔ⁴waaŋ²	rau¹	na³caʔ²	kət²
khwaam 习惯	之间	我们	可能	产生
khɯn³	taŋ³tɛ²	wiʔ⁴na¹ti¹	rɛk³	thi⁵	sop²ta¹
上	自从	秒钟	第一	的	相视

<u>我们之间的熟悉感</u>可能就是发生于眼神交会的那一秒。

句子（132）中，名词化形式 ความคุ้นเคย 与介词结构 ระหว่างเรา 构成一个中定结构，可以表示为这样的结构层次[ความคุ้นเคย]ระหว่างเรา，其中，有介词 ระหว่าง 连接 ความคุ้นเคย 与 เรา 这两个成分。

4.1.2.3 ความ（khwaam¹）+VP 受量词结构的修饰

ความ（khwaam¹）+VP 形式可以和量词结构构成中定结构，在这些中定结构中，中心语受定语的直接修饰。这些量词结构可以由数量词或指量词词组构成，例如句子（133）—（134）。

（134）ในขณะเดียวกันงานครั้งนี้ก็มี**ความคลี่คลายบางอย่างที่น่าสนใจ**（TNC NWCOL098）

nai¹khaʔ²naʔ²diau¹kan¹	ŋaan¹	khraŋ⁴	ni⁴	kɔ³	mi¹
同时	工作	次	这	就	有

khwaam¹	khli³khlaai¹ baaŋ¹	jaaŋ² thi³ na³ son⁵cai¹
khwaam	缓和　　某种	种　的　值得　关注

同时，在这次工作中也体现出了某种微妙的缓和。

句子（133）中，名词化形式 ความคลี่คลาย 与数量词组 บางอย่าง 构成一个中定结构，可以表示为这样的结构层次[ความคลี่คลาย]บางอย่าง，其中，ความคลี่คลาย 受 บางอย่าง 的直接修饰。

（134）ไม่ว่าจะใกล้ตายหรือขณะกำลังอยู่ดีมี**ความเป็นปกติอย่างนี้**（TNC NACHM100）

mai³wa³caʔ²	klai³	taai¹	ruɯ⁵	khaʔ²naʔ²kam¹laŋ¹	juʔ² di¹
无论	近	死	或者	正在	在 好
mi¹	**khwaam¹**	pen¹	pok²kaʔ²tiʔ²	jaaŋ²	ni⁴
有	khwaam	是	通常	样	这

无论是即将死亡还是一如既往的活着。

句子（134）中，名词化形式 ความเป็นปกติ 与指量词词组 อย่างนี้ 构成一个中定结构，可以表示为这样的结构层次[ความเป็นปกติ]อย่างนี้，其中，ความเป็นปกติ 受 อย่างนี้ 的直接修饰。

4.1.2.4　ความ（khwaam¹）+VP 受谓词性结构的修饰

ความ（khwaam¹）+VP 形式可以和谓词性结构构成中定结构，在这些中定结构中，有的有结构助词连接中心语和定语，有的看似没有结构助词连接中心语和定语。这些谓词性结构可以由形容词性的短语、动词短语或主谓短语构成，例如句子（135）—（137）。

（135）ความหมายของเทคโนโลยีนั้นก็ยังมี**ความเข้าใจที่หลากหลาย**（TNC ACSS042）

khwaam¹maai⁵	khɔŋ⁵	thek⁴no¹lo¹ji¹	nan⁴	kɔ³	jaŋ¹	mi¹
内容	的	科技	那	就	还	有
khwaam¹	**khau³cai¹**	**thi³**	**laak²laai⁵**			
khwaam	理解	的	许多			

对于科技这一含义也存在着各种各样的理解。

句子（135）中，名词化形式 ความเข้าใจ 与形容词性的短语 ที่หลากหลาย 构成一个中定结构，可以表示为这样的结构层次[ความเข้าใจ]ที่หลากหลาย，其中，有结构助词 ที่ 连接 ความเข้าใจ 与 หลากหลาย 这两个成分。

（136）เราสิ้นความเกี่ยวพันกับพ่อมานานนับ**ความตายที่มาถึงพ่ออย่างจู่โจม** จึงไม่ได้กระทบกระเทือนแม้แต่วิถีชีวิตประจำวันของเรา（TNC ACHM034）

rau¹	sin³	khwaam¹	kiau²phan¹	kap²	phɔ³
我们	完结	khwaam	联系	和	爸爸

ma¹	naan¹	nap⁴	**khwaam¹**	**taai¹**	thi³
来	长久	很	khwaam	死	的

ma¹	thɯaŋ⁵	phɔ³	**jaaŋ²**	cu²coom¹	cɯɯŋ¹
来	至	爸爸	地	突然的	就

mai³dai³	kraʔ²thop⁴	kraʔ²thuan¹	mɛ⁴te²	wiʔ²thi⁵chi¹wit⁴
没有	影响	影响	即使	生活

praʔ²cam¹wan¹	khɔŋ⁵	rau¹
日常	的	我们

我们很长一段时间以来都与爸爸失去了联系，<u>爸爸的这种突如其来的死亡</u>甚至都没有影响到我们的日常生活。

句子（136）中，名词化形式 ความตาย 与动词短语 ที่มาถึงพ่ออย่างจู่โจม 构成一个中定结构，可以表示为这样的结构层次[ความตาย]ที่มาถึงพ่ออย่างจู่โจม，其中，有结构助词 ที่ 连接 ความตาย 与 มาถึงพ่ออย่างจู่โจม 这两个成分。

（137）**ความผูกพันเบื้องแรกที่มนุษย์ประสบ**ก็คือความสัมพันธ์ของเขาในวัยเด็กกับแม่（TNC ACHM034）

khwaam¹	**phuuk²phan¹**	**bɯaŋ³**	**rek³**	**thi³**	**maʔ²nut⁴**
khwaam	关系	方面	第一	的	人类

praʔ²sop²	kɔ³	khɯɯ¹	khwaam¹	sam⁵phan¹	khɔŋ⁵
遇见	就	是	khwaam	关系	的

khau⁵	nai¹	wai¹dek²	kap²	mɛ³
他	在……里	童年	和	妈妈

<u>人类遇到的初次关系</u>是他在童年时期与妈妈的关系。

句子（137）中，名词化形式 ความผูกพันเบื้องแรก 与主谓短语 ที่มนุษย์ประสบ 构成一个中定结构，可以表示为这样的结构层次[ความผูกพันเบื้องแรก]ที่มนุษย์ประสบ，其中，有结构助词 ที่ 连接 ความผูกพันเบื้องแรก 与 มนุษย์ประสบ 这两个成分。

4.1.2.5 ความ（khwaam¹）+VP 受代词的修饰

ความ（khwaam¹）+VP 形式可以和代词构成中定结构，在这些中定结构中，可以是有结构助词连接中心语和定语，也可以是中心语受定语的直接修饰。这些代词可以由人称代词或不定代词构成，例如句子（138）—（139）。

（138）**ความห่วงใยของท่าน**ทำให้ข้ารังเกียจ（TNC PRNV030）

khwaam¹	**huaŋ²jai¹**	**khɔŋ⁵**	**thaan³**	tham¹hai³	kha³	raŋ¹kiat²
khwaam	担心	的	您	使得	我	厌烦

<u>您的担心</u>使我感到很反感。

句子（138）中，名词化形式 ความห่วงใย 与人称代词 ของท่าน 构成一个中定结构，可以表示为这样的结构层次[ความห่วงใย]ของท่าน，其中，有结构助词 ของ 连接 ความห่วงใย 与 ท่าน 这两个成分。

（139）แต่เขาร้องขอ**ความช่วยเหลือเท่าไหร่**ก็ไม่มีคนช่วย（TNC NACHM084）

te²	khau⁵	rɔŋ⁴khɔ⁵	**khwaam¹chuai³lɯa⁵**	**thau³rai²**
但是	他	乞求	khwaam 帮助	多少

kɔ³	mai³mi¹	khon¹	chuai³
就	没有	人	帮助

然而，他乞求过**多少次帮助**，但都没有人帮助他。

句子（139）中，名词化形式 ความช่วยเหลือ 与不定代词 เท่าไหร่ 构成一个中定结构，可以表示为这样的结构层次[ความช่วยเหลือ]เท่าไหร่，其中，ความช่วยเหลือ 受 เท่าไหร่ 的直接修饰。

4.1.2.6 ความ（khwaam¹）+VP 受指示词的修饰

ความ（khwaam¹）+VP 形式可以和指示词构成中定结构，在这些中定结构中，中心语受指示词的直接修饰，例如句子（140）—（141）。

（140）ด้วย**ความไม่เข้าใจนั้น**สาธารณชนสามารถตกเป็นเหยื่อ（TNC ACSS103）

duai³	**khwaam¹ mai³ khau⁵cai¹**	**nan⁴**	sa⁵tha³ra?⁴na?⁴chon¹	sa⁵maat³	tok²
由于	khwaam 不 理解	那	民众	能够	下降

pen¹	jɯa²
是	诱饵

正是由于**不理解**，民众可能会沦为诱饵。

句子（140）中，名词化形式 ความไม่เข้าใจ 与指示代词 นั้น 构成一个中定结构，可以表示为这样的结构层次[ความไม่เข้าใจ]นั้น，其中，ความไม่เข้าใจ 受 นั้น 的直接修饰。

（141）**ความหึงหวงทั้งสิ้นทั้งปวงนี้**เป็นการแสดงเสน่ห์ของพระเอกให้มากยิ่งขึ้นเท่านั้นเอง（TNC ACHM067）

khwaam¹	**huŋ⁴huaŋ⁵**	**thaŋ⁴sin³**	**thaŋ⁴puaŋ¹**	**ni⁴**	pen¹
khwaam	嫉妒	所有	这		是

kaan¹	sa?²dɛŋ¹	sa?²ne²	khɔŋ⁵	phra⁴	?eek²	hai¹	maak³
kaan	表明	魅力	的	男主角	使得	非常	越

jiŋ³	khɯn³	thau³nan⁴	?eeŋ¹
上	仅仅	表示强调	

这些所有的嫉妒都只是为了更加凸显男主角的魅力。

句子（141）中，名词化形式 ความหึงหวงทั้งสิ้นทั้งปวง 与指示代词 นี้ 构成一个中定结构，可以表示为这样的结构层次[ความหึงหวงทั้งสิ้นทั้ง

ปวง]นี้，其中，ความหึงหวงทั้งสิ้นทั้งปวง 受 นี้ 的直接修饰。

从上述 4.1.2 的分析可以看出，ความ（khwaam[1]）+VP 形式可以受名词结构、介词结构、量词结构、谓词性结构、代词以及指示词的修饰。当 ความ（khwaam[1]）+VP 形式受其他成分的修饰时，它的内部结构通常是光杆动词。在极少数情况下，可以是一个比较短的动词短语，例如句子（141），但这类短语通常是一种较为固化的用法，可以看成是一个词。

从上述 4.1 的分析可以看出，การ（kaan[1]）+VP 形式、ความ（khwaam[1]）+VP 形式与名词、量词等结构构成中定结构的时候，总体分为带结构助词和不带结构助词两种情况。其中，当定语为名词结构的时候，通常总是带有结构助词才能修饰前面的名词化形式，结构助词通常是 ของ（khɔŋ[5]）、เชิง（chəŋ[1]）、ทาง（thaaŋ[1]）等。当定语为介词结构的时候，通常都有介词作为切分中心语和定语的标记，这里介词的功能实则相当于结构助词的功能，这些介词通常是用来修饰名词性成分的介词，例如 ระหว่าง（ra?[4]waaŋ[2]）、สำหรับ（sam[2]rap[2]）。当定语为量词结构的时候，通常不需要结构助词，就可以直接修饰前面的名词化形式。当定语为谓词性结构的时候，也必须带有结构助词才能修饰前面的名词化形式，结构助词通常是 ที่（thi[3]）。当定语为代词的时候，如果是人称代词一般需要加结构助词 ของ（khɔŋ[5]）才能修饰前面的名词化形式；如果是不定代词一般不需要加结构助词就可以直接修饰前面的名词化形式。当定语为指示词的时候，通常不需要结构助词，就可以直接修饰前面的名词化形式。在极少数情况下，การ（kaan[1]）+VP 形式、ความ（khwaam[1]）+VP 形式中的 VP 可以是一个比较短的动词短语，也就是说这个名词化形式的内部结构可以有一定的扩展以后再受定语修饰。此外，结构助词 ของ（khɔŋ[5]）和 ที่（thi[3]）也有一定的分工，前者通常带一个体词性成分修饰中心语，后者通常带一个谓词性成分修饰中心语。

4.2 名词化形式所充当的句法成分

分析 การ（kaan[1]）+VP 形式与 ความ（khwaam[1]）+VP 形式能充当哪些句法成分，也就是分别把这两个形式当作一个整体来看，分析它们可以出现在句子中的哪些位置。

4.2.1 การ（kaan[1]）+VP 所充当的句法成分

当 การ（kaan[1]）+VP 形式作为一个整体的时候，它可以充当多种句法成分。

4.2.1.1　การ（kaan¹）+VP 做主语

การ（kaan¹）+VP 形式充当主语的时候，这个名词化形式可以由单个动词构成也可以由动词短语构成，其中，动词短语可以是中状、述宾、联合以及连动结构，例如句子（142）—（146）。

（142）<u>การเรียนรู้</u>เกิดขึ้นได้ในหัวใจของคนทุกคน（TNC PRNV014）

<u>kaan¹</u>	<u>rian¹ru⁴</u>	kət²	khɯn³	dai³	nai¹	hua⁵cai¹
kaan	学习	产生	上	能够	在……内	心脏
khɔŋ⁵		khon¹	thuk⁴	khon¹		
的		人	每	人		

<u>学习</u>产生于每个人的心中。

句子（142）中，名词化形式 การเรียนรู้ 在句子中充当主语，这个名词化形式包含一个光杆动词，การ[เรียนรู้]。

（143）<u>การวิเคราะห์การกระทำของมนุษย์โดยพื้นฐานปรัชญา</u>จะเป็นการตอบคำถามเกี่ยวกับค่านิยมของบุคคล（TNC ACSS130）

<u>kaan¹</u>	<u>wiʔ⁴khrɔʔ⁴</u>	<u>kaan¹kraʔ²tham¹</u>	khɔŋ⁵		
kaan	分析	行为	的		
<u>maʔ⁴nut⁴</u>	<u>dooi¹</u>	<u>phɯɯn⁴taan⁵</u>	<u>pratʔ²ja¹</u>	caʔ²	pen¹
人类	以……方式	基础	哲学	会	是
kaan¹	tɔp²	kham¹thaam⁵	kiau²kap²	khaʔ³niʔ⁴jom¹	
kaan	回答	问题	有关	价值观	
khɔŋ⁵	buk²khon¹				
的	人				

<u>以哲学基础来分析人类行为</u>是对人的价值观问题的解答。

句子（143）中，名词化形式 การวิเคราะห์การกระทำของมนุษย์โดยพื้นฐานปรัชญา 在句子中充当主语，这个名词化形式包含一个中状结构，การ[[วิเคราะห์การกระทำของมนุษย์]โดยพื้นฐานปรัชญา]。

（144）<u>การขายหนังสือ</u>เป็นงานกุศล（TNC PRNV020）

<u>kaan¹</u>	<u>khaai⁵</u>	<u>naŋ⁵sɯ⁴</u>	pen¹	ŋaan¹	kuʔ²son⁵
kaan	卖	书	是	工作	功德

<u>卖书</u>是种功德。

句子（144）中，名词化形式 การขายหนังสือ 在句子中充当主语，这个名词化形式包含一个述宾结构 การ[ขาย[หนังสือ]]。

（145）<u>การให้ยาผิดหรือฉีดยาผิด</u>ย่อมหมายถึงอันตรายที่จะเกิดขึ้นกับร่างกายหรือชีวิตของผู้ป่วย（TNC ACSS089）

第四章　名词化形式的外部功能　　　83

kaan¹	hai³	ja¹	phit²	rɯ⁵	chit²ja¹	phit²	jɔm³
kaan	给	药	错的	或者	打针	错的	必然

maai⁴thɯŋ⁵	ʔan¹taʔ²raai¹	thi³caʔ²	kət²	khun³	kap²
意味着	危险	虚词	产生	上	和

raaŋ³kaai¹	rɯ⁵	chi¹wit⁴	khɔŋ⁵	phu³puai²
身体	或者	生命	的	病人

<u>开错药或者打错针</u>必然意味着病人的身体或生命会有危险。

句子（145）中，名词化形式 การให้ยาผิดหรือฉีดยาผิด 在句子中充当主语，这个名词化形式包含一个联合结构，การ[[ให้ยาผิด]หรือ[ฉีดยาผิด]]。

（146）<u>การนำผู้ป่วยเข้าพบจิตแพทย์ได้ทันท่วงที</u>จะช่วยลดการใช้ยาและระยะเวลาในการรักษาลงได้（TNC NACMD080）

kaan¹	nam¹	phu³puai²	khau³phop⁴
kaan	引导	病人	会见

cit²taʔ²phɛt³	dai³	than¹thuaŋ³thi¹	caʔ²	chuai³	lot⁴	kaan¹
心理医生	能够	及时	会	帮助	减少	kaan

chai⁴	ja¹	lɛʔ⁴	raʔ⁴jaʔ⁴	we¹la¹	nai¹
使用	药	和时期	时间	在……内

kaan¹	rak⁴saa⁵	loŋ¹	dai³
kaan	治疗	下	能够

<u>及时带病人看心理医生</u>有助于减少用药和缩短治疗时间。

句子（146）中，名词化形式 **การนำผู้ป่วยเข้าพบจิตแพทย์ได้ทันท่วงที** 在句子中充当主语，这个名词化形式包含一个连动结构，การ[นำผู้ป่วยเข้าพบจิตแพทย์ได้ทันท่วงที]。

4.2.1.2　การ（kaan¹）+VP 做宾语

การ（kaan¹）+VP 形式充当宾语的时候，这个名词化形式可以由单个动词构成也可以由动词短语构成，其中，动词短语可以是中状、述宾、联合以及连动结构，例如句子（147）—（151）。

（147）ผู้หญิงก็มีส่วนยอมรับให้เกิด<u>**การกดขี่**</u>ทั้ง ๆ ที่มีโอกาสตอบโต้（TNC ACSS052）

phu³jiŋ⁵	kɔ³	mi¹suan²	jɔm¹rap⁴	hai³	kət²	kaan¹
女性	就	一部分	愿意	使得	产生	kaan

kot²khi²	thaŋ⁴thaŋ⁴thi³	mi¹	ʔo¹kaat²	tɔp²to³
压迫	尽管	有	机会	反抗

即使有反抗的机会，有的女性还是愿意让<u>压迫</u>发生。

句子（147）中，名词化形式 **การกดขี่** 充当动词短语 มีส่วนยอมรับให้เกิด

的宾语，可以表示为这样的结构层次 มีส่วนยอมรับให้เกิด[การกดขี่]。充当宾语的这个名词化形式包含一个光杆动词，การ[กดขี่]。

（148）ทิศทางของนโยบายในช่วงนี้จึงเน้น<u>การฟื้นฟูเศรษฐกิจเป็นหลักด้วยการดึงการลงทุนเข้ามาสู่ประเทศ</u>（TNC ACSS076）

thit⁴thaaŋ¹	khɔŋ⁵	na²jo¹baai¹	nai¹	chuaŋ³	ni⁴	cɯŋ²
方向	的	政策	在……内	时期	这	就

neen⁴	**kaan¹**	**fɯɯn⁴fu⁴**	**seet²ta²kit²**	**pen¹lak²**	**duai³**	**kaan¹**
强调	kaan	恢复	经济	主要的	以……方式	kaan

dɯŋ¹	**kaan¹**	**loŋ¹thun¹**	**khau³**	**ma¹**	**su²**	**pra²theet³**
吸引	kaan	投资	进入	来	至	国家

这个时期的政策方向就是侧重<u>以吸引外资的方式恢复经济</u>。

句子（148）中，名词化形式 การฟื้นฟูเศรษฐกิจเป็นหลักด้วยการดึงการลงทุนเข้ามาสู่ประเทศ 充当动词短语 เน้น 的宾语，可以表示为这样的结构层次 เน้น[การฟื้นฟูเศรษฐกิจเป็นหลักด้วยการดึงการลงทุนเข้ามาสู่ประเทศ]。充当宾语的这个名词化形式包含一个中状结构，การ[[ฟื้นฟูเศรษฐกิจเป็นหลัก]ด้วยการดึงการลงทุนเข้ามาสู่ประเทศ]。

（149）เขาชอบ<u>การมีโลกส่วนตัว</u>（TNC ACSS037）

khau⁵	chɔp³	**kaan¹**	**mi¹**	**look³**	**suan²tua¹**
他	喜欢	kaan	有	世界	私人的

他喜欢<u>沉浸在自己的世界里</u>。

句子（149）中，名词化形式 การมีโลกส่วนตัว 充当动词短语 ชอบ 的宾语，可以表示为这样的结构层次 ชอบ[การมีโลกส่วนตัว]。充当宾语的这个名词化形式包含一个述宾结构，การ[มี[โลกส่วนตัว]]。

（150）การเรียนเศรษฐศาสตร์คือ<u>การนำเอาทฤษฎีต่างๆมาประยุกต์ใช้ในการจัดสรรและบริหารทรัพยากร</u>（TNC ESUN063）

kaan¹	**rian¹**	set²ta²saat²	khɯɯ¹	**kaan¹**
kaan	学习	经济学	是	kaan

nam¹ʔau	**¹thrit⁴sa²di¹**	**taaŋ²taaŋ²**	**ma¹**	**pra²juk⁴**
拿	理论	各种	来	运用

chai⁴	**nai¹**	**kaan¹cat²san⁵**	**lɛʔ³**
使用	在……内	kaan 分配	和

bo¹ri²haan⁵ **sap⁴phaʔ⁴ja¹kɔn¹**

学习经济学就是<u>把各种理论知识运用于分配和管理资源的实践中</u>。

句子（150）中，名词化形式 การนำเอาทฤษฎีต่างๆมาประยุกต์ใช้ในการจัดสรรและบริหารทรัพยากร 充当动词 คือ 的宾语，可以表示为这样的结构层

次 คือ[การนำเอาทฤษฎีต่างๆมาประยุกต์ใช้ในการจัดสรรและบริหารทรัพยากร]。充当宾语的这个名词化形式包含一个联合结构，การ[[นำเอาทฤษฎีต่างๆมาประยุกต์ใช้ในการจัดสรร]และ[บริหารทรัพยากร]]。

（151）หากรัฐบาลควบคุมสถานการณ์ไม่ได้อาจมีสมาชิกหลายประเทศยกเลิก**การเดินทางเข้ามาร่วมประชุมอาเซียน**（TNC NWRP_PL022）

haak^2	rat^{4}tha?^{2}baan^1	khuap^{3}khum^1		
如果	政府	控制		
sa?^{2}tha^{5}na?^{4}kaan^1	mai^{3}dai^3	?aat^2	mi^1	sa?^{2}ma^{1}chik^4
局势	不能	可能	有	成员
laai^5	pra?^{2}theet^3	jok^{4}lək^3	**kaan^1**	**dən^{1}thaaŋ^1**
许多	国家	取消	kaan	出行
khau^{3}ruam^3	**pra?^{2}chum^1**	**?a^{1}sian^3**		
参加	会议	东盟		

如果政府不能控制局势，可能就会有成员国取消<u>出行参加东盟会议</u>。

句子（151）中，名词化形式 การเดินทางเข้ามาร่วมประชุมอาเซียน 充当动词 ยกเลิก 的宾语，可以表示为这样的结构层次 ยกเลิก[การเดินทางเข้ามาร่วมประชุมอาเซียน]。充当宾语的这个名词化形式包含一个连动结构，การ[เดินทางเข้ามาร่วมประชุมอาเซียน]。

4.2.1.3　การ（kaan^1）+VP 做定语

การ（kaan^1）+VP 形式充当定语的时候，这个名词化形式可以由单个动词构成也可以由动词短语构成，其中，动词短语可以是中状、述宾以及联合结构，例如句子（152）—（155）。

（152）การเปลี่ยน**ทิศทางการค้า**เป็นผลเสียต่อทั้งประเทศภายในกลุ่มและภายนอกกลุ่ม（TNC ACSS081）

kaan^1	plian^2	**thit^{4}thaaŋ^1**	**kaan^{1}kha^4**	pen^1	phon^{5}sia^5	to^2
kaan	改变	方向	kaan 贸易	是	失利	对于
thaŋ^4	pra?^{2}theet^3	phaai^{1}nai^1	klum^2	lɛ?^{4}	phaai^{1}nɔk^2	klum^2
既	国家	内部	又		外部	组

改变<u>贸易方向</u>会有损于集团内与集团外的国家利益。

句子（152）中，名词化形式 การค้า 充当名词 ทิศทาง 的定语，可以表示为这样的结构层次 [ทิศทาง]การค้า，其中，ทิศทาง 受 การค้า 的直接修饰。充当定语的这个名词化形式包含一个光杆动词，การ[ค้า]。

（153）รัฐบาลจะเสนอ**แนวทางการแก้ไขปัญหาหนี้สินเกษตรกรโดยมอบให้กองทุนเพื่อการฟื้นฟูและพัฒนาเกษตรกรรับโอนหนี้ที่มีปัญหา**（TNC NWRP_EC024）

rat⁴thaʔ²baan¹	caʔ²	saʔ²nɔ⁵	nɛu¹thaaŋ¹	
政府	将要	建议	方针	
kaan¹	**kɛ³khai⁵**	**pan¹ha⁵**	**ni³sin⁵**	
kaan	解决	问题	债务	
kaʔ²seet²traʔ²kɔn¹	**dooi¹**	**mɔp³**	**hai³**	
农民	以……方式	授权	给	
kɔŋ¹thun¹	phɯa³	kaan¹	fɯɯn⁴fu¹	lɛʔ⁴
基金	为了	kaan	恢复	和
phat⁴thaʔ⁴na¹	kaʔ²seet²traʔ²kɔn¹	rap⁴	ʔoon¹	
发展	农民	接受	转让	
ni³sin⁵	thi³	mi¹	pan¹ha⁵	
债务	的	有	问题	

政府提议以授权农民债务发展基金为手段作为解决农民债务问题的途径。

句子（153）中，名词化形式 การแก้ไขปัญหาหนี้สินเกษตรกรโดยมอบให้กองทุนเพื่อการฟื้นฟูและพัฒนาเกษตรกรรับโอนหนี้ที่มีปัญหา 充当名词 แนวทาง 的定语，可以表示为这样的结构层次[แนวทาง]การแก้ไขปัญหาหนี้สินเกษตรกรโดยมอบให้กองทุนเพื่อการฟื้นฟูและพัฒนาเกษตรกรรับโอนหนี้ที่มีปัญหา，其中，แนวทาง 受 การแก้ไขปัญหาหนี้สินเกษตรกรโดยมอบให้กองทุนเพื่อการฟื้นฟูและพัฒนาเกษตรกรรับโอนหนี้ที่มีปัญหา 的直接修饰。充当定语的这个名词化形式包含一个中状结构，การ[[แก้ไขปัญหาหนี้สินเกษตรกร]โดยมอบให้กองทุนเพื่อการฟื้นฟูและพัฒนาเกษตรกรรับโอนหนี้ที่มีปัญหา]。

（154）การรู้ศัพท์เป็น**จุดหมายปลายทางของการเรียนวรรณคดี**（TNC ACHM025）

kaan¹	ru⁴	sap²		pen¹	cut²mai⁵plaai¹thaaŋ¹		khɔŋ⁵
kaan	知道	词汇		是	目的		的
kaan¹	**rian¹**	**wan¹naʔ⁴khaʔ⁴di¹**					
kaan	学习	文学					

学懂词汇是学习文学的最终目的。

句子（154）中，名词化形式 การเรียนวรรณคดี 充当名词短语 จุดหมายปลายทาง 的定语，可以表示为这样的结构层次[จุดหมายปลายทาง]ของการเรียนวรรณคดี，其中，有结构助词 ของ 连接 จุดหมายปลายทาง 与 การเรียนวรรณคดี 这两个成分。充当定语的这个名词化形式包含一个述宾结构，การ[เรียน[วรรณคดี]]。

（155）คุณหมออาจสรุปว่าให้คนไข้ปรับเปลี่ยน**รูปแบบการรับประทานอาหาร**

第四章 名词化形式的外部功能

เลิกสูบบุหรี่และออกกำลังกายเป็นประจำ（TNC NACMD087）

khun¹mɔ⁵	ʔaat²	saʔ² rup²	wa³	hai³	khon¹khai³
尊称医生	可能	总结	说	给予	病人

prap²plian²	**ruup³pɛp²**	kaan¹			
改变	模式	kaan			

rap⁴praʔ²thaan¹	ʔa¹haan⁵	lək³	suup²	buʔ²ri²	lɛʔ⁴
吃	食物	戒除	吸	香烟	和

ʔɔk²kam¹laŋ¹kaai¹	pen¹	praʔ²cam¹			
锻炼	是	经常			

医生可能会得出结论认为病人改变了吃饭的方式、戒除了抽烟习惯以及开始了经常性的锻炼。

句子（155）中，名词化形式 การรับประทานอาหาร เลิกสูบบุหรี่และออกกำลังกายเป็นประจำ 充当名词 รูปแบบ 的定语，可以表示为这样的结构层次[รูปแบบ]การรับประทานอาหาร เลิกสูบบุหรี่และออกกำลังกายเป็นประจำ，其中，รูปแบบ 受 การรับประทานอาหาร เลิกสูบบุหรี่และออกกำลังกายเป็นประจำ 的直接修饰。充当定语的这个名词化形式包含一个联合结构，การ[[รับประทานอาหาร] [เลิกสูบบุหรี่]และ[ออกกำลังกายเป็นประจำ]]。

4.2.1.4　การ（kaan¹）+VP 做介词宾语

การ（kaan¹）+VP 形式充当介词宾语的时候，这个名词化形式可以由单个动词构成也可以由动词短语构成，其中，动词短语可以是中状、述宾以及连动结构，例如句子（156）—（159）。

（156）อาทิจรับคำแนะนำของหล่อน**ด้วยการยิ้ม**（TNC PRNV024）

ʔa¹thit⁴	rap⁴	kham¹nɛʔ²nam¹	khɔŋ³	lɔn²	**duai³**	**kaan¹**	**jim⁴**
阿亭	接受	建议	的	她	以……方式	kaan	笑

阿亭**笑着**接受了她的建议。

句子（156）中，介词短语 ด้วยการยิ้ม 充当动词短语 รับคำแนะนำของหล่อ 的状语，可以表示为这样的结构层次[รับคำแนะนำของหล่อ]ด้วยการยิ้ม，其中，有介词 ด้วย 连接 รับคำแนะนำของหล่อ 与 การยิ้ม 这两个成分。充当介词宾语的这个名词化形式包含一个光杆动词，การ[ยิ้ม]。

（157）ชายวัยกลางคนผู้เดินทางมาจากเมืองไกลกลบเกลื่อนความคิดของตนเองไว้**ด้วยการต่อเรื่องที่ยังคงพูดค้างอยู่ด้วยท่าทีกึ่งเล่นกึ่งจริง**（TNC ACHM048）

chaai¹	wai¹	klaaŋ¹	khon¹	phu³	dən¹thaaŋ¹
男子	年纪	中	人	人	出行

ma¹caak²	mɯaŋ¹	klai¹	klop²klɯan²	khwaam¹	khit⁴
来自	城市	远的	掩盖	想法	
khɔŋ⁵	ton¹ʔeeŋ¹	wai⁴	duai³	kaan¹	tɔ²rɯaŋ³
的	自己	保留	以……方式	kaan	讲述事情
thi³	jaŋ¹	khoŋ¹	phuut³	khaaŋ⁴	ju²	duai³
的	还	可能	说	遗留	在	以…方式
tha³thi¹	kɯŋ²	leen³	kɯŋ²	ciŋ¹		
姿势	半	玩	半	真		

来自于远方的中年男子<u>用半开玩笑半认真的方式讲述了没有讲完的事情以便掩盖自己的想法</u>。

句子（157）中，介词短语 ด้วยการต่อเรื่องที่ยังคงพูดค้างอยู่ด้วยท่าทีกึ่งเล่นกึ่งจริง 充当动词短语 กลบเกลื่อนความคิดของตนเองไว้ 的状语，可以表示为这样的结构层次[กลบเกลื่อนความคิดของตนเองไว้]ด้วยการต่อเรื่องที่ยังคงพูดค้างอยู่ด้วยท่าทีกึ่งเล่นกึ่งจริง，其中，有介词 ด้วย 连接 กลบเกลื่อนความคิดของตนเองไว้ 与 การต่อเรื่องที่ยังคงพูดค้างอยู่ด้วยท่าทีกึ่งเล่นกึ่งจริง 这两个成分。充当介词宾语的这个名词化形式包含一个中状结构，การ[[ต่อเรื่องที่ยังคงพูดค้างอยู่]ด้วยท่าทีกึ่งเล่นกึ่งจริง]。

（158）คนเราเริ่มต้นชีวิต<u>ด้วยการพึ่งพาผู้อื่น</u>ทั้งนั้น（TNC NACHM099）

khon¹	rau¹	rəm³ton³	chi¹wit⁴	duai³	kaan¹	phɯŋ³pha¹
人	我们	开始	生活	以……方式	kaan	依靠
phu³	ʔɯɯn²	thaŋ⁴nan⁴				
人	其他	全部				

我们的生活必然始于<u>对他人的依赖</u>。

句子（158）中，介词短语 ด้วยการพึ่งพาผู้อื่น 充当动词短语 เริ่มต้นชีวิต 的状语，可以表示为这样的结构层次[เริ่มต้นชีวิต]ด้วยการพึ่งพาผู้อื่น，其中，有介词 ด้วย 连接 เริ่มต้นชีวิต 与 การพึ่งพาผู้อื่น 这两个成分。充当介词宾语的这个名词化形式包含一个述宾结构，การ[พึ่งพา[ผู้อื่น]]。

（159）หญิงสาวพยายามระวังตัวไม่ให้อาการกำเริบ<u>ด้วยการหาอะไรทำไมให้มีเวลาคิด</u>（TNC PRNV050）

jiŋ⁵saau⁵	phaʔ⁴ja¹jaam¹	ra⁴waŋ¹	tua¹	mai³	hai³
女孩	尽量	小心	自己	不	让
ʔa¹kaan¹	kam¹rəp³	duai³	kaan¹	ha⁵	ʔaʔ²rai¹	tham¹
病情	恶化	以……方式	kaan	找	什么	做
mai³	hai³	mi¹	we¹la¹	khit⁴		
不	让	有	时间	思考		

女孩尽可能地通过做事情的方式来打发时间，以便让病情不再恶化。

句子（159）中，介词短语 ด้วยการหาอะไรทำไม่ให้มีเวลาคิด 充当动词短语 พยายามระวังตัวไม่ให้อาการกำเริบ 的状语，可以表示为这样的结构层次 [พยายามระวังตัวไม่ให้อาการกำเริบ]ด้วยการหาอะไรทำไม่ให้มีเวลาคิด，其中，有介词 ด้วย 连接 พยายามระวังตัวไม่ให้อาการกำเริบ 与 การหาอะไรทำไม่ให้มีเวลาคิด 这两个成分。充当介词宾语的这个名词化形式包含一个连动结构，การ[หาอะไรทำไม่ให้มีเวลาคิด]。

从上述 4.2.1 的分析可以看出，การ（kaan¹）+VP 形式可以充当主语、宾语、定语以及介词宾语。当 การ（kaan¹）+VP 形式充当上述这些句法成分的时候，其中的 VP 可以是光杆动词或动词短语。也就是说，这个形式无论充当何种句法成分，其内部结构的种类依然可以是中状、述宾、联合以及连动结构。这些结构在 การ（kaan¹）+VP 形式中依然体现为扩展自由，是个长的动词短语。

4.2.2　ความ（khwaam¹）+VP 所充当的句法成分

当 ความ（khwaam¹）+VP 形式作为一个整体的时候，它可以充当多种句法成分。

4.2.2.1　ความ（khwaam¹）+VP 做主语

ความ（khwaam¹）+VP 形式充当主语的时候，这个名词化形式可以由单个动词构成也可以由动词短语构成，其中，动词短语可以是状中、述宾、联合结构以及固定搭配，例如句子（160）—（164）。

（160）**ความผิดพลาด**เป็นบทเรียนที่ล้ำค่า（TNC POET007）
khwaam¹ phit²phlaat³　　pen¹　　bot²rian¹　　thi¹　　lam⁴kha³
khwaam　失误　　　是　　教训　　　的　　宝贵的
过失是一种很好的教训。

句子（160）中，名词化形式 ความผิดพลาด 在句子中充当主语，这个名词化形式包含一个光杆动词，ความ[ผิดพลาด]。

（161）**ความไม่ไว้ใจ**ก็คือจุดอ่อนของความสัมพันธ์เช่นกัน（TNC PRNV006）
khwaam¹　mai³　　　　　wai⁴cai¹　　kɔ³　khuu¹　cut²ʔɔn²
khwaam　不　　　　　　　信任　　　就　是　　缺点
khɔŋ⁵　khwaam¹ sam⁵phan¹　cheen³kan¹
的　　　khwaam　关系　　　如同
不信任就是关系中的软肋。

句子（161）中，名词化形式 ความไม่ไว้ใจ 在句子中充当主语，这个名词化形式包含一个状中结构，ความ[ไม่[ไว้ใจ]]。

（162）ความเข้าใจการสร้างศัพท์ลักษณะนี้น่าจะช่วยให้ผู้ศึกษาหรือผู้ใช้ภาษาไทยเข้าใจความหมายของศัพท์ที่มีอยู่ในภาษาไทยมาแต่โบราณได้มากขึ้น（TNC ACHM054）

khwaam¹	khau³cai¹	kaan¹	saaŋ³	sap²	lak⁴saʔ²naʔ² ni⁴
khwaam	理解	kaan	创造	词汇	特征　这
naʔ³caʔ² chuai³	hai³	phuʉ³	suk²saʉ⁵	rɯʉ⁵	phuʉ³
可能　帮助	使得	人	研究	或者	人
chai⁴	phaʉ¹saʉ⁵	thai¹	khau³cai¹	khwaam¹	maai⁵
使用	语言	泰国	理解	内容	含义
khɔŋ⁵	sap²	thai¹	thiʉ³	mi¹	juʉ²	nai¹
的	词汇	泰国	的	有	在	在……内
phaʉ¹saʉ⁵	maʉ¹tɛʉ²	boʉ¹raan¹	dai³	maak³	khun¹
语言	来自	古代	能够	非常	上

理解这种特点的构词可能有助于研究或使用泰语的人更好地理解古代泰语中的词汇。

句子（162）中，名词化形式 ความเข้าใจการสร้างศัพท์ลักษณะนี้ 在句子中充当主语，这个名词化形式包含一个述宾结构，ความ[เข้าใจ[การสร้างศัพท์ลักษณะนี้]]。

（163）ความมีหรือไม่มี ไม่ใช่ภาวะเด็ดขาดลอยตัว（TNC ACHM046）

khwaam¹	mi¹	rɯʉ⁵	mai³mi¹	mai³chai³	phaʉ¹waʔ⁴
khwaam	有	或者	没有	不是	状态
det²khaat²	lɔi¹tua¹				
坚决的	完结				

有或没有不是一成不变的状态。

句子（163）中，名词化形式 ความมีหรือไม่มี 在句子中充当主语，这个名词化形式包含一个联合结构，ความ[[มี]หรือ[ไม่มี]]。

（164）ความอยากรู้อยากเห็นก็แปรเปลี่ยนเป็นความเหนื่อยหน่ายบนใบหน้าแทน（TNC NACHM105）

khwaam¹jaak²ruʉ⁴jaak²hen⁵	kɔ³	prɛʉ¹plian²	pen¹
khwaam 想 知道 想 看	就	改变	是
khwaam¹ nɯʉai²naai²		bon¹	bai¹naʉ³	thɛn¹
khwaam 厌倦		在……上	脸	替代

好奇感反而转变成了显现在脸上的厌恶感。

句子（164）中，名词化形式 ความอยากรู้อยากเห็น 在句子中充当主语，这个名词化形式包含一个固定搭配，ความ[อยากรู้อยากเห็น]。

4.2.2.2　ความ（khwaam¹）+VP 做宾语

ความ（khwaam¹）+VP 形式充当宾语的时候，这个名词化形式可以由单个动词构成也可以由动词短语构成，其中，动词短语可以是中状、述宾、联合以及连动结构，例如句子（165）—（168）。

（165）พระลอกลัว**ความตาย**มากเสียจนเกิดความกล้าอย่างบ้าบิ่น（TNC NWCOL010）

phra?⁴lɔ¹	klua¹	**khwaam¹**	**taai¹**	maak³	sia⁵	con¹
帕罗	害怕	khwaam	死	非常	表示完结	以至
kət²	khwaam¹	kla³		jaaŋ²	ba³bin²	
产生	khwaam	勇敢		地	疯狂的	

帕罗很惧怕<u>死亡</u>以至表现出了令人难以置信的勇气。

句子（165）中，名词化形式 ความตาย 充当动词 กลัว 的宾语，可以表示为这样的结构层次 กลัว[ความตาย]。充当宾语的这个名词化形式包含一个光杆动词，ความ[ตาย]。

（166）ลำดับขั้นที่ 4 เป็นช่วงที่สังคมเริ่มมี**ความเจริญขึ้นเรื่อย ๆ**（TNC ACSS129）

lam¹dap²	khan³	thi³	4	pen¹	chuaŋ³	thi³	saŋ¹khom¹
阶段	阶段	第	四	是	时期	的	社会
rəm³	mi¹	**khwaam¹**	ca?rən¹		khɯn³	rɯai³rɯai³	
开始	有	khwaam	繁荣		上	逐渐地	

第四阶段是社会开始<u>逐渐繁荣</u>的时期。

句子（166）中，名词化形式 ความเจริญขึ้นเรื่อย ๆ 充当动词短语 เริ่มมี 的宾语，可以表示为这样的结构层次 เริ่มมี[ความเจริญขึ้นเรื่อย ๆ]。充当宾语的这个名词化形式包含一个中状结构，ความ[[เจริญ]ขึ้นเรื่อย ๆ]。

（167）อั๊วได้พบกับสาวงามคนหนึ่งเป็นลูกผสมไทยจีนเหมือนอั๊ว แต่มี**ความเป็นไทย**มาก（TNC PRNV037）

?ua⁴	dai³	phop⁴	kap²	saau⁵	ŋaam¹	khon¹	nɯŋ?
我	已经	遇见	和	女孩	美丽	人	一
pen¹	luuk³	pha?som⁵	thai¹	ciin¹	mɯan⁵	?ua⁴	tɛ²	mi¹
是	孩子	混合	泰国	中国	像	我	但是	有
khwaam¹	**pen¹**	**thai¹**	maak³					
khwaam	是	泰国	多					

我看到了一个漂亮的女孩，是一个像我一样的中泰混血儿，但是<u>像泰国人的成分</u>更多一些。

句子（167）中，名词化形式 ความเป็นไทย 充当动词 มี 的宾语，可以表示为这样的结构层次 มี[ความเป็นไทย]。充当宾语的这个名词化形式包含一个述宾结构，ความ[เป็น[ไทย]]。

（168）การเปลี่ยนแปลงที่เกิดขึ้นในแต่ละช่วงวัยสร้าง**ความสงสัยไม่เข้าใจ**ให้กับตนเอง（TNC NACMD093）

kaan¹	plian¹plɛŋ¹	thi³	kət²	khuun³	nai¹	dɛ²la?⁴
kaan	变化	的	产生	上	在……内	每
chuaŋ³wai¹	saaŋ³	**khwaam¹**	soŋ⁵sai⁵	mai³	khau³cai¹	
时期	建设	khwaam	怀疑	不	理解	
hai³	**kap²**	ton¹?eeŋ¹				
给予	对	自己				

在每个年龄阶段发生的变化会给自己带来<u>疑惑和困惑</u>。

句子（168）中，名词化形式 ความสงสัยไม่เข้าใจ 充当动词 สร้าง 的宾语，可以表示为这样的结构层次 สร้าง[ความสงสัยไม่เข้าใจ]。充当宾语的这个名词化形式包含一个联合结构，ความ[[สงสัย][ไม่เข้าใจ]]。

（169）คนผู้ไม่ยอมทนอยู่ในความจำยอม เพราะถือว่าเป็นหน้าที่ เป็น**ความต้องช่วยกันเข้าไปรับผิดชอบ**（TNC NWCOL106）

khon¹phu³	mai³	jɔm¹	thon¹	ju²		nai¹	khwaam¹
人	不	愿意	忍受	在		在内	Khwaam
cam¹jɔm¹	phrɔ?⁴	thu⁵wa³	pen¹	na³thi³		pen¹	**khwaam¹**
不情愿	因为	认为	是	职责		是	khwaam
tɔŋ³	**chuai³**	**kan¹**	**khau³**	**pai¹rap⁴phit²chɔp³**			
必须	帮助	一起	进入	去		负责	

人们愿意忍受不情愿的事情，是因为把它当成了一种责任，<u>需要为之而负责</u>。

句子（169）中，名词化形式 ความต้องช่วยกันเข้าไปรับผิดชอบ 充当动词 เป็น 的宾语，可以表示为这样的结构层次 เป็น[ความต้องช่วยกันเข้าไปรับผิดชอบ]。充当宾语的这个名词化形式包含一个连动结构，ความ[ต้องช่วยกันเข้าไปรับผิดชอบ]。

4.2.2.3　ความ（khwaam¹）+VP 做定语

ความ（khwaam¹）+VP 形式充当定语的时候，这个名词化形式可以由单个动词构成也可以由动词短语构成，其中，动词短语可以是状中、述宾以及联合结构，例如句子（170）—（174）。

（170）ไม่นานนักเราทั้งโต๊ะก็รู้**เรื่องความคืบหน้า**ของพี่กะโตหลายเรื่อง เช่นว่า จบแล้วพี่กะโตอาจจะไปทำงานกรุงเทพฯ（TNC PRNV018）

mai³	naan¹	nak⁴	rau¹		thaŋ⁴	to?⁴	kɔ³	ru⁴
不	久	非常	我们		全部	桌子	就	知道

第四章 名词化形式的外部功能

rɯaŋ³	khwaam¹	khɯɯp³na³	khɔŋ⁵		phi³	kaʔ²to¹	
事情	khwaam	进展	的		哥哥	甘多	
laai⁵	rɯaŋ³	cheen³wa³	cɔp²		lɛu⁴	phi³	kaʔ²to¹ ʔaat²
许多	事情	例如	毕业		了	哥哥	甘多 可能
caʔ²	pai¹	tham¹ŋaan¹	kruŋ¹theep³				
将要	去	工作	曼谷				

不一会儿，我们整桌人都知道了好几件有关甘多哥哥**所发生的事情**，例如，毕业后甘多哥哥要去曼谷工作。

句子（170）中，名词化形式 ความคืบหน้า 充当名词 เรื่อง 的定语，可以表示为这样的结构层次[เรื่อง]ความคืบหน้า，其中，เรื่อง 受 ความคืบหน้า 的直接修饰。充当定语的这个名词化形式包含一个光杆动词，ความ[คืบหน้า]。

（171）**ผลของความไม่สอดคล้องของการปฏิบัตินี้**กระทบต่อการกระจายรายได้ของประชากร（TNC ACSS136）

phon⁵	khɔŋ⁵	khwaam¹	mai³	sɔt²khlɔŋ⁴	
结果	的	khwaam	不	符合	
khɔŋ⁵	kaan¹	paʔ²tiʔ²pat²	ni⁴	kraʔ²thop⁴	tɔ²
的	kaan	执行	这	影响	对于
kaan¹	kraʔ²caai¹	raai¹dai³	khɔŋ⁵	praʔ²cha¹kɔn¹	
kaan	分配	收入	的	人民	

不合理的行为所产生的结果影响了人民的收入分配。

句子（171）中，名词化形式 ความไม่สอดคล้องของการปฏิบัตินี้ 充当名词 ผล 的定语，可以表示为这样的结构层次[ผล]ของความไม่สอดคล้องของการปฏิบัตินี้，其中，有结构助词 ของ 连接 ผล 与 ความไม่สอดคล้องของการปฏิบัตินี้ 这两个成分。充当定语的这个名词化形式包含一个状中结构，[ความ[ไม่[สอดคล้อง]]]ของการปฏิบัตินี้。

（172）เค้ามี**ธรรมชาติของความเป็นไทย**（TNC NWCOL009）

khau⁴	mi¹	tham¹maʔ²⁴chaat³	khɔŋ⁵	khwaam¹	pen¹	thai¹
他	有	自然	的	khwaam	是	泰国

他具有**作为泰国人的本质特征**。

句子（172）中，名词化形式 ความเป็นไทย 充当名词 ธรรมชาติ 的定语，可以表示为这样的结构层次[ธรรมชาติ]ของความเป็นไทย，其中，有结构助词 ของ 连接 ธรรมชาติ 与 ความเป็นไทย 这两个成分。充当定语的这个名词化形式包含一个述宾结构，ความ[เป็น[ไทย]]。

（173）**ปัญหาเรื่องความเป็นภววิสัย**จึงแทบจะไม่ต้องพูดถึงเลยในการวิจารณ์ลักษณะนี้（TNC ACHM067）

pan¹ha⁵	ruaŋ³	khwaam¹	pen¹	phaʔ⁴waʔ⁴wiʔ⁴sai⁵
问题	事情	khwaam	是	客观性

cɯŋ¹	thɛp³	caʔ²	mai³tɔŋ³	phuut³ thɯŋ⁵	lɤi¹
就	几乎	会	不必	说 至	彻底的

nai¹	kaan¹	wiʔ⁴caan¹	lak⁴saʔ²naʔ²	ni⁴
在……内	kaan	分析	特点	这

客观性这个问题在这种评论中根本没必要提及。

句子（173）中，名词化形式 ความเป็นภววิสัย 充当名词 ปัญหา 的定语，可以表示为这样的结构层次[ปัญหา]เรื่องความเป็นภววิสัย，其中，具有结构助词功能的 เรื่อง 连接 ปัญหา 与 ความเป็นภววิสัย 这两个成分。充当定语的这个名词化形式包含一个述宾结构，ความ[เป็น[ภววิสัย]]。

（174）บางชาติเห็น โลกาภิวัตน์ เป็นการรุกรานทางวัฒนธรรม บ้างเห็นว่าเป็นการทำลายเศรษฐกิจและระบบการเมืองภายในประเทศ ในขณะที่หลายชาติเห็นเป็น**โอกาสของความเจริญก้าวหน้า**（TNC COM001）

baaŋ¹	chaat³	hen⁵	lo¹ka¹phiʔ⁴wat⁴
有的	国家	认为	全球化

pen¹	kaan¹	ruk⁴raan¹	thaaŋ¹
是	kaan	入侵	方面

wat⁴thaʔ⁴naʔ⁴tham¹	baaŋ³	hen⁵waa³	pen¹	kaan¹
文化	有的	认为	是	kaan

tham¹laai¹	seet²thaʔ²kit²	lɛʔ⁴	raʔ⁴bop²
破坏	经济	和	系统

kaan¹mɯaŋ¹	phaai¹nai¹	praʔ²theet³	nai¹khaʔ²naʔ²thii³	laai⁵
政治	内部	国家	当……时候	许多

chaat³	hen⁵	pen¹	ʔo¹kaat²
国家	认为	是	机会

khɔŋ⁵	khwaam¹	caʔ²rən¹	kaau³na³
的	khwaam	繁荣	进步

有的国家认为全球化是一种文化入侵，有的国家认为是对国内经济和政治制度的破坏，然而有许多国家认为是**繁荣发展的机遇**。

句子（174）中，名词化形式 ความเจริญก้าวหน้า 充当名词 โอกาส 的定语，可以表示为这样的结构层次[โอกาส]ของความเจริญก้าวหน้า，其中，有结构助词 ของ 连接 โอกาส 与 ความเจริญก้าวหน้า 这两个成分。充当定语的这个名词化形式包含一个联合结构，ความ[[เจริญ][ก้าวหน้า]]。

4.2.2.4　ความ（khwaam¹）+VP 做介词宾语

ความ（khwaam¹）+VP 形式充当介词宾语的时候，这个名词化形式可以由单个动词构成也可以由动词短语构成，其中，动词短语可以是固定搭配、述宾以及联合结构，例如句子（175）—（179）。

（175）นโมยังไม่ตอบคำถามแต่ถามกลับ**ด้วยความสงสัย**（TNC PRNV033）

na?¹mo¹	jaŋ¹	mai³	tɔp²	kham¹thaam⁵	tɛ²
纳莫	还	不	回答	问题	但是

thaam⁵klap²	**tuai³**	**khwaam¹**	**soŋ⁵sai⁵**		
反问	以……方式	khwaam	怀疑		

纳莫并没有回答问题，而是<u>以怀疑的方式</u>进行了反问。

句子（175）中，介词短语 ด้วยความสงสัย 充当动词短语 ถามกลับ 的状语，可以表示为这样的结构层次[ถามกลับ]ด้วยความสงสัย，其中，有介词 ด้วย 连接 ถามกลับ 与 ความสงสัย 这两个成分。充当介词宾语的这个名词化形式包含一个光杆动词，ความ[สงสัย]。

（176）เขาถามขึ้น**ด้วยความห่วงใย**（TNC PRNV033）

khau⁵	thaam⁵	khɯn³	**duai³**	**khwaam¹ huaŋ²jai¹**
他	问	上	以……方式	khwaam 担心

他<u>担心地</u>问道。

句子（176）中，介词短语 ด้วยความห่วงใย 充当动词短语 ถามขึ้น 的状语，可以表示为这样的结构层次[ถามขึ้น]ด้วยความห่วงใย，其中，有介词 ด้วย 连接 ถามขึ้น 与 ความห่วงใย 这两个成分。充当介词宾语的这个名词化形式包含一个光杆动词，ความ[ห่วงใย]。

（177）เขาลอบมองสาวข้างตัว**ด้วยความเป็นห่วงเป็นใย**หลายครั้ง（TNC PRNV002）

khau⁵	lɔp³mɔŋ¹	saau⁵	khaaŋ³	tua¹	**duai³**
他	偷看	女孩	旁边	身体	以……方式

khwaam¹	**pen¹huaŋ²pen¹jai¹**	laai⁵	khraŋ⁴		
khwaam	担心	许多	次		

他好几次<u>担心地</u>偷偷望着身边的女孩。

句子（177）中，介词短语 ด้วยความเป็นห่วงเป็นใยหลายครั้ง 充当动词短语 ลอบมองสาวข้างตัว 的状语，可以表示为这样的结构层次[ลอบมองสาวข้างตัว]ด้วยความเป็นห่วงเป็นใยหลายครั้ง，其中，有介词 ด้วย 连接 ลอบมองสาวข้างตัว 与 ความเป็นห่วงเป็นใยหลายครั้ง 这两个成分。充当介词宾语的这个名词化形式包含一个固定搭配，ความ[เป็นห่วงเป็นใย]。

（178）ในอดีต มีหลายประเทศกระตุ้น ทางด้านอุปสงค์<u>ด้วยความเป็นห่วง</u>
<u>เศรษฐกิจที่กำลังชะลอตัวและพบความล้มเหลว</u> （TNC COM001）

nai¹	ʔaʔ²tiit²	mi¹	laai⁵	praʔ²theet³	kraʔ²tun³
在	过去	有	许多	国家	刺激
seet²thaʔ²kit²	thaaŋ¹daan³	ʔup²paʔ²soŋ⁵	<u>duai³</u>		
经济	方面	供求	以……方式		
khwaam¹	**pen¹huaŋ²**	**seet²thaʔ²kit²**	**thi³**	**kam¹laŋ¹**	
khwaam	担忧	经济	的	正在	
chaʔ⁴lɔ¹tua¹	**lɛʔ⁴**	**phop⁴**	**khwaam¹**	**lom⁴leu⁵**	
萧条	和	遇见	khwaam	失败	

在过去，由于许多国家<u>担忧经济的萧条和萎靡</u>就刺激了内需。

句子（178）中，介词短语 ด้วยความเป็นห่วงเศรษฐกิจที่กำลังชะลอตัวและพบความล้มเหลว 充当动词短语 กระตุ้นเศรษฐกิจทางด้านอุปสงค์ 的状语，可以表示为这样的结构层次[กระตุ้นเศรษฐกิจทางด้านอุปสงค์]ด้วยความเป็นห่วงเศรษฐกิจที่กำลังชะลอตัวและพบความล้มเหลว，其中，有介词 ด้วย 连接 กระตุ้นเศรษฐกิจทางด้านอุปสงค์ 与 ด้วยความเป็นห่วงเศรษฐกิจที่กำลังชะลอตัวและพบความล้มเหลว 这两个成分。充当介词宾语的这个名词化形式包含一个述宾结构，ความ[เป็นห่วง[เศรษฐกิจที่กำลังชะลอตัวและพบความล้มเหลว]]。

（179）ผมดูรายการเพลงลูกทุ่งเหล่านี้ด้วยความเพลิดเพลินเป็นอย่างยิ่ง
<u>ดูด้วยความกระตือรือร้นสนใจ</u>（TNC BIO062）

phom⁵	du¹	raai¹kaan¹	phleeŋ¹		
我	看	节目	歌曲		
luuk³thuŋ³	lau²	ni⁴	duai³	khwaam¹	phlət³phlən¹
乡村	些	这	以……方式	khwaam	愉快的
pen¹	jaaŋ²	jiŋ³	du¹	<u>duai³</u>	<u>khwaam¹</u>
是	像	真实	看	以……方式	khwaam
<u>kraʔ²tɯ¹rɯ¹ron⁴</u>	<u>son⁵cai¹</u>				
满怀热情	感兴趣				

我非常喜欢观看这些乡村歌手的节目，会以一种<u>满怀热情的、饶有兴</u>
<u>趣的方式</u>进行观看。

句子（179）中，介词短语 ด้วยความกระตือรือร้นสนใจ 充当动词 ดู 的状语，可以表示为这样的结构层次[ดู]ด้วยความกระตือรือร้นสนใจ，其中，有介词 ด้วย 连接 ดู 与 ความกระตือรือร้นสนใจ 这两个成分。充当介词宾语的这个名词化形式包含一个联合结构，ความ[[กระตือรือร้น][สนใจ]]。

从上述 4.2.2 的分析可以看出，ความ（khwaam¹）＋VP 形式可以充当主语、宾语、定语以及介词宾语。当 ความ（khwaam¹）＋VP 形式充当上述这些句法成分的时候，其中的 VP 可以是光杆动词或动词短语。也就是说，这个形式无论充当何种句法成分，其内部结构的种类依然可以是中状、述宾、联合以及连动结构。这些结构在 ความ（khwaam¹）＋VP 形式中依然体现为扩展受限，是个结构较短的动词短语。

从 4.2 的分析来看，การ（kaan¹）＋VP 形式与 ความ（khwaam¹）＋VP 形式在充当某种句法成分的时候，其内部结构的种类依然可以是中状、述宾、联合以及连动这些结构。它们二者的内部扩展自由与否与它们充当何种句法成分无关。

综合 4.1 和 4.2 的分析来看，การ（kaan¹）＋VP 形式与 ความ（khwaam¹）＋VP 形式在体现句法组合能力的时候，它们内部结构扩展的自由与否会受到句法组合能力的影响，如果外部有其他成分的修饰，那么内部结构的扩展受限；如果外部没有其他成分的修饰，那么内部结构的扩展自由。这两个形式在充当某种句法成分的时候，它们内部结构扩展的自由与否不会受到何种句法成分的限制或影响。

การ（kaan¹）＋VP 形式与 ความ（khwaam¹）＋VP 形式能够充当主语、宾语、定语以及介词宾语，能够受名词结构、介词结构、量词结构、谓词性结构、代词以及指示词的修饰。换言之，การ（kaan¹）＋VP 形式与 ความ（khwaam¹）＋VP 形式外部受其他成分修饰的时候，大部分情况下其内部结构是光杆动词，少部分情况下，它们的内部可以是短语或比较受限的短语结构。

4.3　名词化形式句法组合能力的对比

通过 4.1.1 和 4.1.2 中对 การ（kaan¹）＋VP 形式与 ความ（khwaam¹）＋VP 形式的组合能力的分析后，我们发现它们二者在体现组合能力的时候其实也包含着不对称性。การ（kaan¹）＋VP 形式的内部无论有没有扩展，其外部都能受其他成分的修饰。ความ（khwaam¹）＋VP 形式的内部无论有没有扩展，其外部也都能受其他成分的修饰。但是，当 ความ（khwaam¹）＋VP 形式的内部具有一定扩展能力的时候，往往只能受指量词或指示词的修饰。

在此部分，我们将列举 การ（kaan¹）＋VP 形式与 ความ（khwaam¹）＋VP 形式都能受其他成分修饰的例子以及 การ（kaan¹）＋VP 形式能受其他成分修饰与 ความ（khwaam¹）＋VP 形式修饰受限的例子，以便对比考察。

4.3.1 名词化形式句法组合能力的对称性

การ（kaan¹）+VP 形式没有扩展并受其他成分修饰，ความ（khwaam¹）+VP 形式没有扩展并受其他成分的修饰。例如句子（180）—（185）。①

（180）a. [การแตกแยก]ของครอบครัว
　　　　　[kaan¹tɛk²jɛk²]khɔŋ⁵khrɔp³khrua¹
　　　　　家庭的[分裂]

　　　b. [ความต่อเนื่อง]ของข้อมูล
　　　　　[khwaam¹tɔ²nɯaŋ³]khɔŋ⁵ khɔ³muun¹
　　　　　资料的[连贯性]

（181）a. [การผสมกัน]ระหว่างวัฒนธรรมพื้นบ้านกับวัฒนธรรมตะวันตก
　　　　　[kaan¹ phaʔ²som⁵ kan¹] raʔ⁴waaŋ² wat⁴thaʔ⁴naʔ⁴ tham¹] phɯɯn⁴baan³ kap² wat⁴thaʔ⁴naʔ⁴ tham¹ taʔ²wan¹tok²
　　　　　当地文化和西方文化之间的[融合]

　　　b. [ความคุ้นเคย]ระหว่างเรา
　　　　　[khwaam¹khun⁴khəi¹]raʔ⁴waaŋ² rau¹
　　　　　我们之间的[熟悉]

（182）a. [การกลัว]อย่างหนึ่ง
　　　　　[kaan¹klua¹]jaaŋ² nɯŋ²
　　　　　一种[害怕]

　　　b. [ความรัก]ครั้งใหม่
　　　　　[khwaam¹rak⁴]khraŋ⁴ mai²
　　　　　全新的[爱]

（183）a. [การปฏิบัติ]ที่ไม่เท่าเทียมกัน
　　　　　[kaan¹paʔ²tiʔ²pat²]thi³ mai³ thau³thiam¹ kan¹
　　　　　不平等的[对待]

　　　b. [ความเข้าใจ]ที่หลากหลาย
　　　　　[khwaam¹khau³cai¹]thi³laak²laai⁵
　　　　　各种各样的[解释]

（184）a. [การต่อสู้]ใด
　　　　　[kaan¹tɔ²su³]dai¹
　　　　　什么[斗争]

---

① 在下面例子中，中符号[ ]内的成分是中心语，符号[ ]外的成分是修饰语。

第四章 名词化形式的外部功能

　　　　b. [ความช่วยเหลือ]เท่าไหร่
　　　　　[khwaam¹chuai³lɯa⁵]thau³rai²
　　　　　多少[帮助]
（185）a. [การวิจัย]นี้
　　　　　[kaan¹wiʔ⁴cai¹]ni⁴
　　　　　这种[研究]
　　　　b. [ความหึงหวงทั้งสิ้นทั้งปวง]นี้
　　　　　[khwaam¹hɯŋ⁴huaŋ⁵ thaŋ⁴sin³ thaŋ⁴puaŋ¹]ni⁴
　　　　　这些[所有的嫉妒]

从上述对比中可以看出，当 การ（kaan¹）+VP 形式、ความ（khwaam¹）+VP 形式的内部结构没有扩展时，也就是 VP 相当于一个光杆动词的时候，这两种名词化形式的外部可以受名词结构、介词结构、数词结构、谓词性结构、代词以及指示词的修饰。也就是说，内部结构没有扩展，但外部的修饰能力强。

4.3.2　名词化形式句法组合能力的不对称性

　　การ（kaan¹）+VP 形式已经扩展且外部可以受其他成分的修饰，ความ（khwaam¹）+VP 形式扩展受限且外部通常不受其他成分的修饰，但可以受指量词或指示词的修饰。例如句子（186）—（191）。①

（186）a. [การเอาราษฎรเป็นสื่อกลาง]นี้
　　　　　[kaan¹ ʔau¹ raat³saʔ²dɔn¹ pen¹ sɯ² klaaŋ¹]ni⁴
　　　　　这种[拿民众作为媒介]
　　　　b. [ความเป็นปกติ]อย่างนี้
　　　　　[khwaam¹pen¹ pok²kaʔ²tiʔ²]jaaŋ² ni⁴
　　　　　这样的[一如既往]
（187）a. [การก้าวหน้าอย่างโลดโผนและรวดเร็ว]ของภาษาประจำชาติใหญ่ๆในทุกวันนี้
　　　　　[kaan¹kaau³na³ jaaŋ² loot³ phoon⁵ lɛʔ⁴ ruat³ reu¹] khɔŋ⁵ pha¹ sa⁵ praʔ²cam¹ chaat³ jai²jai² nai¹ thuk⁴wan¹ ni⁴
　　　　　当今各大民族语言的[奇特而迅速的发展]

---

① 在下面例子中，符号[ ]内的成分是中心语，符号[ ]外的成分是修饰语，没有修饰成分的情况用符号 ø 表示。

b. [ความไม่เข้าใจ]นั้น
[khwaam¹ mai³ khau³cai¹]nan⁴
那种[不理解]

(188) a. [การสร้างสรรค์สิ่งหนึ่งโดยไม่มีผู้คนเป็นกำลังใจหรือแนวร่วม] Ø
[kaan¹ saaŋ³ san⁵ siŋ² nɯŋ² dooi¹ mai³ mi¹ phu³ khon¹ pen¹ kam¹laŋ¹ cai¹ rɯ⁵ nɛu¹ruam³] Ø
[在没有鼓励或共鸣的情况下创造某种东西] Ø

b. [ความเชื่อถือได้สูง] Ø
[khwaam¹ chɯa³thɯ⁵ dai³ suuŋ⁵] Ø
[极高的可信度] Ø

(189) a. [การคุยกันเพียงผิวเผินโดยไม่สามารถเจาะประเด็นปัญหาต่าง ๆ ได้อย่างลึกซึ้งเท่าที่ควร] Ø
[kaan¹khui¹kan¹ piaŋ¹ phiu⁵phən⁵ dooi¹ mai³ sa⁵maat³ cɔʔ² praʔ²den¹ pan¹ha⁵ taaŋ² taaŋ² dai³ jaaŋ² lɯk⁴sɯŋ⁴thau³ thi³ khuan¹] Ø
[不能够合理切中要点的肤浅性的谈话] Ø

b. [ความคืบหน้าไปมาก] Ø
[khwaam¹ khɯɯp³na³ pai¹ maak³] Ø
[很大的进展] Ø

(190) a. [การเปิดโอกาสให้บุคลากรในโรงเรียนมีส่วนรู้เห็นและมีส่วนร่วมกับบริการนี้ด้วย] Ø
[kaan¹ pət² ʔo¹kaat² hai³ buk²la¹kɔn¹ nai¹ rooŋ¹ rian¹ mi¹ suan² ru⁴ hen⁵ lɛʔ⁴ mi¹ suan² ruam³ kap² bɔ¹riʔ⁴kaan¹ ni⁴ duai³] Ø
[这种开放机会让学校的职员参与了解和参与共同服务] Ø

b. [ความมุ่งมั่นอยากเป็นแพทย์จริง ๆ] Ø
[khwaam¹ muŋ³ man³ jaak² pen¹ phɛt³ ciŋ¹ ciŋ¹] Ø
[真正地坚定信念、想要成为医生] Ø

(191) a. [การนำเอาทฤษฎีต่างๆมาประยุกต์ใช้ในการจัดสรรและบริหารทรัพยากร] Ø
[kaan¹ nam¹ʔau¹ thrit⁴saʔ²di¹ taaŋ² taaŋ² ma¹ praʔ²juk⁴ chai⁴ nai¹ kaan¹ cat² san⁵ lɛʔ⁴ bɔ¹riʔ⁴haan⁵ sap⁴phaʔ²ja¹ kɔn¹] Ø
[把各种理论知识贯穿于分配和管理资源的实际运用中] Ø

b. [ความต้องช่วยกันเข้าไปรับผิดชอบ] Ø
[khwaam¹ tɔŋ³ chuai³ kan¹ khau³ pai¹ rap⁴phit² chɔp³] Ø
[必须去负责] Ø

从上述对比中可以看出，การ（kaan¹）+VP 形式内部结构扩展以后，外部还可以再受其他成分的修饰，这种情况的例子可以找到，但数量不多，例如句子（186a、187a）。当 ความ（khwaam¹）+VP 形式内部结构扩展受限时，能被修饰的情况通常是指量词或指示词，例如句子（187b、188b），通常不能再受其他成分的修饰。也就是说，当 การ（kaan¹）+VP 形式与 ความ（khwaam¹）+VP 形式中内部结构的扩展自由或受限时，其外部的修饰能力就弱。

从 4.3 中的分析可以看出，当 การ（kaan¹）+VP 形式 ความ（khwaam¹）+VP 形式内部结构没有扩展时，其外部的组合能力强。当 การ（kaan¹）+VP 形式 ความ（khwaam¹）+VP 形式内部结构的扩展自由或受限时，其外部的组合能力就弱。

4.4　名词化形式的不对称性

Amara Prasithrathsint（2005）认为由 การ（kaan¹）和 ความ（khwaam¹）所构成的名词化形式的意义主要是泛化意义与特定意义的区别。Comrie & Thompson（2007）认为由 การ（kaan¹）和 ความ（khwaam¹）所构成的名词化形式是过程与非过程的区别。

前人的上述观点可以解决一部分 การ（kaan¹）和 ความ（khwaam¹）意义差别的问题。但是，从这种对比性的解释中，我们发现前期研究总是把 การ（kaan¹）和 ความ（khwaam¹）当作对立的现象来进行研究。然而，我们需要质疑的是 การ（kaan¹）和 ความ（khwaam¹）是不是总能体现这种对立性？

通过第二章、第三章的分析，我们认为几乎所有动词都能加 การ（kaan¹）构成名词化形式，有一部分动词不能加 ความ（khwaam¹）构成名词化形式，证明 การ（kaan¹）和 ความ（khwaam¹）不能构成对立。การ（kaan¹）+VP 形式与 ความ（khwaam¹）+VP 形式内部结构扩展能力的不对称性，证明 การ（kaan¹）和 ความ（khwaam¹）也不能构成对立。上述这些不对称可以说明 การ（kaan¹）+VP 形式与 ความ（khwaam¹）+VP 形式不能构成普遍对立的关系。

然而，有一部分动词既可以前加 การ（kaan¹）又可以前加 ความ（khwaam¹）构成名词化形式，那么，是不是在这部分动词中就能构成对立关系？如果从动词既能前加 การ（kaan¹）又能前加 ความ（khwaam¹）这个角度来看，那么 การ（kaan¹）和 ความ（khwaam¹）确实可以共现于这部分动词前。但是，如果再进一步考察这类既能前加 การ（kaan¹）又能前加 ความ（khwaam¹）的动词后，会发现它们的内部结构与外部功能也有很大在此部分需要进行对比的动词属于既能前加 การ（kaan¹）又能前加 ความ（khwaam¹）的动词。这里需要列出动词、การ（kaan¹）分布于动词前以及 ความ（khwaam¹）分布于动词前的三组句子，从而形成一组对照，以便观察 VP 的含义、การ（kaan¹）+VP 形式的含义、ความ（khwaam¹）+VP 形式的含义以及它们三者在含义上的区别。

在下面要进行对比的情况中，VP 的含义表示行为，如果 การ（kaan¹）+VP 形式的含义与 VP 相近，那么 การ（kaan¹）+VP 形式可以表现为已经扩展或没有扩展；如果 การ（kaan¹）+VP 形式的含义与 VP 不同，那么 การ（kaan¹）+VP 形式表现为不能扩展。同理，如果 ความ（khwaam¹）+VP 形式的含义与 VP 相近，那么 ความ（khwaam¹）+VP 形式可以表现为扩展受限或没有扩展；如果 ความ（khwaam¹）+VP 形式的含义与 VP 不同，那么 ความ（khwaam¹）+VP 形式表现为不能扩展。

前面已经分析了 การ（kaan¹）+VP 形式与 ความ（khwaam¹）+VP 形式都存在内部没有扩展（光杆动词）与扩展自由或扩展受限（动词短语）的情况，证明了它们二者不存在普遍对立关系。当 การ（kaan¹）和 ความ（khwaam¹）能共现于同一个动词前时，在动词前加 การ（kaan¹）的情况下，动词往往能够扩展为动词短语，การ（kaan¹）管辖整个动词短语；而在动词前加 ความ（khwaam¹）的情况下，动词往往是个光杆动词，ความ（khwaam¹）只能管辖这个动词。因此，在此部分，需要着重对比的是内部结构扩展自由的 การ（kaan¹）+VP 形式与内部结构不能扩展的 ความ（khwaam¹）+VP 形式，以此证明是否存在最小对立关系。例如句子（192）—（194）。[①]

（192）a. เขา**ก้าวหน้า**ดีในหน้าที่การงาน（TNC PRNV007）

khau⁵　**kaau³na³**　di¹　nai¹　　　na³thi³　kaan¹　ŋaan¹
他　　　进步　　　好　在……内　职责　　事务　　工作
他在工作方面<u>进步</u>很大。

　　　b. นิตยสารทั้งในเมืองไทยและในต่างประเทศ พากันวิตกกังวลถึง**การก้าวหน้าอย่างโลดโผนและรวดเร็วของภาษาประจำชาติใหญ่ๆในทุกวันนี้**（TNC ACHM013）

nit⁴ta?²ja?⁴saan⁵ thaŋ⁴　　　　nai¹　　muaŋ¹　thai¹　　　　lɛ?⁴
期刊　　　　　　既　　　　　在……内 国家　　泰国　　　　又

[①] 在下面例子中，符号 [ ] 内的成分是中心语，符号 [ ] 外的成分是修饰语，没有修饰成分的情况用符号 ø 表示。

第四章　名词化形式的外部功能　　　　　　103

nai¹	taaŋ²praʔ²theet³ pha¹	kan¹	wiʔ⁴tok²kaŋ¹won¹ thɯɯŋ⁵
在……内	国外	纷纷	一起　　惊讶　　　　至

kaan¹	kaau³na³	jaaŋ²	
kaan	发展	地	

loot³phoon⁵	lɛʔ⁴	ruat³reu¹ khɔŋ⁵	pha¹sa⁵
奇特的	和	迅速　　的	语言

praʔ²cam¹	chaat³	jai²jai²	nai¹	thuk⁴wan¹ni⁴
常驻	民族	大的	在……内	目前

国内外期刊，纷纷惊讶于<u>当今各大民族语言的奇特而迅速的发展</u>。

　　c. <u>ความก้าวหน้าทางเทคนิควิทยาของโลก</u>ช่วยให้มนุษย์มีความรู้มากขึ้น
（TNC ACHM040）

khwaam¹	kaau³na³	thaaŋ¹	thek⁴nik²
khwaam	进步	方面	技术

wit⁴thaʔ⁴ja¹	khɔŋ⁵	look³	chuai³	hai³	maʔ²⁴nut⁴
科学	的	世界	帮助	使得	人类

mi¹	khwaam¹ru⁴	maak³	khun¹
有	知识	许多	上

<u>全球科技的进步</u>使得人们获得了更多的知识。

　　句子（192）a 中，ก้าวหน้า 是一个不及物动词，含义是进步，指人或事物的发展，比原来好。该动词充当谓语。句子 b 中，名词化形式 การก้าวหน้าอย่างโลดโผนและรวดเร็วของภาษาประจำชาติใหญ่ๆในทุกวันนี้ 的含义是当今各大民族语言的奇特而迅速地发展。句子 c 中，名词化形式 ความก้าวหน้าทางเทคนิควิทยาของโลก 的含义是全球科技的普遍进步。

　　从名词化形式的内部结构看，句子 b 中的 ก้าวหน้าอย่างโลดโผนและรวดเร็ว 是个短语并已经扩展，其中 ก้าวหน้า 受状语 อย่างโลดโผนและรวดเร็ว 的修饰，并且整个名词性成分外部还受带结构助词的名词短语 ของภาษาประจำชาติใหญ่ๆในทุกวันนี้ 的修饰，可以表示为这样的结构层次 [การ[[ก้าวหน้า]อย่างโลดโผนและรวดเร็ว]]ของภาษาประจำชาติใหญ่ๆในทุกวันนี้。句子 c 中，ความก้าวหน้า 的内部是个光杆动词，仅是这个名词性成分的外部受到带结构助词的名词短语 ทางเทคนิควิทยาของโลก 的修饰，可以表示为这样的结构层次[ความก้าวหน้า]ทางเทคนิควิทยาของโลก。

　　句子 b 中，名词化形式内部是个中状结构且外部还受其他成分的修饰。句子 c 中的名词化形式是个光杆动词，但是外部还受其他成分的修饰。在这里，การ（kaan¹）所管辖的成分内部结构扩展自由。ความ（khwaam¹）所管辖的成分内部结构不能扩展。

（193）a. บุคคลดังกล่าวจะ**รู้**ทุกๆอย่างเกี่ยวกับธรรมชาติ（TNC ACSS100）

buk²khon¹　　daŋ¹klaau²　　　　 caʔ²　**ru⁴**　 thuk⁴thuk⁴　jaaŋ²

人　　　　　　上述　　　　　　　会　　知道　　每　　　　样

kiau²kap²　　 tham¹maʔ⁴chaat³

与……有关　　自然

那些人<u>知道</u>关于自然的一切。

b. <u>**การรู้ประวัติผู้แต่ง**</u>อาจช่วยให้เข้าใจได้ว่าทำไมเขาคิดและแสดงออกเช่นนั้น（TNC ACSS073）

kaan¹　　　**ru⁴**　**praʔ²wat²**　**phu³teŋ²**　ʔaat²　chuai³　hai³

kaan　　　　知道　历史　　　作者　　　可能　　帮助　　使得

khau³cai¹　dai³　wa³　　　tham¹mai¹　khau⁵　saʔ²dɛŋ¹　ʔɔk²　cheen³　nan⁴

理解　　　能够　说　　　为什么　　　他　　　表明　　　出来　　如同　　那

<u>了解</u>作者的背景可能有助于理解为什么他会那样想和那样表达。

c. กระบวนการถ่ายทอด**ความรู้**ประกอบด้วยผู้วิจัย ผู้อ่านและการรายงานผล（TNC ACSS017）

kraʔ²buan¹kaan¹　thaai²thɔt³　　**khwaam¹ru⁴**

过程　　　　　　　传授　　　　　　知识

praʔ²kɔp²duai³　　phu³wiʔ⁴cai¹　phu³ʔaan²　lɛʔ⁴　kaan¹　raai¹ŋaan　phon⁵

包括　　　　　　　研究者　　　　读者　　　　和　　　kaan　汇报　　成果

传授<u>知识</u>的过程由研究者、读者和汇报成果构成。

句子（193）a 中，รู้ 是一个及物动词，含义是知道，指对事实或道理有认识。该动词充当谓语。句子 b 中，名词化形式 การรู้ประวัติผู้แต่ง 含义是知道作者的背景。句子 c 中，名词化形式 ความรู้ 的含义是知识，指人们在社会实践中所获的认识和经验的总和。

从名词化形式的内部结构看，句子 b 中的 รู้ประวัติผู้แต่ง 是个短语并已经扩展，其中 รู้ 带宾语 ประวัติผู้แต่ง，可以表示为这样的结构层次 การ[รู้[ประวัติผู้แต่ง]]。句子 c 中，ความรู้ 的内部是个光杆动词，这个名词性成分的外部没有修饰成分，可以表示为这样的结构层次[ความรู้]Ø。

句子 b 中，名词化形式内部是个述宾结构且外部没有其他成分的修饰。句子 c 中的名词化形式是个光杆动词，但是外部还受其他成分的修饰。在这里，การ（kaan¹）所管辖的成分内部结构扩展自由。ความ（khwaam¹）所管辖的成分内部结构不能扩展。

第四章 名词化形式的外部功能

（194）a. ฉัน<u>เชื่อ</u>ที่เขาพูด（TNC ACHM018）
chan⁵ **chɯa³** thi³ khau⁵ phuut³
我　　相信　　的　他　　说
我<u>相信</u>他所说的。

b. การจุดไฟเผาตัวเองครั้งนี้น่าจะเกี่ยวข้องกับ<u>การเชื่อเรื่องร่างทรง</u>
（TNC NWRP_CR012）
kaan¹　　　cut²fai¹　phau⁵　tua¹ʔeeŋ¹　khraŋ⁴　ni⁴　　na³caʔ²
kaan　　　点火　　 焚烧　　自己　　　次　　　这　　可能
kiau²khɔŋ³　kap²　　**kaan¹**　**chɯa³**　　rɯaŋ³　　**raaŋ³soŋ¹**
有关系　　　和　　　kaan　　　相信　　　事情　　　鬼魂附体
这次自焚事件可能和<u>相信</u>鬼魂附体有关。

c. <u>การเชื่อ</u>ไม่ตรงต่อความจริง（TNC ACPL006）
kaan¹chɯa³　mai³troŋ¹　tɔ²　　khwaam¹ciŋ¹
事情　相信　　不符合　　　对于　事实
<u>所相信的</u>与事实不符。

d. ตำนานพระธาตุได้สะท้อนให้เห็นความสัมพันธ์เชิงลบระหว่าง
<u>ความเชื่อดั้งเดิม</u>กับพุทธศาสนา（TNC ACHM010）
tam¹naan¹　　phraʔ⁴thaat²　dai³　saʔ²thɔn⁴　　　hai³　　hen⁵
典籍　　　　佛舍利　　　　已经　反映　　　　　给予　　看见
khwaam¹　　sam⁵pan¹　　chɔn¹ lop⁴　　　　　　raʔ²waaŋ²
khwaam　　关系　　　　方面 减　　　　　　　　之间
khwaam¹chɯa³　**daŋ³dəm¹**　kap²　phut⁴thaʔ³saat²saʔ²na⁵
内容　相信　　　　原始　　　　和　　　佛教
佛舍利典籍反映了原始<u>信仰</u>与佛教之间的消极关系。

e. บุคคลเหล่านี้มี<u>ความเชื่อ</u>ฝังใจอยู่ว่า ภาษาไทยที่แท้ต้องใช้ถ้อยคำ
กะทัดรัด（TNC ACHM013）
buk²khon¹　lau²ni⁴ mi¹　　**khwaam¹chɯa³**
人　　　　这些　　有　　　内容　相信
faŋ⁵cai¹　　ju²　 wa³　　pha¹sa⁵　　thai¹ thi³ thɛ⁴
埋藏　　　在　　说　　　语言　　　泰国的 真实的
tɔŋ³　　　chai⁴　thɔi³kham¹　kaʔ²that⁴rat⁴
必须　　　使用　词语　　　　简练
这些人在心中一直有一种<u>坚信</u>，认为真正的泰语必定要使用精练的词汇。

句子（194）a 中，เชื่อ 是一个及物动词，含义是相信，指认为正确或确实而不怀疑。该动词充当谓语。句子 b 中，名词化形式 การเชื่อเรื่องร่างทรง 的含义是相信鬼神附体。句子 c 中，名词化形式 การเชื่อ 的含义是所相信的事情，表示与相信这个动作相关的所指内容。句子 d 中，名词化形式 ความเชื่อดั้งเดิม 的含义是原始信仰。这里的信仰指对某人或某种主张、主义、宗教极度相信和尊敬，拿来作为自己行动的榜样或指南。句子 e 中，名词化形式 ความเชื่อ 的含义是相信，指认为正确或确实而不怀疑。

从名词化形式的内部结构看，句子 b 中的 เชื่อเรื่องร่างทรง 是个短语并已经扩展，其中 เชื่อ 带宾语 เรื่องร่างทรง，可以表示为这样的结构层次 การ[เชื่อ[เรื่องร่างทรง]]。句子 c 中，การเชื่อ 的内部是个光杆动词，这个名词性成分的外部没有修饰成分，可以表示为这样的结构层次[การเชื่อ]∅。句子 d 中，ความเชื่อดั้งเดิม 的内部是个光杆动词，这个名词性成分的外部受到形容词 ดั้งเดิม 的修饰，可以表示为这样的结构层次[ความเชื่อ]ดั้งเดิม。句子 e 中，ความเชื่อ 的内部是个光杆动词，这个名词性成分的外部没有修饰成分，可以表示为这样的结构层次[ความเชื่อ]∅。

句子 b 中，名词化形式内部是个述宾结构且外部没有其他成分的修饰。句子 c 中的名词化形式内部结构是个光杆动词，外部也没有受其他成分的修饰。句子 d 中的名词化形式内部结构是个光杆动词，但是外部还受其他成分的修饰。句子 e 中的名词化形式内部结构是个光杆动词，外部也没有受其他成分的修饰。在这里，การ（kaan^1）所管辖的成分一种情况是内部结构扩展自由，另一种情况是内部结构不能扩展。ความ（khwaam^1）所管辖的成分内部结构不能扩展。

从 เชื่อ（chuua^3）这个例子可以看出，在同一个动词的前提下，由 การ（kaan^1）构成的名词化形式的内部结构存在着扩展自由和不能扩展的情况，只是在本文第二章、第三章的分析中，这两种情况通常用不同的动词来体现。或者说 การ（kaan^1）能同时体现这两种情况的时候，该动词则往往不能前加 ความ（khwaam^1）构成名词化形式，因此不能看出 การ（kaan^1）＋VP 形式与 ความ（khwaam^1）＋VP 形式是否能够形成最小对立关系。在 เชื่อ（chuua^3）这个例子中，同时体现了 การ（kaan^1）后面的动词性成分扩展自由和不能扩展的情况以及还体现了 ความ（khwaam^1）内部结构不能扩展的情况，从中可以看出 การ（kaan^1）和 ความ（khwaam^1）的不对称性。

从 4.4 分析来看，在同一个动词的前提下，当 การ（kaan^1）＋VP 形式内部结构的扩展自由时，其外部可以受或不受其他成分的修饰。当 ความ（khwaam^1）＋VP 形式内部结构不能扩展时，其外部可以受或不受其他成分的修饰。它们二者的根本性差别就在于内部结构扩展自由与不能扩展的区别。

第四章　名词化形式的外部功能　　　　　　　　　　107

换言之，在绝大多数情况下，同一个动词中，การ（kaan¹）+VP 形式内部结构的扩展自由且外部的句法组合能力弱。而与之相对应的 ความ（khwaam¹）+VP 形式内部结构没有扩展但外部的句法组合能力强。因此，การ（kaan¹）+VP 形式与 ความ（khwaam¹）+VP 形式不能构成在同一个动词中的最小对立关系。

4.5　小　　结

本节可以回答本章开头提出的几个问题，首先，การ（kaan¹）+VP 形式与 ความ（khwaam¹）+VP 形式都可以受名词结构、介词结构、量词结构、谓词性结构、代词以及指示词的修饰。当 การ（kaan¹）+VP 与 ความ（khwaam¹）+VP 形式受其他成分的修饰时，它们的内部结构通常是光杆动词。การ（kaan¹）+VP 形式与 ความ（khwaam¹）+VP 形式可以充当主语、宾语、定语以及介词宾语。

其次，การ（kaan¹）+VP 形式与 ความ（khwaam¹）+VP 形式在体现句法组合能力的时候，这两个名词化形式内部结构的扩展能力会受到这种外部组合能力的影响。也就是说，如果 การ（kaan¹）+VP 形式与 ความ（khwaam¹）+VP 形式内部结构没有扩展时，它们二者的外部组合能力强，就能够受名词结构、介词结构、量词结构、谓词性结构、代词以及指示词的修饰。如果 การ（kaan¹）+VP 形式与 ความ（khwaam¹）+VP 形式内部结构的扩展自由或受限时，其外部的组合能力就弱，通常情况下不能再受名词结构、介词结构、量词结构、谓词性结构、代词以及指示词的修饰。在极少数情况下，การ（kaan¹）+VP 形式与 ความ（khwaam¹）+VP 形式已经扩展后还可以受其他成分的修饰。

最后，การ（kaan¹）和 ความ（khwaam¹）都能分别前加于同一个动词前的情况下，การ（kaan¹）+VP 中 VP 的内部结构扩展自由但整个结构的句法组合能力较弱，ความ（khwaam¹）+VP 中 VP 的内部结构不能扩展但整个结构的句法组合能力较强。这种不对称性也非常明显。การ（kaan¹）+VP 形式与 ความ（khwaam¹）+VP 形式在内部结构扩展能力与句法组合能力方面的不对称性，证明了 การ（kaan¹）+VP 形式与 ความ（khwaam¹）+VP 形式不能构成最小对立关系。

从前面分析可知，การ（kaan¹）+VP 形式与 ความ（khwaam¹）+VP 形式既不能形成普遍对立关系也不能形成最小对立关系，那么有没有一种形式能够与 การ（kaan¹）+VP 形式或 ความ（khwaam¹）+VP 形式形成对立关系？答案是肯定的，也就是泰语中必然存在一种与名词化形式能够形成普遍对立的形式。

  通过第二、第三、第四章的分析可知，一方面 การ（kaan¹）可以前加于所有动词之前，这个结论说明，只要有一个动词性成分存在，那么就必然存在与之对应的 การ（kaan¹）+VP 形式。另一方面，如果把这个动词性成分记作 0+VP 形式，那么也就是说 การ（kaan¹）+VP 形式与 0+VP 形式在任何情况下都可以成对出现。然而，在只能前加 การ（kaan¹）而不能前加 ความ（khwaam¹）的动词中，动词性成分即 0+VP 形式与 ความ（khwaam¹）+VP 形式就不能总是成对出现了。

  这样看来，การ（kaan¹）+VP 形式与 0+VP 形式的成对现象就普遍存在于泰语的所有动词之中，那么它们二者就具备了可以再进行对比分析的基础前提了。接下来，我们就对 0+VP 形式进行详细的分析。

第五章　名词化形式与动词性成分的不对称性

从前面几章的分析来看，我们认为 การ（kaan¹）和 ความ（khwaam¹）具有不对称性，การ（kaan¹）+VP 形式与 ความ（khwaam¹）+VP 形式不能构成普遍对立关系也不存在最小对立关系。从而认为能与 การ（kaan¹）+VP 形式构成一对关系的形式是该名词化形式的动词性成分，也就是 0+VP 形式。

本章将分析主宾语位置上的 0+VP 形式的内部结构。然后，对比分析主宾语位置上 การ（kaan¹）+VP 形式与 0+VP 形式内部结构的异同。接着，再进一步对比分析 การ（kaan¹）+VP 形式与 0+VP 形式外部功能的异同。最后，分析 การ（kaan¹）+VP 形式与 0+VP 形式的位于主宾语的不对称性。

本章试图说明以下几个问题：动词的名词化形式可以充当主宾语，动词性成分也可以充当主宾语。动词性成分充当主宾语时，它的内部结构是什么样的？处于主宾语位置的前提下，由 การ（kaan¹）所构成的名词化形式与动词性成分在结构与功能上有什么差异？处于主宾语位置并在同一个动词的前提下，它们二者有什么差异？

5.1　主宾语位置上 0+VP 的内部结构

分析 0+VP 形式的内部结构的时候，主要是分析 VP 是个怎样的结构。由于处于主宾语位置的 VP 与本书的名词化问题息息相关，所以本章主要围绕动词性成分位于主宾语位置这个范围进行讨论。

5.1.1　主语位置上 0+VP 的结构

当 0+VP 形式充当主语的时候，VP 的结构呈现出多样性。

5.1.1.1　光杆动词

当 0+VP 形式充当主语时，内部结构可以是一个光杆动词。例如句子（195）—（196）。

（195）**ทำ**ดีกว่าพูด（裴晓睿、薄文泽《泰语语法》）
tham¹　di¹　kwa²　　　phuut³
做　　好　表示比较　说
做比说好。
句子（195）中，动词性成分 ทำ 是光杆动词充当主语。

（196）**เรียน**ก็ต้องมีสอบตกบ้างเป็นของธรรมดา（TNC NACHM038）
rian¹　kɔʔ³　tɔŋ³　mi¹　sɔp²　tok²　baaŋ³　pen¹　khɔŋ⁵　tham¹maʔ⁴da¹
学习　　就　　必须　有　考试　落下　有些　　是　　事物　　普通
学习中有考试不及格是正常现象。
句子（197）中，动词性成分 เรียน 是光杆动词充当主语。

5.1.1.2　中状结构的 VP

当 O+VP 形式充当主语时，内部结构可以是中状结构的动词短语。例如句子（197）—（198）。

（197）**ออกกำลังกายสม่ำเสมอ**จะทำให้ลำไส้ทำงานได้ตามปกติ（TNC NACNS026）

ʔɔk²kam¹laŋ¹kaai¹　saʔ²mam²saʔ²mə⁵　caʔ²　　tham¹hai³　lam¹sai³
锻炼　　　　　　　　经常　　　　　　　会　　　使得　　　肠子
tham¹ŋaan¹　　dai³　　　　　　taam¹　　pok²kaʔ²tiʔ²
工作　　　　能够　　　　　　根据　　　正常
经常性的锻炼可以使肠道正常运作。
句子（197）中，动词短语 ออกกำลังกายสม่ำเสมอ 充当主语，可以表示为这样的结构层次 [ออกกำลังกาย]สม่ำเสมอ，其中，副词 สม่ำเสมอ 修饰动词 ออกกำลังกาย。

（198）**ปรับปรุงภารกิจของส่วนราชการให้ทันต่อสถานการณ์**ทำให้ประชาชนได้รับความสะดวก（TNC IRP345）

prap²pruŋ¹　　　pha¹raʔ⁴kit²　khɔŋ¹　　suan²
调整　　　　　　事务　　　　　的　　　　部分
raat³chaʔ²kaan¹　hai³　　　　than¹　　　tɔ²
公务　　　　　　使得　　　　及时　　　对于
saʔ²thaan⁵naʔ⁴kaan¹　tham¹hai³　praʔ²cha¹chon¹
形势　　　　　　　　使得　　　人民
dai³rap⁴　　khwaam¹　　saʔ²duak²
接受　　　　khwaam　　方便的
根据形势及时调整政府部门的工作可以使民众得到方便。
句子（198）中，动词短语 ปรับปรุงภารกิจของส่วนราชการให้ทันต่อ

สถานการณ์ 充当主语，可以表示为这样的结构层次[ปรับปรุงภารกิจของส่วน ราชการ]ให้ทันต่อสถานการณ์，其中，介词结构 ให้ทันต่อสถานการณ์ 修饰动词短语 ปรับปรุงภารกิจของส่วนราชการ。

5.1.1.3 述宾结构的 VP

当 0+VP 形式充当主语时，内部结构可以是述宾结构的动词短语。例如句子（199）—（200）。

(199) <u>เป็นแม่</u>ย่อมจะห่วงลูก（裴晓睿、薄文泽《泰语语法》）

pen¹	**mɛ³**	jɔm³	caʔ²	huaŋ²	luuk³
是	妈妈	必然	会	担心	孩子

<u>作为母亲</u>必定会担心孩子。

句子（199）中，动词短语 เป็นแม่ 充当主语，可以表示为这样的结构层次 เป็น[แม่]，其中，名词 แม่ 是动词 เป็น 的宾语。

(200) <u>เคารพสิทธิของผู้อื่น กฎต่างๆ</u> เป็นสิ่งที่อาจเปลี่ยนแปลงได้ （TNC ACSS099）

khau¹rop⁴	sit²thiʔ⁴	khɔŋ⁵	phu³ʔɯɯn²	kot²	taaŋ²taaŋ²
尊重	权利	的	人	其他	法规 各种
pen¹	siŋ²	thi³	ʔaat²	plian²plɛɛŋ¹	dai³
是	东西	的	可能	改变	能够

<u>尊重他人的权利和守法</u>是一件可塑的事情。

句子（200）中，动词短语 เคารพสิทธิของผู้อื่น กฎต่างๆ 充当主语，可以表示为这样的结构层次 เคารพ[สิทธิของผู้อื่น กฎต่างๆ]，其中，名词短语 สิทธิของผู้อื่น กฎต่างๆ 是动词 เคารพ 的宾语。

5.1.1.4 联合结构或连动结构的 VP

当 0+VP 形式充当主语时，内部结构可以是联合结构或连动结构的动词短语。例如句子（201）—（202）。

(201) <u>มีกินมีใช้</u>ก็ดีถมไปแล้ว（裴晓睿、薄文泽《泰语语法》）

mi¹kin¹mi¹chai⁴	kɔ³	di¹	thom⁵	pai¹	lɛu⁴
有吃有用	就	好	非常	去	了

<u>有吃有用</u>就非常好了。

句子（201）中，动词短语 มีกินมีใช้ 是个联合结构，充当主语，可以表示为这样的结构层次[มีกิน][มีใช้]，其中，没有标记词来连接 มีกิน 与 มีใช้ 这两个动词短语。

(202) <u>เมาแล้วนอนหลับที่บ้าน</u>ไม่มีใครว่า（TNC NACHM046）

mau¹	lɛu⁴	nɔn¹lap²	thi³	baan³	mai³mi¹	khrai¹	wa³
醉	了	睡觉	在	家	没有	谁	责备

<u>醉了之后就在家睡觉</u>没有谁会责备。

句子（202）中，动词短语 เมาแล้วนอนหลับที่บ้าน 是个连动结构，充当主语，可以表示为这样的结构层次[เมาแล้วนอนหลับที่บ้าน]，其中，有连接词 แล้ว 连接 เมา 与 นอนหลับที่บ้าน 这两个动词短语。

从上述 5.1.1 的分析可以看出，处于主语位置的 0+VP 形式的内部结构有两种情况，一种是光杆动词；另一种是动词短语，这些动词短语的结构可以是中状结构、述宾结构、联合结构以及连动结构。

5.1.2 宾语位置上 0+VP 的结构

当 0+VP 形式充当宾语的时候，VP 的结构呈现出多样性。

5.1.2.1 光杆动词

当 0+VP 形式充当宾语时，内部结构可以是一个光杆动词。例如句子（203）—（204）。

（203）ผมเริ่มรู้สึก**กลัว**（TNC NACHM081）
phom^5　rəm^3　ru^{4}suk^2　**klua^1**
我　　开始　觉得　　害怕
我开始感到**害怕**。

句子（203）中，กลัว 是光杆动词，充当谓语 รู้สึก 的宾语。

（204）ฉันชอบ**วิ่ง**（TNC PRNV064）
chan^5　chɔp^3　**wiŋ^3**
我　　喜欢　跑
我喜欢**跑步**。

句子（204）中，动词性成分 วิ่ง 是光杆动词，充当谓语 ชอบ 的宾语。

5.1.2.2 中状结构的 VP

当 0+VP 形式充当宾语时，内部结构可以是中状结构的动词短语。例如句子（205）—（206）。

（205）เขาอยาก**อ่านซ้ำกลับไปกลับมาหลายรอบ**（TNC NACHM054）
khau^5　jaak^2　**ʔaan^2　sam^4　klap^{2}pai^{1}klap^{2}ma^1　laai^5　rɔp^3**
他　　想　　读　　重复　反复　　　许多　次
他想**反反复复地多读几遍**。

句子（205）中，动词短语 อ่านซ้ำกลับไปกลับมาหลายรอบ 是谓语 อยาก 的宾语，可以表示为这样的结构层次[อ่าน]ซ้ำกลับไปกลับมาหลายรอบ，其中，副词短语 ซ้ำกลับไปกลับมา、数量词 หลายรอบ 修饰动词 อ่าน。

（206）ท่านก็จะรู้สึก**ชอบเขาเป็นพิเศษด้วย**（TNC ACHM056）
thaan^3　kɔ^3　caʔ^2　ru^{4}suk^2　**chɔp^3　kau^5　pen^1　phiʔ^{4}seet^2　duai^3**
您　　　也　会　　觉得　　喜欢　他　　特殊的　　也
您也会觉得**特别喜欢他**。

句子（206）中，动词短语 ชอบเขาเป็นพิเศษด้วย 是谓语 รู้สึก 的宾语，可以表示为这样的结构层次[ชอบเขา]เป็นพิเศษด้วย，其中，形容词性的短语 เป็นพิเศษด้วย 修饰动词短语 ชอบเขา。

5.1.2.3 述宾结构的 VP

当 O+VP 形式充当宾语时，内部结构可以是述宾结构的动词短语。例如句子（207）—（208）。

（207）จีนจะหยุด**ทดลองอาวุธนิวเคลียร์**（TNC NACSS030）

ciin¹　caʔ²　jut²　**thot⁴lɔŋ¹　ʔa¹wut⁴　niu¹khlia¹**
中国　将要　停止　试验　　武器　　核能

中国将停止**试验核武器**。

句子（207）中，动词短语 ทดลองอาวุธนิวเคลียร์ 是谓语 หยุด 的宾语，可以表示为这样的结构层次 ทดลอง[อาวุธนิวเคลียร์]，其中，名词短语 อาวุธนิวเคลียร์ 是动词 ทดลอง 的宾语。

（208）ราศีตุลย์มีมนุษยสัมพันธ์ดีชอบ**ช่วยเหลือผู้อื่น**（TNC ESUN467）

ra¹si⁵tun¹　mi¹　maʔ⁴nut⁴saʔ²ja?⁴　sam⁵phan¹　di¹　chɔp³
腊西敦　　　有　人类　　　　　　　关系　　　　好的　喜欢

chuai⁵lɯa⁵　phu³　ʔɯɯn²
帮助　　　　人　　其他

腊西敦人际关系好，喜欢**帮助他人**。

句子（208）中，动词短语 ช่วยเหลือผู้อื่น 谓语 มีมนุษยสัมพันธ์ดีชอบ 的宾语，可以表示为这样的结构层次 ช่วยเหลือ[ผู้อื่น]，其中，名词短语 ผู้อื่น 是动词 ช่วยเหลือ 的宾语。

5.1.2.4 联合结构或连动结构的 VP

当 O+VP 形式充当宾语时，内部结构可以是联合结构或连动结构的动词短语。例如句子（209）—（210）。

（209）เราชอบ**วิ่งเล่นไล่จับ**ด้วยกันในเขตรั้ว（TNC NWCOL010）

rau¹　chɔp³　**wiŋ³　leen³　lai³　cap²**　duai³kan¹　nai¹　kheet²　rua⁴
我们　喜欢　跑　　玩　　追逐　抓　一起　　　在……内　范围　篱笆

我们喜欢在院子里一起**奔跑、嬉戏、追逐、打闹**。

句子（209）中，动词短语 วิ่งเล่นไล่จับ 是个联合结构，是谓语 ชอบ 的宾语，可以表示为这样的结构层次[วิ่ง][เล่น][ไล่][จับ]，其中，没有标记词来连接 วิ่ง、เล่น、ไล่、与 จับ 这几个动词。

（210）หญิงสาวตัดสินใจ**วิ่งกลับไปขอความช่วยเหลือจากยามที่มหาวิทยาลัย**（TNC PRNV110）

jiŋ⁵saau⁵	tat²sin⁵cai¹		wiŋ³	klap²	pai¹	khɔ⁵
女孩	决定		跑	回	去	请求
khwaam¹	chuai⁵lɯa⁵		**caak²**	jaam¹		
khwaam	帮助		从	保安		
thi³	ma?⁴ha⁴wit⁴tha?⁴ja¹lai¹					
的	大学					

女孩决定<u>跑回去寻求学校保安的帮助</u>。

句子（210）中，动词短语 วิ่งกลับไปขอความช่วยเหลือจากยามที่มหาวิทยาลัย 是个连动结构，是谓语 ตัดสินใจ 的宾语，可以表示为这样的结构层次[วิ่งกลับไปขอความช่วยเหลือจากยามที่มหาวิทยาลัย]，其中，没有标记词连接 วิ่งกลับไป 与 ขอความช่วยเหลือจากยามที่มหาวิทยาลัย 这两个动词短语。

从上述 5.1.2 的分析可以看出，处于宾语位置的 0+VP 形式的内部结构有两种情况，一种是光杆动词；另一种是动词短语，这些动词短语的结构可以是中状结构、述宾结构、联合结构以及连动结构。

综合 5.1 的分析来看，0+VP 形式的内部结构有两种，一种是光杆动词，另一种是动词短语。通常说来，如果 0+VP 形式处于主语位置上，除了在联合结构和连动结构中 0+VP 形式只能是个结构较短的短语外，其他结构中的 0+VP 形式可长可短。如果 0+VP 形式处于宾语位置上，无论动词短语是何种结构，0+VP 形式都可以是结构较长或较短的短语。换言之，VP 的长短问题在主语位置上会受到一定的限制，通常是个短结构。然而，VP 的长短问题在宾语位置上则没有限制，通常是个长结构。

分析了 0+VP 形式的内部结构以后，本章需要对 0+VP 形式与之前在第三章分析过的 การ（kaan¹）+VP 形式的内部结构做一个对比，以便观察二者的异同。

5.2　主宾语位置上 การ（kaan¹）+VP 与 0+VP 内部结构的对比

在本章 5.1 的分析中，可以初步看出 0+VP 形式处于主宾语位置上的一些相同之处和不同之处。它们二者的相同之处是，在主宾语位置上 0+VP 形式的内部结构都存在光杆动词和动词短语这两种情况。不同之处是，主语位置上的 0+VP 形式通常是一个短结构，而在宾语位置的 0+VP 形式通常是一个长结构。0+VP 形式在主宾语位置上的相同之处和不同之处与 การ（kaan¹）+VP 形式的内部结构有没有什么区别？

5.2.1 主语位置上 การ (kaan¹) +VP 与 0+VP 的对比

通过 5.1 的分析，可知 0+VP 形式的内部结构分为光杆动词和动词短语。การ (kaan¹) +VP 形式与 0+VP 形式在内部结构方面的对比，就可以分为光杆动词和动词短语的对比。

主语位置上 การ (kaan¹) +VP 形式与 0+VP 形式的内部结构都可以是光杆动词、中状结构、述宾结构、联合结构以及连动结构。例如句子（211）—（215）。

(211) a. **การเรียนรู้**เกิดขึ้นได้ในหัวใจของคนทุกคน（TNC PRNV014）

kaan¹rian¹ru⁴	kət²	khun³	dai³	nai¹	hua⁵cai¹	khɔŋ⁵
kaan 学习	产生	上	能够	在……	内心脏	的
khon¹		thuk⁴	khon¹			
人		每	人			

<u>学习</u>能够产生于每个人的心中。

b. **เรียน**ก็ต้องมีสอบตกบ้างเป็นของธรรมดา（TNC NACHM038）

rian¹	kɔ³	tɔŋ³	mi¹	sɔp²	tok²	baaŋ³	pen¹	khɔŋ⁵	tham¹ma?⁴da¹
学习	就	必须	有	考试	落下	有些	是	事物	普通

<u>学习</u>中有考试不及格，是正常现象。

句子（211）中，การ (kaan¹) +VP 形式与 0+VP 形式都由光杆动词构成，充当主语。名词化形式 การเรียนรู้ 是由名词化标记 การ 和光杆动词 เรียนรู้ 构成。动词性成分 เรียน 是个光杆动词。

(212) a. **การวิเคราะห์การกระทำของมนุษย์โดยพื้นฐานปรัชญา**จะเป็นการตอบคำถามเกี่ยวกับค่านิยมของบุคคล（TNC ACSS130）

kaan¹	**wi?⁴khrɔ?⁴**	**kaan¹kra?²tham¹**	**khɔŋ⁵**
kaan	分析	行为	的
ma?⁴nut⁴	**dooi¹**	**phuuun⁴taan⁵**	**prat²ja¹**	ca?²		pen¹
人类	以……方式	基础	哲学	会		是
kaan¹	tɔp²	kham¹thaam⁵	kiau²kap²	kha³ni?⁴jom¹
kaan	回答	问题	有关	价值观
khɔŋ⁵	buk²khon¹			
的	人			

<u>以哲学基础来分析人类行为</u>是对人的价值观问题的解答。

b. **ปรับปรุงภารกิจของส่วนราชการให้ทันต่อสถานการณ์**ทำให้ประชาชนได้รับความสะดวก（TNC IRP345）

prap²pruŋ¹	pha¹ra?⁴kit²	khɔŋ⁵	suan²
调整	事务	的	部分
raat³cha?²kaan¹	hai³	than¹	tɔ²
公务	使得	及时	对于
sa?²thaan⁵na?⁴kaan¹	tham¹hai³	pra?²cha¹chon¹	
形势	使得	人民	
dai³rap⁴	khwaam¹	sa?²duak²	
接受	khwaam	方便的	

根据形势及时调整政府部门的工作可以使民众得到方便。

句子（212）中，การ (kaan¹) ＋VP 形式与 0＋VP 形式都由中状结构构成，充当主语。名词化形式可以表示为这样的结构层次 การ[[วิเคราะห์การกระทำของมนุษย์]โดยพื้นฐานปรัชญา]。动词性成分可以表示为这样的结构层次[ปรับปรุงภารกิจของส่วนราชการ]ให้ทันต่อสถานการณ์。

(213) a. <u>การขายหนังสือ</u>เป็นงานกุศล（TNC PRNV020）

kaan¹	khaai⁵	naŋ⁵sɯɯ¹	pen¹	ŋaan¹	ku?²son⁵
kaan	卖	书	是	工作	功德

<u>卖书</u>是种功德。

b. <u>เป็นแม่</u>ย่อมจะห่วงลูก（裴晓睿、薄文泽《泰语语法》）

pen¹	mɛ³	jɔm³	ca?²	huaŋ²	luuk³
是	妈妈	必然	会	担心	孩子

<u>作为母亲</u>必定担心孩子。

句子（213）中，การ (kaan¹) ＋VP 形式与 0＋VP 形式都由述宾结构构成，充当主语。名词化形式可以表示为这样的结构层次 การ[ขาย[หนังสือ]]。动词性成分可以表示为这样的结构层次 เป็น[แม่]。

(214) a. <u>การตระหนักรู้และทำงานอย่างมีสติ</u>นี้เรียกรวมๆ ว่าเป็นขั้นอ่านตัวออก（TNC ACSS089）

kaan¹	tra?²nak²ru⁴	lɛ?⁴	tham¹ŋaan¹	jaaŋ²	mi¹	sa?²di?²	ni⁴
kaan	认识	和	工作	地	有	理智	这
riak³	ruam¹ ruam¹	wa⁴	pen¹		khan¹	?aan²	tua¹	?ɔk²
叫做	总的	说	是		阶段	读	自己	出去

<u>这种理性的自我认识和理性的工作态度</u>可以统称为自我解读的阶段。

b. <u>มีกินมีใช้</u>ก็ดีถมไปแล้ว（裴晓睿、薄文泽《泰语语法》）

mi¹kin¹mi¹chai⁴	kɔ³	di¹	thom⁵	pai¹	lɛu⁴
有吃有用	就	好	非常	去	了

<u>有吃有用</u>就非常好了。

句子（214）中，การ（kaan¹）+VP 形式与 0+VP 形式都由联合结构构成，充当主语。名词化形式可以表示为这样的结构层次[การ[[ตระหนักรู้]และ[ทำงานอย่างมีสติ]]]นี้。动词性成分可以表示为这样的结构层次[มีกิน][มีใช้]。

（215）a. <u>การนำผู้ป่วยเข้าพบจิตแพทย์ได้ทันท่วงที</u>จะช่วยลดการใช้ยาและระยะเวลาในการรักษาลงได้（TNC NACMD080）

kaan¹	nam¹	phu³puai²	khau³phop⁴
kaan	引导	病人	会见

cit²ta?²phet³	dai³	than¹thuaŋ³thi¹	ca?²	chuai³	lot⁴	kaan¹
心理医生	能够	及时	会	帮助	减少	kaan

chai⁴	ja¹	lɛ?⁴	ra?⁴ja?⁴	we¹la¹	nai
使用	药	和	时期	时间	在……内

kaan¹	rak⁴sa⁵	loŋ¹	dai³
kaan	治疗	下	能够

<u>及时带病人看心理医生</u>有助于减少用药和缩短治疗时间。

b. <u>เมาแล้วนอนหลับที่บ้าน</u>ไม่มีใครว่า（TNC NACHM046）

mau¹	lɛu⁴	nɔn¹lap²	thi³	baan³	mai³mi¹	khrai³	wa³
醉	了	睡觉	在	家	没有	谁	责备

<u>醉了以后在家睡觉</u>没有谁会责备。

句子（215）中，การ（kaan¹）+VP 形式与 0+VP 形式都由连动结构构成，充当主语。名词化形式可以表示为这样的结构层次 การ[นำผู้ป่วยเข้าพบจิตแพทย์ได้ทันท่วงที]。动词性成分可以表示为这样的结构层次[เมาแล้วนอนหลับที่บ้าน]。

从上述 5.2.1 的分析可以看出，การ（kaan¹）+VP 形式处于主语位置的时候，可以是一个较长或较短的结构，通常是一个长结构；0+VP 形式处于主语位置的时候，也可以是一个较长或较短的结构，通常是一个短结构。

5.2.2 宾语位置上 การ（kaan¹）+VP 与 0+VP 的对比

同理，通过 5.1 的分析，可知 0+VP 形式的内部结构分为光杆动词和动词短语。การ（kaan¹）+VP 形式与 0+VP 形式在内部结构方面的对比，就可以分为光杆动词和动词短语的对比。

宾语位置上 การ（kaan¹）+VP 形式与 0+VP 形式的内部结构都可以是光杆动词、中状结构、述宾结构、联合结构以及连动结构。例如句子（216）—（220）

(216) a. มนุษย์เรามียีนควบคุม**การคิด**ไหม（TNC NACMD099）

ma?⁴nut⁴rau¹　mi¹　jiin¹　khuap³khum¹　**kaan¹khit⁴**　mai⁵
人类　　　　我们　有　基因　　控制　　　kaan思考　　吗

我们人类有能力掌控<u>思考</u>吗？

b. ผมเริ่มรู้สึก**กลัว**（TNC NACHM081）

phom⁵　rəm³　ru⁴suk²　**klua¹**
我　　　开始　觉得　　害怕

我开始感到<u>害怕</u>。

句子（216）中，การ（kaan¹）+VP形式与0+VP形式都由光杆动词构成，充当宾语。名词化形式 การคิด 是由名词化标记 การ 和光杆动词 คิด 构成，充当谓语 มียืนควบคุม 的宾语。动词性成分 กลัว 是个光杆动词，充当谓语 เริ่มรู้สึก 的宾语。

(217) a. ทิศทางของนโยบายในช่วงนี้จึงเน้น**การฟื้นฟูเศรษฐกิจเป็นหลักด้วยการดึงการลงทุนเข้ามาสู่ประเทศ**（TNC ACSS076）

thit⁴thaaŋ¹　khɔŋ⁵　na?⁴jo¹baai¹　nai¹　chuaŋ³　ni⁴　cɯŋ²
方向　　　　的　　　政策　　　　　在……内　时期　　这　　就

neen⁴　**kaan¹　fɯɯn⁴fu⁴　seet²ta?²kit²　pen¹lak²　duai³　kaan¹**
强调　　kaan　　恢复　　　经济　　　　主要的　　以……方式　kaan

dɯŋ¹　kaan¹　loŋ¹thun¹　khau³　ma¹　su²　pra?²theet³
吸引　　kaan　　投资　　　　进入　　来　　至　　国家

这个时期的政策方向就是侧重<u>以吸引外资的方式恢复经济</u>。

b. เขาอยาก**อ่านซ้ำกลับไปกลับมาหลายรอบ**（TNC NACHM054）

khau⁵　jaak²　**?aan²　sam⁴　klap²pai¹klap²ma¹　laai⁵　rɔp³**
他　　　想　　读　　　重复　　反复　　　　　　　许多　　次

他想<u>反反复复地多读几遍</u>。

句子（217）中，การ（kaan¹）+VP形式与0+VP形式都由中状结构构成，充当宾语。名词化形式可以表示为这样的结构层次 การ[[ฟื้นฟูเศรษฐกิจเป็นหลัก]ด้วยการดึงการลงทุนเข้ามาสู่ประเทศ]，充当谓语 เน้น 的宾语。动词性成分可以表示为这样的结构层次[อ่าน]ซ้ำกลับไปกลับมาหลายรอบ，充当谓语 อยาก 的宾语。

(218) a. เขาชอบ**การมีโลกส่วนตัว**（TNC ACSS037）

khau⁵　chɔp³　**kaan¹　mi¹　look³　suan²tua¹**
他　　　喜欢　　kaan　　有　　世界　　私人的

他喜欢<u>沉浸在自己的世界里</u>。

第五章 名词化形式与动词性成分的不对称性

b. จีนจะหยุด**ทดลองอาวุธนิวเคลียร์**（TNC NACSS030）

ciin¹　caʔ²　jut²　**thot⁴lɔŋ¹**　**ʔa¹wut⁴**　**niu¹khlia¹**
中国　将要　停止　试验　　　武器　　　核能

中国将停止<u>试验核武器</u>。

句子（218）中，การ（kaan¹）+VP 形式与 0+VP 形式都由述宾结构构成，充当宾语。名词化形式可以表示为这样的结构层次 การ[มี[โลกส่วนตัว]]，充当谓语 ชอบ 的宾语。动词性成分可以表示为这样的结构层次 ทดลอง[อาวุธนิวเคลียร์]，充当谓语 หยุด 的宾语。

（219）a. ทุกภาวะมี**การเกี่ยวพันกันและเป็นผลกระทบต่อภาวะอื่นๆ**（TNC ACSS100）

thuk⁴　phaʷwaʔ⁴　　mi¹　**kaan¹**　　**kiau²phan¹**　kan¹　lɛʔ⁴
每　　　情况　　　　有　　kaan　　　关系　　　　相互　和

pen¹　phon⁵kraʔ²thop⁴　tɔ²　phaʷwaʔ¹　ʔɯɯn²ʔɯɯn²
是　　影响　　　　　　对于　情况　　　其他

每一种情况都存在着<u>相互间的联系并对其他的情况造成影响</u>。

b. เราชอบ<u>วิ่งเล่นไล่จับด้วยกันในเขตรั้ว</u>（TNC NWCOL010）

rau¹　chɔp³　**wiŋ³**　**leen¹**　**lai³**　**cap¹**　duai³kan¹　nai¹　kheet²　rua⁴
我们　喜欢　跑　　玩　　追逐　抓　　一起　　　　在……内　范围　　篱笆

我们喜欢在院子里一起<u>奔跑、嬉戏、追逐、打闹</u>。

句子（219）中，การ（kaan¹）+VP 形式与 0+VP 形式都由联合结构构成，充当宾语。名词化形式可以表示为这样的结构层次 การ[[เกี่ยวพันกัน]และ[เป็นผลกระทบต่อภาวะอื่นๆ]]，充当谓语 มี 的宾语。动词性成分可以表示为这样的结构层次 [วิ่ง][เล่น][ไล่][จับ]，充当谓语 ชอบ 的宾语。

（220）a. หากรัฐบาลควบคุมสถานการณ์ไม่ได้อาจมีสมาชิกหลายประเทศยกเลิก**การเดินทางเข้ามาร่วมประชุมอาเซียน**（TNC NWRP_PL022）

haak²　　　　　　rat⁴thaʔ²baan¹　khuap³khum¹
如果　　　　　　政府　　　　　　控制

saʔ²　thaan⁵naʔ⁴kaan¹　mai³dai³　ʔaat²　mi¹　saʔ²ma¹chik⁴
局势　　　　　　　　　不能　　　可能　　有　　成员

laai⁵　praʔ²theet³　jok⁴lək³　**kaan¹**　**dən¹thaaŋ¹**
许多　　国家　　　取消　　　kaan　　出行

khau³ruam³　　**praʔ²chum¹**　**ʔa¹sian³**
参加　　　　　　会议　　　　　东盟

如果政府不能控制局势，可能就会有成员国取消<u>出行参加东盟会议</u>。

b. หญิงสาวตัดสินใจวิ่งกลับไปขอความช่วยเหลือจากยามที่มหาวิทยาลัย
（TNC PRNV110）

jiŋ⁵saau⁵	tat²sin⁵cai¹		wiŋ³	klap²	pai¹	khɔ⁵
女孩	决定		跑	回	去	请求
khwaam¹	**chuai⁵lɯa⁵**		**caak²**	**jaam¹**		
khwaam	帮助		从	保安		
thi³	**maʔ⁴haʔ⁴wit⁴thaʔ⁴ja¹lai¹**					
的	大学					

女孩决定**跑回去寻求学校保安的帮助**。

句子（220）中，การ（kaan¹）+VP 形式与 0+VP 形式都由连动结构构成，充当主语。名词化形式可以表示为这样的结构层次 การ[เดินทางเข้ามาร่วมประชุมอาเซียน]，充当谓语 ยกเลิก 的宾语。动词性成分可以表示为这样的结构层次[วิ่งกลับไปขอความช่วยเหลือจากยามที่มหาวิทยาลัย]，充当谓语 ตัดสินใจ 的宾语。

从上述 5.2.2 的分析可以看出，การ（kaan¹）+VP 形式处于宾语位置的时候，可以是一个较长或较短的结构，但通常是一个长结构；0+VP 形式处于宾语位置的时候，也可以是一个较长或较短的结构，但通常也是一个长结构。

综合 5.2 的分析来看，การ（kaan¹）+ VP 形式与 0+VP 形式在内部结构上具有较高一致性，这两种形式在内部结构上有相同之处也有不同之处。相同之处是这两个形式中的内部结构都既可以是光杆动词，又可以是动词短语。不同之处是 การ（kaan¹）+VP 形式无论是处于主语还是宾语位置上的时候，其内部结构的扩展能力都很自由。但是，0+VP 形式在位于主语位置上的时候，其内部结构的扩展能力受到一定的限制。当它在宾语位置上的时候，其内部结构的扩展能力也很自由。

上述对 การ（kaan¹）+ VP 形式与 0+VP 形式在内部结构方面的分析，虽然涉及了句法成分的问题，但主要是通过主宾语这个位置的辅助，以观察出这两个形式在内部结构中的差异。下面，我们依然还要再对比分析这两个形式在外部功能中的问题，因此，接下来我们将考察这两个形式在句法组合能力和充当句法成分方面的差异。

5.3 主宾语位置上 การ（kaan¹）+VP 与 0+VP 外部功能的对比

我们在第四章对 การ（kaan¹）+ VP 形式的句法组合能力进行了详细的

分析，当 การ（kaan¹）+ VP 形式作为一个整体的时候，还能再受名词结构、量词结构、谓词性结构、代词以及指示词的修饰。然而，当 0+VP 形式处于主宾语位置并作为一个整体的时候，已经不能再受上述这些成分的修饰了。

5.3.1　主宾语位置上 การ（kaan¹）+VP 与 0+VP 句法组合能力的对比

在这里，我们将把在 3.1 和 4.1.1 例句中的 การ（kaan¹）+ VP 形式提取出来，与本章 5.1 例句中的 0+VP 形式提取出来进行对比，以便分析它们二者的句法组合能力。

5.3.1.1　光杆动词句法组合能力的对比

当 การ（kaan¹）+ VP 形式作为一个整体时，分为可以受其他成分修饰和不受其他成分修饰两种情况。当 การ（kaan¹）+ VP 形式的内部结构是个光杆动词时，它可以受其他成分的修饰。当 0+VP 形式的内部结构是个光杆动词时，不受其他成分的修饰。例如句子（221）—（225）。①

(221) a. [การแตกแยก]ของครอบครัว
　　　　　[kaan¹tɛk²jɛk²]khɔŋ⁵ khrɔp³khrua¹
　　　　　家庭的[分裂]
　　　b. [กลัว] Ø
　　　　　[klua¹] Ø
　　　　　[害怕] Ø

(222) a. [การผสมกัน]ระหว่างวัฒนธรรมพื้นบ้านกับวัฒนธรรมตะวันตก
　　　　　[kaan¹ phaʔ²som⁵ kan¹] raʔ⁴waaŋ² wat⁴thaʔ⁴naʔ⁴tham¹ phɯɯn⁴ baan³ kap² wat⁴thaʔ⁴naʔ⁴tham¹ taʔ²wan¹tok²
　　　　　当地文化和西方文化之间的[融合]
　　　b. [ทำ] Ø
　　　　　[tham¹] Ø

(223) a. [การกลัว]อย่างหนึ่ง
　　　　　[kaan¹klua¹]jaaŋ² nɯŋ²
　　　　　一种[害怕]
　　　b. [เรียน] Ø
　　　　　[rian¹] Ø
　　　　　[学习] Ø

---

① 在下面例子中，符号[ ]内的成分是中心语，符号[ ]外的成分是修饰语，没有修饰成分的情况用符号 ø 表示。

(224) a. [การปฏิบัติ]ที่ไม่เท่าเทียมกัน
[kaan¹paʔ²tiʔ²pat²] thi³ mai³ thau³thiam¹ kan¹
不平等的[对待]
b. [วิ่ง] Ø
[wiŋ³] Ø
[跑] Ø

(225) a. [การค้า]ของเรา
[kaan¹kha⁴] khɔŋ⁵ rau¹
我们的[买卖]
b. [ปรึกษา] Ø
[pruɯk²sa⁵] Ø
[商量] Ø

这样看来，การ（kaan¹）+ VP 形式与 0 + VP 形式中，当内部结构都是光杆动词的时候，它们在句法组合能力上具有不对称性，前者能作为一个整体被修饰，而后者则不能作为一个整体被修饰。

5.3.1.2 动词短语句法组合能力的对比

当 การ（kaan¹）+ VP 形式的内部结构是个动词短语时，通常不受其他成分的修饰。0 + VP 形式的内部结构是个动词短语时，也不受其他成分的修饰。①例如句子〈226〉—（229）。

(226) a. [การ[วิเคราะห์การกระทำของมนุษย์โดยพื้นฐานปรัชญา]] Ø
[kaan¹[wiʔ⁴khrɔʔ²⁴ kaan¹ kraʔ²tham¹ khɔŋ⁵ maʔ⁴nut⁴ dooi¹ phuɯɯn⁴ taan⁵ prat² ja¹]]Ø
b. [ปรับปรุงภารกิจของส่วนราชการให้ทันต่อสถานการณ์] Ø
[prap²pruŋ¹ pha¹ raʔ²⁴kit² khɔŋ⁵ suan² raat³ chaʔ²kaan¹ hai³ than¹ tɔʔ² saʔ² thaan⁵ naʔ⁴ kaan¹] Ø
[根据形势及时调整政府部门的工作] Ø

(227) a. [การ[ขายหนังสือ] Ø
[kaan¹[khaai⁵ naŋ⁵sɯɯ⁵]]Ø
[卖书] Ø
b. [เป็นแม่] Ø
[pen¹ me³] Ø
[作为母亲] Ø

---

① 在下面例子中，符号 [ ] 内的成分是中心语，符号 [ ] 外的成分是修饰语，没有修饰成分的情况用符号 ø 表示。

(228) a. [การ[ตระหนักรู้และทำงานอย่างมีสติ นี้]] Ø
[kaan¹[traʔ²nak²ruˑ⁴ lɛʔ⁴ tham¹ ŋaan¹ jaaŋ² mi¹ saʔ²diʔ² ni⁴]]Ø
[这种理性的自我认识和理性的工作态度] Ø

b. [มีกินมีใช้] Ø
[mi¹kin¹mi¹chai⁴] Ø
[有吃有用] Ø

(229) a. [การ[นำผู้ป่วยเข้าพบจิตแพทย์ได้ทันท่วงที]] Ø
[kaan¹[nam¹ phu³puai² khau³ phop⁴ cit² taʔ²phet³ dai³ than¹ thuaŋ³ thi¹]]Ø
[及时带病人看心理医生] Ø

b. [เมาแล้วนอนหลับที่บ้าน] Ø
[mau¹ lɛu⁴ nɔn¹lap² thi³ baan³]Ø
[醉了之后就在家睡觉] Ø

这样看来，การ（kaan¹）+ VP 形式与 0 + VP 形式中，当内部结构都是动词短语的时候，它们的句法组合能力相同，通常都不受其他成分的修饰。

从上述 5.3.1 的对比分析可以看出，在主宾语位置上的时候，如果 การ（kaan¹）+ VP 形式中的内部结构是个光杆动词，也就是说 kaanvp 这个结构的内部没有扩展，那么这时它作为一个整体可以受其他成分的修饰，例如句子（221—225）a。如果 การ（kaan¹）+ VP 形式中的内部结构是个短语，也就是说 kaanvp 这个结构的内部扩展自由，那么这时它作为一个整体通常也不受其他成分的修饰，例如句子（226—229）a。

在主宾语位置上的时候，如果 0 + VP 的内部结构是个光杆动词，也就是说 0vp 这个结构的内部没有扩展，那么这时它作为一个整体不受其他成分的修饰，例如句子（221—225）b。如果 0 + VP 的内部结构是个动词短语，也就是说 0vp 这个结构的内部扩展自由，那么这时它作为一个整体也不受其他成分的修饰，例如句子（226—229）b。

简而言之，如果 การ（kaan¹）+ VP 形式中的内部结构为光杆动词，那么通常可以受其他成分的修饰；如果 การ（kaan¹）+ VP 形式中的内部结构为动词短语，大部分情况下不受其他成分的修饰。在 0 + VP 形式中，无论其内部结构是光杆动词还是动词短语，都不能受其他成分的修饰。因此，การ（kaan¹）+ VP 形式与 0 + VP 形式的句法组合能力存在不对称性的情况。这一不对称性是解决本章开篇提出的最后一个问题的核心所在。这个问题将在本章的 5.4 中进行分析和解答。

5.3.2 การ (kaan¹) +VP 与 0+VP 充当主宾语的对比

在第四章，我们已经详细地说明了 การ（kaan¹）+VP 形式可以充当主语、宾语、定语以及介词宾语的情况。从泰语语料事实来看，0＋VP 形式也可以充当主语、宾语、定语以及介词宾语。但是，鉴于本章研究的对象是名词化问题，所以，有关 การ（kaan¹）＋VP 形式与 0＋VP 形式的句法成分的对比分析，重点放在主宾语位置上来进行比较。

5.3.2.1 **การ**+VP 与 0+VP 做主语的对比

การ（kaan¹）＋VP 形式与 0＋VP 形式充当主语时，其中的内部结构可以是光杆动词、中状结构、述宾结构、联合结构以及连动结构。例如句子（230）—（232）。

(230) a. **การเรียนรู้**เกิดขึ้นได้ในหัวใจของคนทุกคน（TNC PRNV014）

kaan¹rian¹ru⁴	kət²	khun³	dai³	nai¹	hua⁵cai¹	khɔŋ⁵
kaan 学习	产生	上	能够	在……内	心脏	的

khon¹	thuk⁴	khon¹
人	每	人

学习可以产生于每个人的心中。

b. **เรียน**ก็ต้องมีสอบตกบ้างเป็นของธรรมดา（TNC NACHM038）

rian¹	kɔ³	tɔŋ³	mi¹	sɔp²	tok¹	baaŋ³	pen¹	khɔŋ⁵	tham¹maʔ⁴da¹
学习	就	必须	有	考试	落下	有些	是	事物	普通

学习中有考试不及格，是正常现象。

b.' **การเรียน**ดีขึ้นกว่าเดิม（TNC NWCOL026）

kaan¹rian¹	di¹	khun³	kwa²	dəm¹
kaan 学习	好	上	表示比较	原来

学习比以前好。

句子（230）中，名词化形式 การเรียนรู้ 与动词性成分 เรียน 都是主语，其中的内部结构都是光杆动词。从这两个成分来看，它们各自分别都存在着与之对立的形式，也就是说有 การเรียนรู้ 必然存在着 เรียนรู้ 出现在相同的语法位置，有 เรียน 必然存在着 การเรียน 出现在相同的语法位置。但是，由于在主语位置上的原因，会受主语位置本身语法条件的限制以及整个句子的语义限制，有 การเรียนรู้ 位于主语位置的句子，在目前所能检索到的语料中不一定能够找到与之对应的 เรียนรู้。但是如果有 เรียน 位于主语位置的句子，那么必然会有与之对应的 การเรียน 位于主语位置的句子，例如句子 b'。

第五章 名词化形式与动词性成分的不对称性 125

(231) a. <u>การวิเคราะห์การกระทำของมนุษย์โดยพื้นฐานปรัชญา</u>จะเป็นการตอบคำถามเกี่ยวกับค่านิยมของบุคคล（TNC ACSS130）

kaan¹	wi?⁴khrɔʔ⁴	kaan¹kraʔ²tham¹	khɔŋ⁵
kaan	分析	行为	的
maʔ⁴nut⁴	dooi¹	phɯɯn⁴taan⁵	pratʰ²ja¹	caʔ²	pen¹
人类	以……方式	基础	哲学	会	是
kaan¹	tɔp²	kham¹thaam⁵	kiau²kap²	kha³niʔ⁴jom¹
kaan	回答	问题	有关	价值观
khɔŋ⁵	buk²khon¹			
的	人			

<u>以哲学基础来分析人类行为</u>是对人的价值观问题的解答。

b. <u>ออกกำลังกายสม่ำเสมอ</u>จะทำให้ลำไส้ทำงานได้ตามปกติ（TNC NACNS026）

ʔɔk²kam¹laŋ¹kaai¹	saʔ²mam²saʔ²mɔ⁵	caʔ²	tham¹hai³	lam¹sai³
锻炼	经常	会	使得	肠子
tham¹ŋaan¹	dai³		taam¹	pok²kaʔ²tiʔ²
工作	能够		根据	正常

<u>经常性的锻炼</u>可以使肠道正常运作。

b.' <u>การออกกำลังกายอย่างจริงจัง</u>จะทำให้ใจเต้นเร็วแรงขึ้น（TNC NACHM126）

kaan¹	ʔɔk²kam¹laŋkaai¹	jaaŋ²	ciŋ¹caŋ¹	caʔ²
kaan	锻炼	地	认真	会
tam¹hai³	cai¹	deen³	reu¹	reŋ¹	khɯn³
使得	心	跳	快	力量	上

<u>认真的锻炼</u>能够使心脏更加强劲地搏动。

句子（231）中，名词化形式 การวิเคราะห์การกระทำของมนุษย์โดยพื้นฐานปรัชญา 与动词性成分 ออกกำลังกายสม่ำเสมอ 都是主语，其中的 VP 都是中状结构。从这两个成分来看，它们各自分别都存在着与之对立的形式，也就是说有 การวิเคราะห์การกระทำของมนุษย์โดยพื้นฐานปรัชญา 必然存在着 วิเคราะห์……类似的结构出现在相同的语法位置，有 ออกกำลังกายสม่ำเสมอ 必然存在着 การออกกำลังกาย……类似的结构出现在相同的语法位置。但是，由于在主语位置上的原因，会受主语位置本身语法条件的限制以及整个句子的语义限制，有 การวิเคราะห์การกระทำของมนุษย์โดยพื้นฐานปรัชญา 位于主语位置的句子，在目前所能检索到的语料中不一定能够找到与之对应的 วิเคราะห์……类似的结构位于主语位置的句子。但是如果有 ออกกำลังกายสม่ำเสมอ 位于主语位置的句子，那么必然会有与之对应的 การออกกำลังกาย……类似的结构位于主语位置的句子，例如句子 b'。

（232）a. **การขายหนังสือ**เป็นงานกุศล（TNC PRNV020）
kaan¹ **khaai⁵** **naŋ⁵sɯɯ⁵** pen¹ ŋaan¹ kuʔ²son⁵
kaan 卖 书 是 工作 功德
卖书是种功德。
b. **เคารพสิทธิของผู้อื่น กฎต่างๆ** เป็นสิ่งที่อาจเปลี่ยนแปลงได้（TNC ACSS099）
khau¹rop⁴ sit²thiʔ⁴ khɔŋ⁵ phu³ʔɯɯn² kot² taaŋ²taaŋ²
尊重 权利 的 人 其他 法规 各种
pen¹ siŋ² thi³ ʔaat² plian²plɛɛŋ¹ dai³
是 东西 的 可能 改变 能够
尊重他人的权利和守法是一件可塑的事情。
b.' **การเคารพธงชาติ**เป็นส่วนหนึ่งของการสอนหน้าที่พลเมือง（TNC ACSS114）
kaan¹ **khau¹rop⁴** **thoŋ¹chaat³** pen¹ suan²nɯŋ²
kaan 尊重 国旗 是 一部分
khɔŋ⁵ kaan¹ sɔn⁵ na³thi³ phon¹laʔ²mɯaŋ¹
的 kaan 教 责任 人民
尊重国旗是对民众进行义务教育的一部分。

句子（232）中，名词化形式 การขายหนังสือ 与动词性成分 เคารพสิทธิของผู้อื่นกฎต่างๆ 都是主语，其中的 VP 都是述宾结构。从这两个成分来看，它们各自分别都存在着与之对立的形式，也就是说有 การขายหนังสือ 必然存在着 ขาย……类似的结构出现在相同的语法位置，有 เคารพสิทธิของผู้อื่น 必然存在着 การเคารพ……类似的结构出现在相同的语法位置。但是，由于在主语位置上的原因，会受主语位置本身语法条件的限制以及整个句子的语义限制，有 การขายหนังสือ 位于主语位置的句子，在目前所能检索到的语料中不一定能够找到与之对应的 ขาย……类似的结构位于主语位置的句子。但是如果有 เคารพสิทธิของผู้อื่น 位于主语位置的句子，那么必然会有与之对应的 การเคารพ……类似的结构位于主语位置的句子，例如句子 b'。

从上述 5.3.2.1 中的对比分析来看，在主语位置上存在 การ（kaan¹）+VP 形式与 0+VP 形式能够形成对立关系。只是在某些动词中，我们目前没有找到这两种形式的最小对立。但是，在其他动词中，我们完全可以找到 การ（kaan¹）+VP 形式与 0+VP 形式在主语位置上的最小对立。我们将把这种对立放到 5.4 中继续深入讨论。

5.3.2.2 การ+VP 与 0+VP 做宾语的对比

การ（kaan¹）+VP 形式与 0+VP 形式充当宾语时，其中的内部结构可以是光杆动词、中状结构、述宾结构、联合结构以及连动结构。例如句子

(233)—(237)。[①]

(233) a[1] มนุษย์เรามียีนควบคุม**การคิด**ไหม（TNC NACMD099）

maʔ⁴nut⁴rau¹　mi¹　jiin¹　khuap³khum¹　**kaan¹khit⁴**　mai⁵
人类　　　我们　有　　基因　　控制　　　　kaan 思考　　吗

我们人类有能力掌控<u>思考</u>吗？

a [2] น้ำมันพืชเป็นพลังงานหมุนเวียนชนิดหนึ่งที่ได้รับ**การสนใจ**（TNC BIO030）

nam⁴man¹phɯɯt³　pen¹　phaʔ⁴laŋ¹ŋaan¹　mun⁵wian¹
油　植物　　　　是　　力量　　　　　循环

chaʔ⁴nit⁴　　　nɯŋ²　thi³　　　　　dai³rap⁴　**kaan¹　son⁵cai¹**
种类　　　　一　　　的　　　　　　受到　　　kaan 关注

植物油是一种受人<u>关注</u>的可循环利用的能源。

b[1] แคทก็ชอบ**แต่งตัว**เหมือนอย่างผู้หญิงทั่วไป（TNC NACHM038）

khet⁴　kɔ³　chɔp³　**tɛŋ²tua¹**　mwan⁵　jaaŋ²　phu³jiŋ⁵　thua³pai¹
凯特　　就　　喜欢　打扮　　　　像　　　种类　　女性　　　普遍

凯特像其他女性一样喜欢<u>打扮</u>。

b [2] ผมมีเรื่องอยาก**ปรึกษา**ด้วย（TNC PRSH015）

phom⁵　mi¹　rɯaŋ³　jaak²　**prɯk²sa⁵**　duai³
我　　　有　　事情　　想　　商量　　　　也

我有事情想<u>商量</u>。

　　句子（233）中，名词化形式 การคิด、การสนใจ 与动词性成分 แต่งตัว、ปรึกษา 都是宾语，其中的内部结构都是光杆动词。从这两个成分来看，它们各自分别都存在着与之对立的形式，也就是说有 การคิด、การสนใจ 必然存在着 คิด、สนใจ 出现在相同的语法位置，有 แต่งตัว、ปรึกษา 必然存在着 การแต่งตัว、การปรึกษา 出现在相同的语法位置。但是，由于在宾语位置上的原因，会受到谓语动词是体宾动词还是谓宾动词，或者谓语动词是既可以带体词性宾语又可以带谓词性宾语的限制以及谓语动词的语义限制，那么，位于宾语上的同一个动词就不一定能够体现名词化形式与动词性成分二元对立的形式。

　　名词化形式，由于具有名词的特征，能充当体宾动词以及既可以带体词性宾语又可以带谓词性宾语的动词的宾语，但是不能充当谓宾动词的宾语。动词短语能充当既可以带体词性宾语又可以带谓词性宾语的动词的宾

[①] 本节出现的例句曾在第三章的 3.1 中和本章的 5.1 中出现过，但为了方便本节的归类和阅读，句子将连续编号，不再重复标示前面出现过的号码。

语，但是不能充当体宾动词的宾语。这四个句子中的谓语动词分别是 ควบคุม、ได้รับ、ชอบ、อยาก，其中，ควบคุม 既能带体词性宾语又能带谓词性宾语；ได้รับ 既能带体词性宾语又能带谓词性宾语；ชอบ 既能带体词性宾语又能带谓词性宾语；อยาก 只能带谓词性宾语。

也就是说，动词 ควบคุม 带宾语存在 ควบคุมการคิด 与 ควบคุมคิด 的对立，动词 ได้รับ 带宾语存在 ได้รับการสนใจ 与 ได้รับสนใจ 的对立，动词 ชอบ 带宾语存在 ชอบแต่งตัว 与 ชอบการแต่งตัว 的对立。但是，动词 อยาก 带宾语只存在 อยากปรึกษา，而不存在*อยากการปรึกษา。

(234) a [1] หากอาเซียนมี**การร่วมมือกันอย่างจริงจัง**ก็จะไม่เกิดปัญหาเรื่องการแข่งขันใด ๆ (TNC NWRP_PL025)

haak²	ʔa¹sian³	mi¹	**kaan¹**	**ruam³mɯɯ**	**kan¹**	**jaaŋ²**
如果	东盟	有	kaan	合作	一起	地

ciŋ¹caŋ¹	kɔ³	caʔ²	mai³	kət²	pan¹haˀ⁵	rɯaŋ³	kaan¹
认真	就	会	不	产生	问题	事情	kaan

khɛŋ²khan⁵	dai¹dai¹
竞争	任何

如果东盟能够**真诚地合作**，那么将不会出现任何竞争性问题。

a [2] การสัมภาษณ์จึงกลายเป็น**การคุยกันเพียงผิวเผินโดยไม่สามารถเจาะประเด็นปัญหาต่าง ๆ ได้อย่างลึกซึ้งเท่าที่ควร** (TNC ACSS160)

kaan¹	sam⁵phaat³	cɯŋ²	klaai¹pen¹	**kaan¹khui¹**	**kan¹**
kaan	面试	就	变成	kaan 聊天	一起

piaŋ¹	**phiu⁵phən⁵**	**dooi¹**	**mai³**	**sa⁵maat³**	**cɔʔ²**
仅仅	表面的	以……方式	不	能够	钻孔

praʔ²den¹	**pan¹haˀ⁵**	**taaŋ²taaŋ²**	**dai³**	**jaaŋ²**
要点	问题	各种	能够	地

lɯk⁴sɯŋ⁴	**thau³thi³khuan¹**
深刻	应有的

面试就变成了一种**不能够合理切中要害的肤浅性的谈话**。

b [1] ท่านก็จะรู้สึก**ชอบเขาเป็นพิเศษด้วย** (TNC ACHM056)

thaan³	kɔ³	caʔ²	ru⁴sɯk²	**chɔp³**	kau⁵	pen¹phiʔ⁴seet²	duai³
您	也	会	觉得	喜欢	他	特殊的	也

您也会觉得特别**喜欢他**。

b [2] ชีวิตในป่าสอนให้คุณรู้จัก**ต่อสู้เพื่อความอยู่รอด** (TNC BIO020)

chi¹wit⁴	nai¹	pa²	sɔn⁵	hai³	khun¹	ru⁴cak²	**tɔ²su²**
生活	在……内	森林	教	使得	你	明白	斗争

第五章　名词化形式与动词性成分的不对称性　　　　　　129

　　phɯa³　　khwaam¹　　ju²rɔt³
　　为了　　　khwaam　　生存
野外生活使你懂得**为生存而战斗**。

句子（234）中，名词化形式 การร่วมมือกันอย่างจริงจัง、การคุยกันเพียงผิว
เผินโดยไม่สามารถเจาะประเด็นปัญหาต่าง ๆ ได้อย่างลึกซึ้งเท่าที่ควร 与动词性
成分 ชอบเขาเป็นพิเศษด้วย、ต่อสู้เพื่อความอยู่รอด 都是宾语，其中 VP 都是
中状结构。从这两个成分来看，它们各自分别都存在着与之对立的形式，
也就是说有 การร่วมมือกันอย่างจริงจัง、การคุยกันเพียงผิวเผินโดยไม่สามารถเจาะ
ประเด็นปัญหาต่าง ๆ ได้อย่างลึกซึ้งเท่าที่ควร 必然存在着 ร่วมมือ……、คุยกัน
เพียงผิวเผิน……类似的结构出现在相同的语法位置，有 ชอบเขาเป็นพิเศษด้วย、
ต่อสู้เพื่อความอยู่รอด 必然存在着 การชอบเขา……、การต่อสู้……类似的结构
出现在相同的语法位置。但是，由于在宾语位置上的原因，会受到谓语
动词是体宾动词还是谓宾动词，或者谓语动词是既可以带体词性宾语又
可以带谓词性宾语的限制以及谓语动词的语义限制，那么，位于宾语上
的同一个动词短语就不一定能够体现名词化形式与动词性成分二元对立
的形式。

　　名词化形式，由于具有名词的特征，能充当体宾动词以及既可以带体
词性宾语又可以带谓词性宾语的动词的宾语，但是不能充当谓宾动词的宾
语。动词短语能充当既可以带体词性宾语又可以带谓词性宾语的动词的宾
语，但是不能充当体宾动词的宾语。这四个句子中的谓语动词分别是 มี、
กลายเป็น、รู้สึก、รู้จัก，其中，มี 既能带体词性宾语又能带谓词性宾语；
กลายเป็น 既能带体词性宾语又能带谓词性宾语；รู้สึก 既能带体词性宾语又
能带谓词性宾语；รู้จัก 既能带体词性宾语又能带谓词性宾语。

　　也就是说，动词 มี 带宾语存在 มีการร่วมมือ 与 มีร่วมมือ 的对立，动词
กลายเป็น 带宾语存在 กลายเป็นการคุยกัน 与 กลายเป็นคุยกัน 的对立，动词 รู้สึก
带宾语存在 รู้สึกชอบ 与 รู้สึกการชอบ 的对立，动词 รู้จัก 带宾语存在 รู้จักต่อสู้
与 รู้จักการต่อสู้ 的对立。

（235）a [1] เขาชอบ**การมีโลกส่วนตัว**（TNC ACSS037）
　　　　khau⁵　chɔp³　**kaan¹　mi¹　look³　suan²tua¹**
　　　　他　　喜欢　　kaan　有　　世界　私人的
他喜欢**沉浸在自己的世界里**。

a [2] บริษัทของเธอเข้าร่วม**การจัดสัมมนาระดับนานาชาติที่นี่**（TNC PRNV007）
　　　bɔ¹riʔ⁴sat²　khɔŋ⁵　　thə¹　　khau³ruam³　**kaan¹**
　　　公司　　　　的　　　她　　　参加　　　　kaan

cat²	sam⁵ma?⁴na¹	ra?⁴dap²	na¹na¹chaat³	thi³ni³
安排	座谈会	等级	国际的	这里

她的公司参与了<u>部署这里的国际性会谈</u>。

b [1] จีนจะหยุด<u>ทดลองอาวุธนิวเคลียร์</u>（TNC NACSS030）

ciin¹	ca? ²	jut²	<u>thot⁴lɔŋ¹</u>	?a¹wut⁴	niu¹khlia¹
中国	将要	停止	试验	武器	核能

中国将停止<u>试验核武器</u>。

b[2] ภาษาพูดของเขายังคงมีสำเนียงโปลิชและสำเนียงฝรั่งเศสผสมผสานไปด้วย ทั้งนี้เพราะเขาเริ่ม<u>เรียนภาษาอังกฤษ</u>เมื่อย่างเข้าสู่วัยรุ่นแล้ว（TNC BIO027）

pha¹sa⁵	phuut³	khɔŋ⁵	khau⁵	jaŋ¹	khoŋ¹	mi¹
语言	说	的	他	还	可能	有

sam⁵niaŋ¹	po¹lit⁴	lɛ?⁴	sam⁵niaŋ¹	fa?⁴raŋ²seet²
口音	波兰	和	口音	法国

pha?²som⁵	pha?²saan⁵	pai¹	duai³	thaŋ⁴ni⁴	phrɔ?⁴	khau⁵
混合	去	也	这是	因为		他

rəm³	rian¹	<u>pha¹sa⁵</u>	?aŋ¹krit²	muaa³		jaaŋ³khau³
开始	学习	语言	英国	当……时候		进入

su²	wai¹run³	lɛu⁴
至	青年	了

他口音中带有波兰语和法语的混合，这是因为他在青年时期才开始<u>学习英语</u>。

句子（235）中，名词化形式 การมีโลกส่วนตัว、การจัดสัมมนาระดับนานาชาติที่นี่ 与动词性成分 ทดลองอาวุธนิวเคลียร์、เรียนภาษาอังกฤษ 都是宾语，其中的 VP 都是述宾结构。从这两个成分来看，它们各自分别都存在着与之对立的形式，也就是说有 การมีโลกส่วนตัว、การจัดสัมมนาระดับนานาชาติที่นี่ 必然存在着 มี……、จัด……类似的结构出现在相同的语法位置，有 ทดลองอาวุธนิวเคลียร์、เรียนภาษาอังกฤษ 必然存在着 การทดลอง……、การเรียน……类似的结构出现在相同的语法位置。但是，由于在宾语位置上的原因，会受到谓语动词是体宾动词还是谓宾动词，或者谓语动词是既可以带体词性宾语又可以带谓词性宾语的限制以及谓语动词的语义限制，那么，位于宾语上的同一个动词短语就不一定能够体现名词化形式与动词性成分二元对立的形式。

名词化形式，由于具有名词的特征，能充当体宾动词以及既可以带体词性宾语又可以带谓词性宾语的动词的宾语，但是不能充当谓宾动词的宾语。动词短语能充当可以带体词性宾语又可以带谓词性宾语的动词的宾语，但是不能充当体宾动词的宾语。这四个句子中的谓语动词分别是 ชอบ、เข้าร่วม、หยุด、เริ่ม, 其中, ชอบ 既能带体词性宾语又能带谓词性宾语; เข้าร่วม 既能带体词性宾语又能带谓词性宾语; หยุด 既能带体词性宾语又能带谓词性宾语; เริ่ม 既能带体词性宾语又能带谓词性宾语。

也就是说, 动词 ชอบ 带宾语存在 ชอบการมี 与 ชอบมี 的对立, 动词 เข้าร่วม 带宾语存在 เข้าร่วมการจัด 与 เข้าร่วมจัด 的对立, 动词 หยุด 带宾语存在 หยุดทดลอง 与 หยุดการทดลอง 的对立, 动词 เริ่ม 带宾语存在 เริ่มเรียน 与 เริ่มการเรียน 的对立。

（236） a. ทุกภาวะมี<u>การเกี่ยวพันกันและเป็นผลกระทบต่อภาวะอื่นๆ</u>（TNC ACSS100）

thuk⁴	pha¹waʔ⁴	mi¹	**kaan¹**	**kiau²phan¹**	kan¹	lɛʔ⁴
每	情况	有	kaan	关系	相互	和
pen¹	phon⁵kraʔ²thop⁴	tɔ²	pha¹waʔ⁴	ʔɯɯn²ʔɯɯn²		
是	影响	对于	情况	其他		

每一种情况都存在着<u>相互间的联系并对其他的情况造成影响</u>。

b. เราชอบ<u>วิ่งเล่นไล่จับ</u>ด้วยกันในเขตรั้ว（TNC NWCOL010）

rau¹	chɔp³	**wiŋ³**	**leen³**	**lai³**	**cap²**	duai³kan¹	nai¹	kheet²	rua⁴
我们	喜欢	跑	玩	追逐	抓	一起	在……内	范围	篱笆

我们喜欢在院子里一起<u>奔跑、嬉戏、追逐、打闹</u>。

句子（236）中, 名词化形式 การเกี่ยวพันกันและเป็นผลกระทบต่อภาวะอื่นๆ 与动词性成分 วิ่งเล่นไล่จับ 都是宾语, 其中的 VP 都是联合结构。但是, 由于在宾语位置上的原因, 会受到谓语动词是体宾动词还是谓宾动词, 或者谓语动词是既可以带体词性宾语又可以带谓词性宾语的限制以及谓语动词的语义限制, 那么, 位于宾语上的同一个动词短语就不一定能够体现名词化形式与动词性成分二元对立的形式。

名词化形式, 由于具有名词的特征, 能充当体宾动词以及既可以带体词性宾语又可以带谓词性宾语的动词的宾语, 但是不能充当谓宾动词的宾语。动词短语能充当可以带体词性宾语又可以带谓词性宾语的动词的宾语, 但是不能充当体宾动词的宾语。有 การเกี่ยวพันกันและเป็นผลกระทบต่อภาวะอื่นๆ 位于主语位置的句子, 在目前所能检索到的语料中不一定能够找到与之一一对应的 เกี่ยวพันกันและเป็นผลกระทบต่อภาวะอื่นๆ 位于主语位置的句子。如果有 วิ่งเล่นไล่จับ 位于主语位置的句子, 在目前所能检索到的语料中不一定能够找到与之一一对应的 การวิ่งเล่นไล่จับ 位于主语位置的句子。这种 VP 是联和结构或连动结构位于宾语的情况, 由于存在多个动词的连用, 故此, 不一定能够找到名词化形式与动词短语彼此相互一一对应的对立的形式。分开来看，名词化形式与动词短语的内部结构都有联合结构或连动结构这些形式的存在。这两个句子中的谓语动词分别是 มี、ชอบ，其中，มี 既能带体词性宾语又能带谓词性宾语；ชอบ 既能带体词性宾语又能带谓词性宾语。

（237）a. หากรัฐบาลควบคุมสถานการณ์ไม่ได้อาจมีสมาชิกหลายประเทศยกเลิก<u>การเดินทางเข้ามาร่วมประชุมอาเซียน</u>（TNC NWRP_PL022）

haak²	rat⁴tha?²baan¹	khuap³khum¹
如果	政府	控制
sa?²thaan⁵na?⁴kaan¹	mai³dai³	?aat²	mi¹	sa?²ma¹chik⁴
局势	不能	可能	有	成员
laai⁵	pra?²theet³	jok⁴lək³	**kaan¹**	**dən¹thaaŋ¹**
许多	国家	取消	kaan	出行
khau³ruam³	**pra?²chum¹**	**?a¹sian³**
参加	会议	东盟

如果政府不能控制局势，可能就会有成员国取消<u>出行参加东盟会议</u>。

b. หญิงสาวตัดสินใจ<u>วิ่งกลับไปขอความช่วยเหลือจากยามที่มหาวิทยาลัย</u>（TNC PRNV110）

jiŋ⁵saau⁵	tat²sin⁵cai¹	**wiŋ³**	**klap²**	**pai¹**	**khɔ⁵**
女孩	决定	跑	回	去	请求
khwaam¹	**chuai⁵lɯa⁵**	**caak²**	**jaam¹**
khwaam	帮助	从	保安
thi³	**ma?²ha⁵wit⁴tha?⁴ja¹lai¹**
的	大学

女孩决定<u>跑回去寻求学校保安的帮助</u>。

句子（237）中，名词化形式 การเดินทางเข้ามาร่วมประชุมอาเซียน 与动词性成分 วิ่งกลับไปขอความช่วยเหลือจากยามที่มหาวิทยาลัย 都是宾语，其中的 VP 都是连动结构。但是，由于在宾语位置上的原因，会受到谓语动词是体宾动词还是谓宾动词，或者谓语动词是既可以带体词性宾语又可以带谓词性宾语的限制以及谓语动词的语义限制，那么，位于宾语上的同一个动词短语就不一定能够体现名词化形式与动词性成分二元对立的形式。

名词化形式，由于具有名词的特征，能充当体宾动词以及既可以带体词性宾语又可以带谓词性宾语的动词的宾语，但是不能充当谓宾动词的宾语。动词短语能充当可以带体词性宾语又可以带谓词性宾语的动词的宾语，但是不能充当体宾动词的宾语。有 การเดินทางเข้ามาร่วมประชุมอาเซียน 位于主语位置的句子，在目前所能检索到的语料中不一定能够找到与之一一对

应 的 เดินทางเข้ามาร่วมประชุมอาเซียน 位于主语位置的句子。如果有 วิ่งกลับไปขอความช่วยเหลือจากยามที่มหาวิทยาลัย 位于主语位置的句子，在目前所能检索到的语料中不一定能够找到与之一一对应的 การวิ่งกลับไปขอความช่วยเหลือจากยามที่มหาวิทยาลัย 位于主语位置的句子。这种 VP 是联和结构或连动结构位于宾语的情况，由于存在多个动词的连用，故此，不一定能够找到名词化形式与动词短语彼此一一对应的对立的形式。分开来看，名词化形式与动词短语的内部结构都有联合结构或连动结构这些形式的存在。这两个句子中的谓语动词分别是 ยกเลิก、ตัดสินใจ，其中，ยกเลิก 既能带体词性宾语又能带谓词性宾语；ตัดสินใจ 既能带体词性宾语又能带谓词性宾语。

　　从上述 5.3.2.2 中的对比分析来看，在宾语位置上，การ（kaan¹）+VP 形式不能充当 อยาก 类动词的宾语，也就是说，不能充当谓宾动词的宾语。0+VP 形式不能充当体宾动词的宾语。การ（kaan¹）+VP 形式与 0+VP 形式通常只能充当体宾动词兼谓宾动词的宾语。因此，การ（kaan¹）+VP 形式与 0+VP 形式在宾语位置的对立只能出现在一部分体宾动词兼谓宾动词的后面。

　　从上述 5.3.2 的对比分析可以看出，在主语位置上，การ（kaan¹）+VP 形式与 0+VP 形式可以形成普遍对立关系，但会受到动词类别或动词语义的限制，有些 0+VP 形式不太容易出现在主语位置。在宾语位置上，การ（kaan¹）+VP 形式与 0+VP 形式也可以形成一部分对立关系。一般说来，如果它们二者在宾语位置上要形成对立，那么谓语动词通常为体宾动词兼谓宾动词。

　　综合 5.3 的分析来看，能与 การ（kaan¹）+VP 形式构成普遍对立的形式就是 0+VP 形式，并且二者需要处于主宾语位置。从 5.1 和 5.2 的分析可知，การ（kaan¹）+VP 形式与 0+VP 形式是结构基本相同但句法组合能力不同的两种形式。由于它们二者在句法组合能力方面存在不同，那么，这种不同又能够体现出什么？

5.4　主宾语位置上 การ（kaan¹）+VP 与 0+VP 的差异

　　在 5.3.1 中，我们提出了 การ（kaan¹）+VP 形式与 0+VP 形式在句法组合能力上的不对称性，也就是说，虽然 การ（kaan¹）+VP 形式与 0+VP 形式结构基本相同，并能够在主宾语位置构成对立关系，但是在它们二者能否受其他成分所修饰这个问题上存在着明显的差异。那么，能受其他成分修饰的整个 การ（kaan¹）+VP 形式与不能受其他成分修饰的整个 0+VP

形式位于主宾语位置的时候有什么差异？

การ（kaan¹）+ VP 形式作为一个整体分为可以受其他成分修饰和没有其他成分修饰两种情况。在可以受其他成分修饰的情况下，การ（kaan¹）后的动词往往是个光杆动词。0＋VP 形式作为一个整体不能再受其他成分的修饰，既可以是光杆动词也可以是动词短语。在此部分我们将列举出内部结构是光杆动词的 การ（kaan¹）+ VP 形式的句子与 0＋VP 形式是动词短语的句子进行比较。

在同一个动词的前提下，并且这两种形式都处于主语或宾语位置上的时候，การ（kaan¹）+VP 形式 0＋VP 形式，可以体现出内部结构与外部功能的细微差别。例如句子（238）—（241）。

(238) a. <u>การออกกำลังกายที่เป็นจังหวะ</u> เช่นวิ่ง กระโดดเชือก ถีบจักรยาน เป็นการออกกำลังกายที่มีประโยชน์（TNC NACMD050）

kaan¹	ʔɔk²kam¹laŋ¹kaai¹	thi³	pen¹
kaan	锻炼	的	是
caŋ¹waʔ²	cheen³	wiŋ³	kraʔ²doot²chuak³ thiip²
节奏	例如	跑步	跳绳 骑
cak²kraʔ²jaan¹	pen¹	kaan¹	ʔɔk²kam¹laŋ¹kaai¹
自行车	是	kaan	锻炼
thi³	mi¹	praʔ²joot²	
的	有	利益	

<u>定期性的锻炼</u>，例如跑步、跳绳和骑自行车，是一种有益的锻炼。

b. <u>ออกกำลังกายสม่ำเสมอ</u>จะทำให้ลำไส้ทำงานได้ตามปกติ（TNC NACNS026）

ʔɔk²kam¹laŋ¹kaai¹	saʔ²mam²saʔ²mə⁵	caʔ²	tham¹hai¹	lam¹sai³
锻炼	经常	会	使得	肠子
tham¹ŋaan¹	dai³	taam¹	pok²kaʔ²tiʔ²	
工作	能够	根据	正常	

<u>经常性的锻炼</u>可以使肠道正常运作。

句子（238）中 a 中，名词化形式 การออกกำลังกายที่เป็นจังหวะ 在句子中充当主语，其含义是定期性的锻炼。可以表示为[การออกกำลังกาย]ที่เป็นจังหวะ，其中 การออกกำลังกาย 受谓词性成分 เป็นจังหวะ 的修饰，有定语标记词 ที่ 连接修饰成分与被修饰成分。句子 b 中，动词短语 ออกกำลังกายสม่ำเสมอ 在句子中充当主语，其含义是经常性地锻炼，其中，สม่ำเสมอ 是动词性成分 ออกกำลังกาย 的状语。句子 a 中名词化形式的内部没有扩展，外部可以受其他成分的修饰；句子 b 中名词化形式的内部是个

中状结构，已经扩展，外部不受其他成分的修饰。句子 a 中充当主语的名词化形式不能表达为句子 c 这种形式：

c. *<u>ออกกำลังกายที่เป็นจังหวะ</u> เช่นวิ่ง กระโดดเชือก ถีบจักรยาน เป็นการออกกำลังกายที่มีประโยชน์

*		ʔɔk²kam¹laŋ¹kaai¹	thi³	pen¹
		锻炼	的	是

caŋ¹waʔ²	cheen³	wiŋ³	kraʔ²doot²chɯak³	thiip²
节奏	例如	跑步	跳绳	骑

cak²kraʔ²jaan¹	pen¹		kaan¹	ʔɔk²kam¹laŋ¹kaai¹
自行车	是		kaan	锻炼

thi³	mi¹		praʔ²joot²	
的	有		利益	

泰语中，带结构助词 ที่ 的这种结构，通常处在 การ（kaan¹）的管辖之外，只能修饰一个名词性成分，而不能修饰动词性成分。因此，句子 c 不合法。

（239） a. <u>การนอนของชาวบ้านทั่วไป</u>ก็คงจะเหมือนกับชาวญี่ปุ่น คือนิยมนอนบนพื้น ไม่มีเตียงนอน（TNC NACHM131）

kaan¹	nɔn¹	khɔŋ⁵	chaau¹	baan³	thua³pai¹	kɔ³
kaan	睡觉	的	人	房屋	普遍	就

khoŋ¹	caʔ²	mɯaŋ⁵kap²	chaau¹	ji³pun²	khɯ¹	niʔ⁴jom¹	nɔn¹
可能	会	像	人	日本	就是	喜欢	睡

bon¹	phɯɯn⁴	mai³mi¹	tiaŋ¹	nɔn¹
在……上	地	没有	床	睡

<u>普通老百姓的睡觉方式</u>就像日本人一样，喜欢睡在地上，没有床。

b. <u>นอนกลางวันทุกวัน</u>จะมีประโยชน์ต่อร่างกาย（裴晓睿、薄文泽《泰语语法》）

nɔn¹	klaaŋ¹	wan¹	thuk⁴	wan¹	caʔ²	mi¹	praʔ²joot²	tɔ²	raaŋ³kaai¹
睡	中午	每	天	会	有	利益	对于	身体

<u>每天午睡</u>肯定有益于身体健康。

句子（239）a 中，名词化形式 การนอนของชาวบ้านทั่วไป 在句子中充当主语，其含义是普通老百姓的睡觉方式。可以表示为[การนอน]ของชาวบ้านทั่วไป，其中 การนอน 受名词短语 ชาวบ้านทั่วไป 的修饰，有定语标记词 ของ 连接修饰成分与被修饰成分。句子 b 中，动词短语 นอนกลางวันทุกวัน 在句子中充当主语，其含义是每天午睡，其中，ทุกวัน 是动词性成分 นอนกลางวัน 的状语。句子 a 中名词化形式的内部没有扩展，外

部可以受其他成分的修饰；句子 b 中名词化形式的内部是个中状结构，已经扩展，外部不受其他成分的修饰。句子 a 中充当主语的名词化形式不能表达为句子 c 这种形式：

c. *นอนของชาวบ้านทั่วไปก็คงจะเหมือนกับชาวญี่ปุ่น คือนิยมนอนบนพื้นไม่มีเตียงนอน

*	nɔn¹	khɔŋ⁵	chaau¹	baan³	thua³pai¹	kɔ³
kaan	睡觉	的	人	房屋	普遍	就

khoŋ¹	caʔ²	mɯaŋ⁵kap²	chaau¹	ji³pun²	khɯɯ¹	niʔ⁴jom¹	nɔn¹
可能	会	像	人	日本	就是	喜欢	睡

bon¹	phɯɯn⁴	mai³mi¹	tiaŋ¹	nɔn¹
在……上	地	没有	床	睡

泰语中，带结构助词 ของ 的这种结构，通常处在 การ（kaan¹）的管辖之外，只能修饰一个名词性成分，而不能修饰动词性成分。因此，句子 c 不合法。

（240） a. เขาชอบ**การแต่งตัวของเรา**（TNC NWCOL119）

khau⁵	chɔp³	**kaan¹**	**tɛŋ²tua¹**	**khɔŋ⁵**	**rau¹**
他	喜欢	kaan	打扮	的	我们

他喜欢**我们的打扮**。

b. แกชอบแต่งตัวแบบนั้น（TNC NWCOL119）

kɛ¹	chɔp³	tɛŋ²tua¹	pɛp²	nan⁴
他	喜欢	打扮	模式	那

他喜欢**那样打扮**。

句子（240）a 中，名词化形式 การแต่งตัวของเรา 在句子中充当宾语，其含义是我们的打扮。可以表示为 [การแต่งตัว]ของเรา，其中 การแต่งตัว 受代词 เรา 的修饰，有定语标记词 ของ 连接修饰成分与被修饰成分。句子 b 中，动词短语 แต่งตัวแบบนั้น 在句子中充当宾语，其含义是那样打扮，其中，แบบนั้น 是动词性成分 แต่งตัว 的状语。句子 a 中名词化形式的内部没有扩展，外部可以受其他成分的修饰；句子 b 中名词化形式的内部是个中状结构，已经扩展，外部不受其他成分的修饰。句子 a 中充当主语的名词化形式不能表达为句子 c 这种形式：

c. *เขาชอบแต่งตัวของเรา

*	khau⁵	chɔp³	tɛŋ²tua¹	khɔŋ⁵	rau¹
*	他	喜欢	打扮	的	我们

泰语中，带结构助词 ของ 的这种结构，通常处在 การ（kaan¹）的管辖之外，只能修饰一个名词性成分，而不能修饰动词性成分。因此，句子 c

不合法。

综合 5.4 的分析来看，当同一个动词处于主宾语位置的时候，如果名词化形式内部结构没有扩展，那么外部可以受其他成分的修饰，如 a 类句。该名词化形式的动词性成分充当主宾语的时候，如果它的内部结构扩展自由，那么外部不受其他成分的修饰，如 b 类句。然而，在可以受其他成分修饰的名词化形式中（a 类句中的名词化形式），如果把名词化标记 การ（kaan¹）进行删除，那么这个句子就不成立了，如 c 类句。因此，动词性成分在充当主宾语的时候不能受定语性修饰成分的修饰，说明该动词性成分仍保留有谓词性。

结合内部结构与外部功能来看，การ（kaan¹）＋VP 形式与 0＋VP 形式位于主宾语位置的差异就是：การ（kaan¹）＋VP 中 VP 的内部结构扩展受限，但整个结构的句法组合能力强，0＋VP 中 VP 的内部结构扩展自由，但整个结构不再受任何成分的修饰。

5.5 小　　结

本节可以回答本章开头提出的几个问题，首先，0＋VP 形式的内部结构可以是光杆动词和动词短语。如果是短语，那么短语的结构有中状结构、述宾结构、联合结构以及连动结构。การ（kaan¹）＋VP 形式与 0＋VP 形式具有基本相同的内部结构，它们的内部结构都可以是光杆动词和动词短语。其中，这些短语的结构有中状结构、述宾结构、联合结构以及连动结构。

其次，处于主宾语位置下，这种由 การ（kaan¹）所构成的名词化形式与动词性成分在外部功能的差异是：การ（kaan¹）＋VP 形式与 0＋VP 的句法组合能力不一样，การ（kaan¹）＋VP 形式能够作为一个整体受名词结构、介词结构、量词结构、谓词性结构、代词以及指示词的修饰；而 0＋VP 形式却不能作为一个整体再受上述这些结构的修饰。然而，การ（kaan¹）＋VP 形式与 0＋VP 形式充当主语的时候不受语法条件的限制，而它们充当宾语的时候会受到一些语法条件的限制。การ（kaan¹）＋VP 形式与 0＋VP 形式这两种形式具有普遍的语法对立关系。

最后，处于主宾语位置并在同一个动词的前提下，结合内部结构与外部功能来看，การ（kaan¹）＋VP 中 VP 的内部结构扩展受限，但整个结构的句法组合能力强，0＋VP 中 VP 的内部结构扩展自由，但整个结构不再受任何成分的修饰。这一差别表明 การ（kaan¹）＋VP 这个结构的外部修饰成分都可以以一定的方式转化为 0＋VP 的内部结构成分。

上述这种细微的差别在意义上应该有所不同。目前，笔者还不能够对这种意义上的不同做出很好的解释。

第六章 结 论

我们分析了 การ（kaan¹）和 ความ（khwaam¹）的分布情况，并说明了 การ（kaan¹）和 ความ（khwaam¹）的不对称性。分析了名词化形式的内部结构与外部功能，并说明了 การ（kaan¹）+VP 形式与 ความ（khwaam¹）+VP 形式的内部结构与外部功能的异同。分析了 0+VP 形式的内部结构与外部功能，并说明了 การ（kaan¹）+VP 形式与 0+VP 形式的异同。主要结论归纳如下：

6.1 结 论

通过前面几章对 การ（kaan¹）和 ความ（khwaam¹）的分析，我们的结论有如下几个要点：

第一，การ（kaan¹）和 ความ（khwaam¹）的语法性质是经历了词汇词阶段而后演化为构词成分并最终虚化为语法标记，是一种语法化的过程。在这个语法化过程中，体现了 การ（kaan¹）和 ความ（khwaam¹）在每个不同阶段的语法功能，并形成了一个语法化路径的连续统：词汇词→构词成分→语法标记。这一连续统表明了 การ（kaan¹）和 ความ（khwaam¹）在分布上的不对称性，การ（kaan¹）可以分布于名词、动词以及极个别形容词前，ความ（khwaam¹）可以分布于部分名词、形容词以及部分动词前。作为名词化标记，การ（kaan¹）主要使动词名词化，ความ（khwaam¹）主要使形容词和部分动词名词化，การ（kaan¹）和 ความ（khwaam¹）能够形成交集的词类是动词。

第二，การ（kaan¹）+VP 与 ความ（khwaam¹）+VP 中的 VP 可以是光杆动词也可以是动词短语，这些短语有中状结构、述宾结构、联合结构以及连动结构。然而，在这些相同的结构类型中又存在显著的不同之处。การ（kaan¹）+VP 中的 VP 能够较为自由地扩展，ความ（khwaam¹）+VP 中的 VP 扩展比较受限。所以，การ（kaan¹）+VP 形式与 ความ（khwaam¹）+VP 形式是结构不同的两个形式。

第三，การ（kaan¹）+VP 形式与 ความ（khwaam¹）+VP 形式都可以受名词结构、介词结构、量词结构、谓词性结构、代词以及指示词的修饰。การ（kaan¹）+VP 形式与 ความ（khwaam¹）+VP 形式都可以充当主语、宾语、定语以及介词宾语。การ（kaan¹）+VP 形式与 ความ（khwaam¹）+VP 形式内部结构没有扩展时，它们二者外部的句法组合能力强。การ（kaan¹）+VP 与形式 ความ（khwaam¹）+VP 形式内部结构的扩展较为自由或受限时，其外部的句法组合能力就弱。การ（kaan¹）和 ความ（khwaam¹）共现于同一个动词的情况下，การ（kaan¹）+VP 中 VP 的内部结构扩展自由但整个结构的句法组合能力较弱，ความ（khwaam¹）+VP 中 VP 的内部结构扩展受限但整个结构的句法组合能力较强。这种不对称性也非常明显。

第四，0+VP 形式内部结构有中状结构、述宾结构、联合结构以及连动结构。0+VP 形式与 การ（kaan¹）+VP 形式具有基本相同的内部结构。การ（kaan¹）+VP 形式与 0+VP 形式能够充当相同的句法成分，它们都可以充当主语和宾语。การ（kaan¹）+VP 形式与 0+VP 形式具有普遍对立关系。处于主宾语位置时，การ（kaan¹）+VP 形式通常也都能受其他成分的修饰，例如能受名词结构、介词结构、量词结构、谓词性结构、代词以及指示词的修饰。而 0+VP 形式却不能再受上述这些成分的修饰。处于主宾语位置并在同一个动词的前提下，การ（kaan¹）+VP 中 VP 的内部结构扩展受限，但整个结构的句法组合能力强，0+VP 中 VP 的内部结构扩展自由，但整个结构不再受任何成分的修饰。

结合上述四个方面的要点，我们还可以归纳出与此相关的一些语法规律，主要有下面几个方面：

首先，การ（kaan¹）能分布于大批名词的前面，而 ความ（khwaam¹）只能分布于少数几个名词的前面。การ（kaan¹）能分布于所有动词前面使动词名词化，但几乎不能分布于形容词前（少数几个形容词除外），而 ความ（khwaam¹）能分布于所有形容词前面使形容词名词化，但只能分布于少数的一部分动词的前面使这部分动词名词化。การ（kaan¹）是动词性成分的名词化标记，ความ（khwaam¹）是形容词、动词性成分的名词化标记。การ（kaan¹）和 ความ（khwaam¹）可以管辖一个光杆动词，也可以管辖一个动词短语。通常说来，การ（kaan¹）管辖一个长的动词性成分，而 ความ（khwaam¹）管辖一个短的动词性成分。การ（kaan¹）和 ความ（khwaam¹）在分布上具有不对称性。

其次，การ（kaan¹）和 ความ（khwaam¹）分布于动词前使动词名词化的情况中，几乎所有动词都能加 การ（kaan¹）构成名词化形式，有一部分动词不能加 ความ（khwaam¹）构成名词化形式，在只能前加 การ（kaan¹）

而不能前加 ความ（khwaam¹）的这部分动词中，只存在 kaanvp，而不存在 *khwaamvp，也就不存在 การ（kaan¹）和 ความ（khwaam¹）的对立之说。这说明 การ（kaan¹）和 ความ（khwaam¹）不能构成对立。由于 การ（kaan¹）+VP 形式与 ความ（khwaam¹）+VP 形式内部结构的扩展能力具有不对称性，进一步证明 การ（kaan¹）和 ความ（khwaam¹）不能构成对立。以上这些情况说明 การ（kaan¹）+VP 形式与 ความ（khwaam¹）+VP 形式不能构成普遍对立的关系。

在 การ（kaan¹）和 ความ（khwaam¹）共现于同一个动词的情况下，由于 การ（kaan¹）+VP 形式与 ความ（khwaam¹）+VP 形式体现了内部扩展自由但句法组合能力弱与内部没有扩展但句法组合能力强的不对称性。所以，การ（kaan¹）+VP 形式与 ความ（khwaam¹）+VP 形式在内部结构扩展与句法组合能力方面的不对称性，进一步证明了 การ（kaan¹）+VP 形式与 ความ（khwaam¹）+VP 形式不能构成最小对立关系。因此，การ（kaan¹）和 ความ（khwaam¹）不存在对立关系。

再次，主宾语位置上既可以有 0+VP 形式，又可以有 การ（kaan¹）+VP 形式。การ（kaan¹）+VP 形式与 0+VP 形式是一对能够构成普遍对立关系的两种形式。处于主宾语位置且在同一个动词的前提下，การ（kaan¹）+VP 这个结构的外部修饰成分都可以以一定的方式转化成 0+VP 的内部结构成分。

最后，การ（kaan¹）和 ความ（khwaam¹）分布于名词、动词和形容词前的时候，由它们所构成的名词性成分在语义上也存在不同的情况。在语义为显性改变的情况下，การ（kaan¹）+NP 与 NP 的含义不同，二者的含义融合在一起发展出一个新的含义。การ（kaan¹）+VP 与 VP 的含义不同，二者的含义融合在一起发展出一个新的含义，表示一种事物化的概念。ความ（khwaam¹）+VP 与 VP 的含义不同，二者的含义融合在一起发展出一个新的含义，表示一种事物化的概念。ความ（khwaam¹）+AP 与 AP 的含义不同，二者的含义融合在一起发展出一个新的含义，表示一种事物化的概念。

在语义为隐性改变的情况下，ความ（khwaam¹）+NP 与 NP 的含义相近，主要体现 NP 的含义。การ（kaan¹）+VP 与 VP 的含义相近，主要体现 VP 的含义，表示某种行为。การ（kaan¹）+AP 与 AP 的含义相近，主要体现 AP 的含义，表示一种行为化的概念。ความ（khwaam¹）+VP 与 VP 的含义相近，主要体现 VP 的含义，表示某种抽象的概念。ความ（khwaam¹）+AP 与 AP 的含义相近，主要体现 AP 的含义，表示某种抽象的概念。

综上所述，การ（kaan¹）和 ความ（khwaam¹）分布于名词、动词以及形容词前的不对称性说明 การ（kaan¹）和 ความ（khwaam¹）始终不能构成一对对立关系。การ（kaan¹）+VP 形式内部结构扩展自由与 ความ（khwaam¹）+VP 形式内部结构扩展受限的不同说明了 การ（kaan¹）+VP 形式与 ความ（khwaam¹）+VP 形式不能构成普遍对立关系。这两种名词化形式的内部结构的不对称性与外部功能的细微差别，进一步说明了 การ（kaan¹）+VP 形式与 ความ（khwaam¹）+VP 形式也不能构成最小对立关系。在泰语中，存在普遍对立关系的是处于主宾语位置的 การ（kaan¹）+VP 形式与 0+VP 形式。

6.1.1 本书的理论贡献

通过上述的归纳和总结，我们发现了前期文献中对 การ（kaan¹）和 ความ（khwaam¹）研究中的一些不足之处。在这些研究中，以三位最具代表性的学者的观点为例，指出其中所存在的问题。

首先，Mary Haas（1964）认为同一个动词既可以加 การ（kaan¹）又可以加 ความ（khwaam¹），加 การ（kaan¹）表示一种行为，加 ความ（khwaam¹）表示状态或不及物的含义。Amara Prasithrathsint（2005）认为 การ（kaan¹）和 ความ（khwaam¹）所构成的名词化形式的意义主要是泛化意义与特定意义的区别。

Haas 和 Prasithrathsint 对由 การ（kaan¹）和 ความ（khwaam¹）所构成的名词化形式的意义解释并不统一。更为值得注意的是，从这些对 การ（kaan¹）和 ความ（khwaam¹）的区别性解释来看，它们都是有着对立关系的两个方面，或是行为和状态的对立区别，或是泛化与特定的对立区别。

通过对名词化形式内部结构与外部功能的分析，การ（kaan¹）和 ความ（khwaam¹）共现于同一个动词前的差异就是，การ（kaan¹）+VP 形式与 ความ（khwaam¹）+VP 形式体现了内部扩展自由但句法组合能力弱与内部结构没有扩展但句法组合能力强的不对称性。说明它们二者并不能构成一种对立的关系。因此，由 การ（kaan¹）和 ความ（khwaam¹）所构成的名词化形式的意义就不可能是前期研究中所提出的一种对立关系的区别。

Prasithrathsin 在举例说明 การ（kaan¹）和 ความ（khwaam¹）共现于同一个动词前的区别的时候，在作者本人所列出的例句中，实际上体现出了我们所说的这种 การ（kaan¹）+VP 形式与 ความ（khwaam¹）+VP 形式，体现了内部扩展自由但句法组合能力弱与内部结构没有扩展但句法组合能力强的不对称性，只是作者并没有观察到这一现象。在这里我们引出作者文中的两组例句，加以说明。句子（91）与（97）如下[①]：

（91）taai¹ 死

a. **kaan¹ taai¹ jaaŋ² saʔ²ŋɔp²** pen¹thi³ praʔ²thaʔ²na⁵ khɔŋ⁵ thuk⁴ khon¹

kaan¹	**taai¹**	**jaaŋ²**	**saʔ²ŋɔp²**	pen¹thi³
kaan	死	地	安静	是

praʔ²thaʔ²na⁵	khɔŋ⁵	thuk⁴	khon¹
愿意	的	每	人

<u>安详地死去</u>是每个人的愿望。

b. **khwaam¹ taai¹** pen¹ siŋ² na³ klua¹

khwaam¹	**taai¹**	pen¹	siŋ²	na³	klua¹
khwaam	死	是	事物	值得	害怕

<u>死亡</u>是一件可怕的事情。

句子（91）中，作者对比的是 kaan¹ taai¹ 与 khwaam¹ taai¹ 的意义差别。根据本文对名词化形式内部结构的分析，可以看出，在句子 a 中，其实应该是一个短语型的名词化结构 kaan¹ taai¹ jaaŋ² saʔ²ŋɔp² 作谓语动词 pen¹ 的主语，kaan¹ 管辖一个中状结构的短语，即 [taai¹ jaaŋ² saʔ²ŋɔp²]。整个名词化形式可以表示为这样的结构层次 kaan¹[[taai¹] jaaŋ² saʔ²ŋɔp²]。因此，在这个形式中 การ（kaan¹）+VP 中的 VP 已经扩展了。在句子 b 中，khwaam¹taai¹ 作谓语动词 pen¹ 的主语，khwaam¹ 管辖的是一个光杆动词，即 taai¹。整个名词化形式可以表示为这样的结构层次，khwaam¹[taai¹]。因此，在这个形式中 ความ（khwaam¹）+VP 中的 VP 没有扩展。

这样看来，句子 a 与句子 b 中的 kaan¹ taai¹ 与 khwaam¹ taai¹ 实则是内部结构不同的两个形式，不能构成一对对立关系，不能体现作者认为的泛化意义与特定意义的对立关系。

（97）rak⁴ 爱

a. **kaan¹ rak⁴ khon¹ ʔɯɯn²** tham¹hai³ rau¹ mi¹ khwaam¹ suk²

kaan¹	**rak⁴**	**khon¹**	**ʔɯɯn²**	tham¹hai³	rau¹	mi¹	khwaam¹	suk²
kaan	爱	人	其他	使得	我们	有	khwaam	幸福

<u>爱他人</u>使得我们有幸福感。

[①] 句子编号标注原文的数字号码，以便找到原文对应的出处。句子的内容按本书的国际音标转向规则书写。原文例句中没有出现泰文的句子，在此笔者也就参照原文只写出国际音标和对应的直译和翻译。

b. dek² thi³ khaat² **khwaam¹ rak⁴** mak⁴ mi¹ pan¹ha⁵
dek²　　thi³　　khaat²　　**khwaam¹**　　**rak⁴**　　mak⁴　　mi¹　　pan¹ha⁵
孩子　　的　　缺乏　　khwaam　　爱　　往往　　有　　问题
缺乏<u>爱</u>的孩子往往会有问题。

句子（97）中，作者对比的是 kaan¹ rak⁴ 与 khwaam¹ rak⁴ 的意义差别。根据本文对名词化形式内部结构的分析，可以看出在句子 a 中，其实应该是一个短语型的名词化结构 kaan¹ rak⁴ khon¹ ʔɯɯn²作谓语动词 tham¹hai³ 的主语，kaan¹管辖一个述宾结构的短语，即 rak⁴[khon¹ʔɯɯn²]。整个名词化形式可以表示为这样的结构层次，kaan¹[[rak⁴]khon¹ʔɯɯn²]。因此，在这个形式中 การ（kaan¹）+ VP 中的 VP 已经扩展了。在句子 b 中，khwaam¹rak⁴作谓语动词 khaat² 的宾语，khwaam¹管辖的是一个光杆动词，即 rak⁴。整个名词化形式可以表示为这样的结构层次，khwaam¹[rak⁴]。因此，在这个形式中 ความ（khwaam¹）+ VP 中的 VP 没有扩展。

这样看来，句子 a 与句子 b 中的 kaan¹ rak⁴与 khwaam¹ rak⁴实则是内部结构不同的两个形式，不能构成一对对立关系，不能体现作者认为的泛化意义与特定意义对立关系。

其次，Amara Prasithrathsint（2005）认为感知动词只能前加 การ（kaan¹）构成名词化形式，非感知动词只能前加 ความ（khwaam¹）构成名词化形式。兼有感知动词和非感知动词特征的"双性动词"既可以前加 การ（kaan¹），又可以前加 ความ（khwaam¹）构成名词化形式。

从中可以看出，Prasithrathsint 的研究中存在一个在泰语语法界由来已久的、具有普遍性并纠缠不清的问题就是如何区分泰语中的动词与形容词。在 Prasithrathsint 的研究中并没有区别动词和形容词，因此 การ（kaan¹）和 ความ（khwaam¹）都是使动词名词化的标记。然而，我们的观点是 การ（kaan¹）可以分布于所有动词前使动词名词化。在 Prasithrathsint 的研究中所提及的非感知动词大部分实则属于本书认定的形容词的范围，也就是说 ความ（khwaam¹）可以用于所有形容词前使形容词名词化，也可以用于少数动词前使动词名词化。

通过本书的研究，发现 การ（kaan¹）是动词的名词化标记，ความ（khwaam¹）主要是形容词的名词化标记。การ（kaan¹）、ความ（khwaam¹）可以作为泰语中划分动词、形容词的判断标准。要判断一个谓词性成分是动词还是形容词，可以通过添加 การ（kaan¹）或 ความ（khwaam¹）来进行判断。如果这个谓词性成分能前加 การ（kaan¹）并且不能前加 ความ（khwaam¹），那么它就是动词。如果能前加 ความ（khwaam¹）并且不能前加 การ（kaan¹），那么它就是形容词。如果既能前加 การ（kaan¹）也能前

ความ（khwaam¹），那么它也是一个动词，但是这部分动词与只能前加 การ（kaan¹）的动词是有差别的。通常说来，只能前加 การ（kaan¹）的动词是"动态动词"（郭锐 1993），既能前加 การ（kaan¹）又能前加 ความ（khwaam¹）的动词是"静态动词"（郭锐 1993）。本书文中列出的仅有的几个能前加 การ（kaan¹）而名词化的形容词可以看作是例外，应单独考察。利用能不能前加 การ（kaan¹）、能不能前加 ความ（khwaam¹）这两个办法，基本上能把泰语中所有的动词和形容词区别开来。

例如，ขาย（khaai⁵ 卖）、เขียน（khian⁵ 写）这两个词只能前加 การ（kaan¹）并且不能前加 ความ（khwaam¹），因此它们一定是动词。รัก（rak⁴ 爱）、ตาย（taai¹ 死）这两个词既能前加 การ（kaan¹）又能前加 ความ（khwaam¹），因此它们也一定是动词。เย็น（jen¹ 冷）、ร้อน（rɔn⁴ 热）这两个词只能前加 ความ（khwaam¹）并且不能前加 การ（kaan¹），因此它们一定是形容词。ขาย（khaai⁵ 卖）、เขียน（khian⁵ 写）属于动态动词，而 รัก（rak⁴ 爱）、ตาย（taai¹ 死）属于静态动词。

再次，从 การ（kaan¹）和 ความ（khwaam¹）的历时变化以及它们在语用中的情况来看，การ（kaan¹）和 ความ（khwaam¹）也具有不对称性。

Amara Prasithrathsint（1996、1997）统计了 การ（kaan¹）和 ความ（khwaam¹）首次出现的时间以及 1872 年至 1992 年期间 การ（kaan¹）和 ความ（khwaam¹）的使用频率。ความ（khwaam¹）的名词化用法最早使用时间可追溯至 13 世纪晚期的素可泰时期，而 การ（kaan¹））的名词化用法最早使用时间可以追溯至 17 世纪中叶阿瑜陀耶王朝的那莱国王时期。从 1872 年开始，ความ（khwaam¹）的使用频率高于 การ（kaan¹）。随着时间年限的变化，การ（kaan¹）的使用频率在总体上呈上升趋势，ความ（khwaam¹）的使用频率在总体上呈下降趋势，截至 1992 年，การ（kaan¹）的使用频率高于 ความ（khwaam¹）。การ（kaan¹）和 ความ（khwaam¹）在杂志、报刊以及小说等书面语中的使用频率高于日常口语。Prasithrathsint（2014）进一步提出，由于名词化形式能够为所表达的内容提供不带主观意愿性和客观性，所以名词化形式是学术写作的标志。文中认为，带 การ（kaan¹）的名词化形式是泰语中最为常见的名词化形式。作者用共计 5 万余字的学术期刊与共计 7 万余字的杂志进行了比较，结果显示 การ（kaan¹）在学术期刊中的出现频率明显高于在杂志中的出现频率。

从上述 Prasithrathsint 的论述中，可以看出 ความ（khwaam¹）的使用频率总体上呈下降趋势，而 การ（kaan¹）的使用频率总体上呈上升趋势。到了最近十多年来，การ（kaan¹）的使用频率更为显著，它的使用具有客观性色彩和科学性色彩。这些论述都从泰语语言本体的外部说明了 การ（kaan¹）

和 ความ（khwaam¹）的不对称性。

最后，Comrie & Thompson（2007）认为 การเชื่อ（kaan¹chua³）、ความเชื่อ（khwaam¹chua³）是过程与非过程的区别。

我们认为，过程与非过程是种对立关系，这一看法是没有问题的，因为根据已有的研究（郭锐 1997）认为，过程和非过程是一对对立关系。然而，การเชื่อ（kaan¹chua³）、ความเชื่อ（khwaam¹chua³）是不是体现这种过程与非过程的对立关系？这就是本书需要质疑的地方了。通过本书在第二、第三、第四章的论述，有以下几个方面的证据可以证明 Comrie & Thompson 的这一论断是前后矛盾的。

การ（kaan¹）可以用于所有动词的前面，ความ（khwaam¹）只能用于少数的动词前面，有一部分动词不能前加 ความ（khwaam¹）。在不能前加 ความ（khwaam¹）的这部分动词中，只存在 kaanvp，而不存在*khwaamvp。在这部分动词中，就不能够体现 Comrie 的这种 การ（kaan¹）和 ความ（khwaam¹）是过程与非过程对立的观点。然而，有少数动词确实既能前加 การ（kaan¹）又能前加 ความ（khwaam¹），那么是不是 การ（kaan¹）和 ความ（khwaam¹）的这种过程与非过程的对立只能够体现在这部分动词中？

在这些少数既能前加 การ（kaan¹）又能前加 ความ（khwaam¹）的动词中，我们通过考察 การ（kaan¹）+VP 形式与 ความ（khwaam¹）+VP 形式的内部结构与外部功能后发现，前者内部结构的扩展自由但句法组合能力弱，而后者内部结构没有扩展但句法组合能力强。这说明 การ（kaan¹）+VP 形式与 ความ（khwaam¹）+VP 形式就不可能体现一种范畴中的两个对立面，不能构成一对对立关系。因此，การเชื่อ（kaan¹chua³）、ความเชื่อ（khwaam¹chua³）不可能构成一对对立关系。

再者，本书上述所分析的这种组合能力的强弱是不是就能成为判断 การ（kaan¹）+VP 形式与 ความ（khwaam¹）+VP 形式是过程与非过程的区别？郭锐（1997）认为，汉语中，判断谓词性成分是否具有过程和非过程的区分，不是纯粹意念上的区分，而是要通过一些形式上的依据来判断的，这些形式上的依据有"了、着、过、不、没有"等。因此，上述所说的这两种形式的组合能力的强弱就不能成为判断 การ（kaan¹）+VP 形式与 ความ（khwaam¹）+VP 形式是不是过程与非过程在形式上的依据，从而无法证明 การเชื่อ（kaan¹chua³）、ความเชื่อ（khwaam¹chua³）是过程与非过程的对立。

由于 การ（kaan¹）和 ความ（khwaam¹）无论是分布于名词、动词以及形容词前都不能构成对立关系，การ（kaan¹）+VP 形式与 ความ（khwaam¹）+VP 形式不能构成普遍对立关系，即使是在同一个动词的前提下，การ（kaan¹）+VP 形式与 ความ（khwaam¹）+VP 形式也不能形成最小对立关系。การ（kaan¹）和 ความ（khwaam¹）总是呈现出不对称性，不存在对立关系。因此，การเชื่อ（kaan¹chɯa³）、ความเชื่อ（khwaam¹chɯa³）的区别就不可能是一对对立关系，也就是说过程和非过程的对立区别必然不可能存在于 การ（kaan¹）+VP 形式与 ความ（khwaam¹）+VP 形式之中。

此外，通过第五章对 0+VP 形式的内部结构与外部功能的分析后，我们发现，一方面只要有动词性成分 0+VP 存在，那么该动词必然能前加 การ（kaan¹）构成名词化形式，也就是与 0+VP 相对应的 การ（kaan¹）+VP 是必然存在的。0+VP 与 การ（kaan¹）+VP 的内部结构基本相同，都能充当主宾语。所以，การ（kaan¹）+VP 与 0+VP 能构成普遍对立关系。另一方面，动词性成分充当主宾语这种现象在泰语中是普遍存在的。这一现象与同为孤立语的汉语是一样的，汉语中认为动词可以直接充当主宾语是由来已久的事实。泰语中，对动词性成分可以直接充当主宾语这个现象的分析，还可以为类型学做出一个有益的补充，以此证明动词性成分可以直接充当主宾语不仅仅是汉语中的现象，其他语言中也存在这一现象。

6.1.2 本书对教学实践的贡献

通过上述理论方法的归纳和总结，本书能够运用这些原理回答泰语教学中一些常见的问题，能够解开如何使用 การ（kaan¹）和 ความ（khwaam¹）的困惑。

在教学实践中，对如何使用 การ（kaan¹）和 ความ（khwaam¹）是个古老而常新的话题，普遍性的疑问有如下几个方面：哪些词可以前加 การ（kaan¹）？哪些词可以前加 ความ（khwaam¹）？哪些词既可以前加 การ（kaan¹）又可以前加 ความ（khwaam¹）？

形容词可以加 การ（kaan¹）吗？形容词可以加吗 ความ（khwaam¹）？等等

在教学实践中，某个动词能不能前加 การ（kaan¹）而变成名词化形式？本书的研究结果认为，所有动词都可以在其前面加名词化标记 การ（kaan¹）构成名词化形式。通常说来，把一个动词变为名词化是为了充当句子中的主语、宾语的一种需要。

哪些词可以前加 การ（kaan¹）？根据本书的研究结果认为这部分动词在意义上属于动态动词中动作性较强的动词（郭锐 1993），这类典型的代表动词有 ขาย（khaai⁵ 卖）、เขียน（khian⁵ 写）、กิน（kin¹ 吃）等。这部分动词都不能前加 ความ（khwaam¹），例如不能说*ความขาย（khwaam¹khaai⁵）、*ความเขียน（khwaam¹khian⁵）、*ความกิน（khwaam¹kin¹）。还需要考虑的一个问题是，哪些词既能前加 การ（kaan¹）又能前加 ความ（khwaam¹）构成名词化形式？根据本书的研究结果认为这部分动词在意义上属于静态动词（郭锐 1993），这类典型的代表动词 รัก（rak⁴ 爱）、ตาย（taai¹ 死）等。例如可以说 การรัก（kaan¹）、ความรัก（khwaam¹），也可以说 การตาย（kaan¹）、ความตาย（khwaam¹ taai¹）。

某个形容词能不能前加 ความ（khwaam¹）而变成名词化形式？本书的研究结果认为，所有形容词都可以在其前面加名词化标记 ความ（khwaam¹）构成名词化形式。通常说来，把一个形容词变为名词化是为了充当句子中的主语、宾语的一种需要。

形容词能不能前加 การ（kaan¹）构成名词化形式？本书的研究结果认为只有少数几个形容词能前加 การ（kaan¹）构成名词化形式，除了这几个形容词以外，其他形容词只能前加 ความ（khwaam¹）构成名词化形式。根据目前的考察，能前加 การ（kaan¹）的形容词有为数不多的几个，例如 ใจดี（cai¹di¹ 善良）、เงียบ（ŋiap³ 安静）、ถ่อมตัว（thɔm²tua¹ 谦虚）、แน่นอน（nɛ³nɔn¹ 确定）、ยืดหยุ่น（juɯt³jun² 有弹性的）。

通过对 6.1.1 和 6.1.2 的归纳来看，本书的理论意义就是指出了传统研究的不足，这一不足就是前期研究总把 การ（kaan¹）和 ความ（khwaam¹）当作一对对立的关系来看待。本书在 การ（kaan¹）和 ความ（khwaam¹）不能构成对立关系的论证中找到了形式和功能上的依据。这一形式和功能上的依据就是内部结构扩展能力的自由与否与外部组合能力的自由与否。本书还找到了划分泰语动词和形容词的判断标准，这一标准就是通过在动词或形容词前添加 การ（kaan¹）或 ความ（khwaam¹）来判定是属于动词还是属于形容词。此外，本书还指出了动词性成分充当主宾语具有类型学意义。本书的实践意义就是能够把书中的分析结果转化为教学实践中的理论指导依据，能够回答教学中有关如何使用 การ（kaan¹）和 ความ（khwaam¹）的疑惑。

总的说来，本书论证了 การ（kaan¹）和 ความ（khwaam¹）语法功能的系统性差异。作为名词化标记，การ（kaan¹）主要使动词名词化。ความ（khwaam¹）主要使形容词和部分动词名词化。การ（kaan¹）和 ความ（khwaam¹）在分布上具有不对称性。การ（kaan¹）是动词性成分的名词化标记，ความ（khwaam¹）是形容词、动词性成分的名词化标记。การ（kaan¹）管辖一个长的动词性成分，ความ（khwaam¹）管辖一个短的动词性成分。การ（kaan¹）+VP 与 ความ（khwaam¹）+VP 不能构成普遍对立关系。同一个动词下，การ（kaan¹）+VP 与 ความ（khwaam¹）+VP 不存在最小对立关系。名词化形式 การ（kaan¹）+VP 可以充当主宾语，动词性成分 0+VP 可以直接充当主宾语且保留有谓词性。在主宾语位置上，การ（kaan¹）+VP 与 0+VP 可以构成普遍对立关系。处在主宾语位置并在同一个动词的前提下，การ（kaan¹）+VP这个结构的外部修饰成分都可以以一定的方式转化成0+VP的内部结构成分。

การ（kaan¹）+VP 与 0+VP 处于主宾语位置上的这种不对称性可能还暗含着某种没有被揭示出来的语法意义。然而，这个问题有待于下一步的研究和论证。

6.2 余　　论

根据本书上述所讨论的内容，今后可以在这个基础上进一步研究和思考以下两个方面的问题：

一是通过本书的分析和论证找到了名词化标记 การ（kaan¹）的一些显性的语法功能，但通过对 การ（kaan¹）+VP 形式与 0+VP 形式最小对立的分析后，笔者认为 การ（kaan¹）还存在着一些隐性的语法意义没有揭示出来。例如，当 การ（kaan¹）+VP 形式与 0+VP 形式处于主宾语位置的时候，它们二者之间在意义上有什么差别？造成这种差别的原因是什么？这些问题应该是今后进一步研究的方向。

二是本书没有研究小句的名词化问题，但是小句的名词化形式与本书所讨论的名词化标记在形式上有所相近，但又存在明显区别。例如，目前泰语语法学界所认为的小句名词化标记是 การที่（kaan¹thi³），这个形式需要在后续的研究中加以注意。

参考文献

中文文献

薄文泽：《泰语的指示词——兼谈侗台语指示词的调查与定性》，《民族语文》2006 年第 6 期。

薄文泽：《泰语里的汉语借词"是"》，《民族语文》2008 年第 1 期。

薄文泽：《泰语壮语名量词比较研究》，《民族语文》2012 年第 4 期。

[美]布龙菲尔德：《语言论》，袁家骅等译，商务印书馆 2017 年版。

董秀芳：《汉语的词库与词法》，北京大学出版社 2004 年版。

董秀芳：《词语隐喻义的释义问题》，《辞书研究》2005 年第 4 期。

程工：《名物化与向心结构理论新探》，《现代外语》1999 年第 2 期。

范晓：《三个平面的语法观》，北京语言文化大学出版社 1996 年版。

戴浩一：《时间顺序和汉语的语序》，黄河译，《国外语言学》1988 年第 1 期。

戴浩一：《以认知为基础的汉语功能语法刍议》（上），叶蜚声译，《国外语言学》1990 年第 4 期。

戴浩一：《以认知为基础的汉语功能语法刍议》（下），叶蜚声译，《国外语言学》1991 年第 1 期。

符淮清：《现代汉语词汇》，北京大学出版社 1985 年版。

高翀：《语义透明度与现代汉语语文词典的收词》，《中国语文》2015 年第 5 期。

郭锐：《汉语动词的过程结构》，《中国语文》1993 年第 6 期。

郭锐：《论表述功能的类型及相关问题》，《语言学论丛》1997 年第 19 期。

郭锐：《表述功能的转化和"的"字的作用》，《当代语言学》2000 年第 1 期。

郭锐：《衍推和否定》，《世界汉语教学》2006 年第 2 期。

郭锐：《现代汉语词类研究》，商务印书馆 2018 年版。

郭锐：《过程和非过程——汉语谓词性成分的两种外在时间类型》，《中国语文》1997 年第 3 期。

郭锐：《形容词的类型学和汉语形容词的语法地位》，《汉语学习》2012 年第 5 期。

郭锐：《汉语谓词性成分的时间参照及其句法后果》，《世界汉语教学》2015年第 4 期。

广州外国语学院编：《泰汉词典》，商务印书馆 1990 年版。

竟成：《关于动态助词"了"的语法意义问题》，《语文研究》1993 年第 1 期。

蓝纯：《从认知角度看汉语的空间隐喻》，《外语教学与研究》1999 年第 4 期。

黎锦熙、刘世儒：《语法再研讨——词类区分和名词问题》，《中国语文》1960年第 1 期。

[美]兰盖克：《认知语法基础（第一卷）：理论前提》，牛保义等译，北京大学出版社 2013 年版。

[美]兰盖克：《认知语法基础（第二卷）：描写应用》，牛保义等译，北京大学出版社 2017 年版。

李临定：《动词的宾语和结构的宾语》，《语言教学与研究》1984 年第 3 期。

李临定：《动词的动态功能和静态功能》，《汉语学习》1985 年第 1 期。

李宇明：《非谓形容词的词类地位》，《中国语文》1996 年第 1 期。

[德]Bernd Heine、Tania Kuteva：《语法化的世界词库》，龙海平等译，世界图书出版公司 2012 年版。

陆俭明：《现代汉语里动词作谓语问题浅议》，载《语文论集》（二），外语教学与研究出版社 1986 年版。

陆俭明：《八十年代中国语法研究》，商务印书馆 1993 年版。

陆烁、潘海华：《从英汉比较看汉语的名物化结构》，《外语教学与研究》2013年第 5 期。

吕叔湘：《汉语语法分析问题》，商务印书馆 1979 年版。

吕叔湘：《中国文法要略》，商务印书馆 2014 年版。

马庆株：《汉语动词和动词性结构（一编）》，北京大学出版社 2004 年版。

潘德鼎编著：《泰语教程（第一册，修订本）》，北京大学出版社 2011 年版。

潘德鼎编著：《泰语教程（第二册，修订本）》，北京大学出版社 2011 年版。

裴晓睿编著：《泰语语法新编》，北京大学出版社 2001 年版。

裴晓睿、薄文泽：《泰语语法》，北京大学出版社 2017 年版。

沈阳、郭锐主编：《现代汉语》，高等教育出版社 2014 年版。

施关淦：《"这本书的出版"中"出版"的词性——从"向心结构"理论说起》，《中国语文通讯》1981 年第 4 期。

施关淦：《现代汉语里的向心结构和离心结构》，《中国语文》1988 年第 4 期。

史振晔：《试论汉语动词、形容词的名词化》，《中国语文》1960 年第 12 期。

宋玉柱：《关于"着、了、过"的语法单位的性质问题》，《语文学习》1983

年第 5 期。

孙毅:《认知隐喻学多维跨域研究》,北京大学出版社 2013 年版。

沈家煊:《转指和转喻》,《当代语言学》1999 年第 1 期。

束定芳:《隐喻学研究》,上海外语教育出版社 2000 年版。

束定芳主编:《隐喻与转喻研究》,上海外语教育出版社 2011 年版。

王冬梅:《动词的控制度和谓宾的名物化之间的共变关系》,《中国语文》2003 年第 4 期。

王冬梅:《动词转指名词的类型及相关解释》,《汉语学习》2004 年第 4 期。

王海峰:《现代汉语中无标记转指的认知阐释》,《语言教学与研究》2004 年第 1 期。

王松茂主编:《汉语语法研究参考资料》,中国社会科学出版社 1983 年版。

韦景云:《壮语 jou^5 与泰语 ju^5 的语法化差异分析》,《中央民族大学学报》(哲学社会科学版)2007 年第 6 期。

吴淑琼:《基于汉语句法结构的语法转喻研究》,中国社会科学出版社 2013 年版。

伍雅清、杨彤:《在分布式形态学框架下的名物化现象再思考》,《语言科学》2015 年第 5 期。

谢安安:《汉语"了"和泰语"lɛːw"的对比分析》,《国际汉语学报》2015 年第 6 卷第 1 辑第 1 期。

项梦冰:《连城客家话语法研究》,语文出版社 1997 年版。

项梦冰:《论"这本书的出版"中"出版"的词性——对汉语动词、形容词"名物化"问题的再认识》,《天津师大学报》(社会科学版)1991 年第 4 期。

熊仲儒:《零成分与汉语"名物化"问题》,《现代外语》2001 年第 3 期。

[苏]雅洪托夫:《汉语的动词范畴》,陈孔伦译,中华书局 1958 年版。

姚振武:《关于自指和转指》,《古汉语研究》1994 年第 3 期。

袁毓林:《谓词隐含及其句法后果——"的"字结构的称代规则和"的"的语法、语义功能》,《中国语文》1995 年第 4 期。

季羡林主编:《朱德熙选集》,东北师范大学出版社 2001 年版。

张成福:《母语习得语法研究》,中国矿业大学出版社 2003 年版。

张道新、董宏:《现代汉语词义范畴论》,中国社会科学出版社 2014 年版。

张辉、卢卫中:《认知转喻》,上海外语教育出版社 2010 年版。

张敏:《认知语言学与汉语名词短语》,中国社会科学出版社 1998 年版。

张志毅、张庆云:《词汇语义学》,商务印书馆 2012 年版。

[美]泽诺·万德勒:《哲学中的语言学》,陈嘉映译,华夏出版社 2008 年版。

朱德熙、虚甲文、马真：《关于动词形容词"名物化"的问题》，《北京大学学报》1961 年第 4 期。

朱德熙：《现代汉语语法研究》，商务印书馆 1980 年版。

朱德熙：《语法讲义》，商务印书馆 1982 年版。

朱德熙：《自指和转指——汉语名词化标记"的、者、所、之"的语法功能和语义功能》，《方言》1983 年第 1 期。

朱德熙：《定语和状语》，上海教育出版社 1981 年版。

朱德熙：《定语和状语的区分与体词和谓词的对立》，载《语言学论丛》第十三辑商务印书馆 1984 年版。

朱德熙：《语法答问》，商务印书馆 1985 年版。

朱德熙：《现代书面汉语里的虚化动词和名动词为第一届国际汉语教学讨论会而作》，《北京大学学报》（哲学社会科学）1985 年第 5 期。

朱德熙：《关于先秦汉语里名词的动词性问题》，《中国语文》1988 年第 2 期。

朱德熙：《语法分析讲稿》，袁毓林整理注释，商务印书馆 2010 年版。

朱永生：《名词化、动词化与语法隐喻》，《外语教学与研究》2006 年第 2 期。

英文文献

Alexander P. D. Mourelatos .Events, processes, and states[J]. *Linguistics and Philosophy*,1978,Vol.2(3): 415-434.

Amara Prasithrathsint, "Stylistic differentiation of kaan and khwaam nominalization in standard Thai. Pan-Asiatic Linguistics"[J]. *Proceedings of the fourth International Symposium on Languages and Linguistics*, 1996, Vol. 1(4): 1206-1216.

Amara Prasithrathsint, "The Emergence and Development of Abstract Nominalization in Standard Thai", A.S. Abramson, ed. *Southeast Asian Linguistics Studies In Honor of Vichin Panupong*, Bangkok: Chulalongkorn University Press, 1997.

POST, MARK. Adjectives in Thai: Implications for a functionalist typology of word classes[J]. *Linguistic Typology*, 2008, Vol.12(3): 339-381.

Amara Prasithrathsint, "Nominalization and categorization of verbs in Thai", SEALS XV: Papers from the 15th Annual Meeting of the Southeast Asian. Linguistics Society 2003, ed. P. Sidwell, *Pacific Linguistics*, Research School of Pacific and Asian Studies, the Australian National University, 2005: 73-81.

Amara Prasithrathsint.Nominalization as a Marker of Detachment and Objectivity in

Thai Academic Writing[J]. *Manusya: Journal of Humanities*, 2014, Vol.17(3): 1-10

Andrew Ortony, *Metaphor and thought*, Cambridge: Cambridge University Press, 1993.

Phillips, A; Thiengburanathum, P. Verb classes in Thai[J]. Language and Linguistics, 2007, Vol.8(1): 167-191.

Bernard Comrie, *Aspect*, New York: University of Cambridge, 1976.

Bernd Heine and Tania Kuteva, *World Lexicon of Grammaticalization*, United Kingdom: Cambridge University Press, 2004.

Bernard Comrie and Sandra A. Thompson, "Lexical nominalization", *Language Typology and Syntactic Description*, Second edition, Volume III: *Grammatical Categories and the Lexicon*, Edited by Timothy Shopen, New York: Cambridge University Press, 2007.

Dirk Geeraerts and Hubert Cuyckens, *The Oxford handbook of Cognitive Linguistics*, Oxford: Oxford University Press, 2007.

D.A. Cruse, *Lexical Semantics*. New York: Press Syndicate of the University of Cambridge, 1986.

Dominiek Sandra. On the Representation and Processing of Compound Words: Automatic Access to Constituent Morphemes Does Not Occur[J]. *Quarterly Journal of Experimental Psychology*, 1990, Vol.42(3): 529-567

Foong Ha Yap, et al., *Nominalization in Asian Languages Diachronic and typological perspectives*, Amsterdam&Philadelphia: John Benjamins Publishing Company, 2010.

Compound fracture: The role of semantic transparency and morphological headedness[J]. Brain and Language, 2003, Vol.84(1): 50-64

George Lakoff and Mark Johnson, *Metaphors we live by*, London: The university of Chicago press, 1980.

George Lakoff, *Women, Fire and Dangerous Things: What Categories Reveal about the Mind*, Chicago: The University of Chicago Press, 1987.

George Lakoff and Mark Johnson, More than Cool Reason. Cambridge: Cambridge University Press, 1989.

George Lakoff, "The Contemporary theory of metaphor", *Metaphor and thought*, edited by Andrew Ortony, Cambridge: Cambridge University Press, 2nd, 1993.

Günter Radden and Zoltán Kövecses, "Towards a Theory of Metonymy",

Metonymy in Language and Thought, edited by Klaus-Uwe Panter and Günter Radden, Amsterdam: John Benjamins Publishing, 1999.

Günter Radden, "How metonymic are metaphors?", *Metaphor and Metonymy in Comparison and Contrast*, edited by Rene Dirven and Ralf Parings, New York: Mouton de Gruyter Berlin, 2003.

J. Bybee, *Morphology: A Study of the Relation between Meaning and Form*, Amsterdam & Philadelphia: John Benjamins, 1985.

James Higbie and Snea Thinsan, *Thai Reference Grammar: The Structure of Spoken Thai*, Singapore: Orchid Press, 2002.

J. L.Packard ed., *The Morphology of Chinese: A linguistics and Cognitive Approach*, Cambridge: Cambridge University Press, 2000.

Joseph E. Grady, "Metaphor", *The Oxford handbook of Cognitive Linguistics*, edited by Geeraerts, Dirk and Cuyckens, Hubert. Oxford: Oxford University Press, 2007.

Koenig, Jean-Pierre 1; Muansuwan, Nuttanart 2. THE SYNTAX OF ASPECT IN THAI[J]. Natural Language & Linguistic Theory, 2005, Vol.23(2): 335-380

Kanchana Sindhvananda, The verb in modern Thai[D]. Georgetown University, 1970.

Klaus-Uwe Panter and GÜnter Radden ed, *Metonymy in language and thought*, USA, Amsterdam & Philadelphia: John Benjamins Publishing Co., 1999.

Klaus-Uwe Panther, and Linda L. Thornburg, "Metonymy", *The Oxford handbook of Cognitive Linguistics*, edited by Dirk Geeraerts and Hubert Cuyckens, Oxford: Oxford University Press, 2007.

Morev, Lev N., Author.Cognitive and structural aspects of abstract nominalization in Tai and some other isolating languages of Southeast Asia[J]. Mon-Khmer Studies, 2006, Vol.36: 139-148.

Machael J. Raddey, "The conduit metaphor: A case of frame conflict in our language about language. Metaphor and thought", edited by Andrew Ortony, Cambridge: Cambridge University Press, 2nd, 1993.

POST, MARK. Adjectives in Thai: Implications for a functionalist typology of word classes[J]. Linguistic Typology, 2008, Vol.12(3): 339-381.

Mary R. Haas, *Thai-English Student's Dictionary*, Stanford: Stanford University, 1964.

Gerner, M (Gerner, Matthias). The Typology of Nominalization[J]. Language and Linguistics, 2012, Vol.13(4): 803-844.

M.A.K.Halliday, *An Introduction to Functional Grammar*, 胡壮麟导读, 北京: 外语教学与研究出版社;爱德华·阿诺德出版社:2000.

M. R. Kalaya Tingsabadh and Arthur S. Abramson, "Thai"[J]. *Journal of the International Phonetic Association*, 1993, Vol. 23(1): 22-24.

Natsuki Matsui, "Eventivity and stativity in Thai verbs"[J]. *Journal of the Southeast Asian Linguistics Society*, 2009(2): 85-104.

Östen Dahl, *Tense and Aspect System*s, Great Britain: Bath Press, Bath, 1985.

Peirsman, Yves; Geeraerts, Dirk. Metonymy as a prototypical category[J]. Cognitive Linguistics, 2006, Vol.17(3): 269-316.

Zwitserlood, Pienie. U Münster, Inst for Psychology, Germany. The role of semantic transparency in the processing and representation of Dutch compounds[J]. Language and cognitive processes, 1994, Vol.9(3): 341-368.

Prapa Sookgasem, "The Predicative-adjective Construction in Thai", In The Fourth International Symposium on Language and Linguistics, Thailand, Institute of Language and Culture for Rural Development, Mahidol University, 1996.

Prang Thiengburanathum, "Thai jùu and kamlang: where tense and aspect meet"[J]. *Journal of the Southeast Asian Linguistics Society*, 2013(6): 158-188.

Prang Thiengburanathum, "Thai *lɛ́ɛw*: between tense and aspect[J]. Cahiers de Linguistique Asie Orientale, 2014, Vol.43(1): 39-67.

Pranee Kullavanijaya. Transitive verbs in Thai[D]. University of Hawaii at Manoa, 1974.

Pranee Kullavanijaya; Bisang, Walter.Another look at aspect in Thai[J]. Manusya: Journal of Humanities special issue, 2007, (13): 61-86.

Ronald W. Langacker, *Foundations of Cognitive Grammar. Vol I: Theoretical Prerequisites*, Stanford, CA:Stanford University Press, 1987.

Langacker, R. W.. Reference-point constructions[J]. Cognitive Linguistics, 1993, Vol.4(1): 1-38.

Ronald W. Langacker. Metonymy in Grammar[J]. 外国语, 2004, (6): 2-24.

Ronald W. Langacker, *Cognitive Grammar: A Basic Introduction*, Oxford: Oxford University Press, 2008.

Ronald W. Langacker, "Metonymic Grammar", *Metonymy and Metaphor in Grammar*, edited by Panther Klaus-Uwe, et al., Amsterdam & Philadelphia:

John Benjamins, 2009.

Richard B. Noss, *Thai Reference Grammar*, Washington D. C. Foreign Service Institute, 1964.

Saksri Yaemnadda, "kaan and khwaam in Thai", *Journal of the Royal Institute*, 1987, Vol. 12(1): 81-92.

Saranya Savetamalaya, "Multiple Lexical Entries of KOO in Thai"[J]. Oceanic Linguistics Special Publications, 2000, (29): 141-152.

Shoichi Iwasaki and Preeya Ingkaphirom, *A reference grammar of Thai*, UK: Cambridge University Press, 2005.

Stanley Starosta, "The Identification of Word Classes in Thai", Paper presented at the Fifth International Conference on Thai Studies, London, 1994.

Stephen Ullmann, *Semantics: An Introduction to the Science of Meaning*, Oxford: Basil Blackwell, 1962.

Terence Parsons. The progressive in English: Events, states and processes[J]. Linguistics and Philosophy, 1989, Vol.12(2): 213-241.

Jaroslav Stejskal; Miroslava Trchová; Jana Kovářová; Jan Prokeš; Mária Omastová;. The role of domains in the interpretation of metaphors and metonymies[J]. Cognitive Linguistics, 1993, Vol.4(4): 335-370.

W. Croft, "The role of domains in the interpretation of metaphors and metonymies", *Metaphor and Metonymy in Comparison and Contrast*, Berlin &New York: Mouton de Gruyter, 2002.

Croft, William. On explaining metonymy: Comment on Peirsman and Geeraerts, Metonymy as a prototypical category[J]. Cognitive Linguistics, 2006, Vol.17(3): 317-326.

Zeno Vendler, "Verbs and Times"[J]. *The Philosophical Review*, The Philosophical Review, 1957, Vol.66(2): 143-160.

Zeno Vendler, "Verbs and Time", *Linguistics in Philosophy*, Ithaca, N.Y: Cornell University Press, 1967.

泰文文献

กฤษณา เกษมศิลป์. (2519). **ชมนมภาษาไทย วิจัยคำต่าง ๆ และโครงสร้างทางไวยากรณ์.** กรุงเทพฯ : วงษ์สว่าง.

กาญจนา นาคสกุล. (2552). **ระบบเสียงภาษาไทย.** คณะอักษรศาสตร์. กรุงเทพฯ: จุฬาลงกรณ์มหาวิทยาลัย.

กำชัย ทองหล่อ. (2555). **หลักภาษาไทย.** กรุงเทพฯ : รวมสาส์น.

ดิเรกชัย มหัทธนะสิน. (2552). **ลักษณะและโครงสร้างภาษาไทย**. เชียงใหม่ : สุริวงศ์บุ๊คเซนเตอร์.

บรรจบ พันธุเมธา. (2514). **ลักษณภาษาไทย**. กรุงเทพฯ : มหาวิทยาลัยรามคำแหง.

เปรมจิต ชนะวงศ์. (2528). **หลักภาษาไทย**. นครศรีธรรมราช : โครงการตำราและเอกสารทางวิชาการ วิทยาลัยครูนครศรีธรรมราช.

นววรรณ พันธุเมธา. (2527). **ไวยากรณ์ไทย**. กรุงเทพฯ:จุฬาลงกรณ์มหาวิทยาลัย.

พระยาอุปกิตศิลปสาร. (2548). **หลักภาษาไทย**. กรุงเทพฯ : ไทยวัฒนาพานิช.

พจนานุกรมฉบับราชบัณฑิตยสถาน. (2542). กรุงเทพฯ: บริษัทนานมีบุ๊คส์พับลิเคชั่นส์ จำกัด.

วงศ์ วรรธนพิเชฐ. (2549). **พจนานุกรมไทย-อังกฤษ**. กรุงเทพฯ : บริษัทไทยเวย์สพับลิเคชั่นส์ จำกัด.

วิจินตน์ ภาณุพงศ์. (2520). **โครงสร้างของภาษาไทย**. กรุงเทพฯ : มหาวิทยาลัยรามคำแหง.

วิจินตน์ ภาณุพงศ์.(2536). **โครงสร้างภาษาไทย:ระบบไวยากรณ์**. กรุงเทพฯ: สำนักพิมพ์รามคำแหง.

อุดม วโรตม์สิกขดิตถ์.(2542). **ไวยากรณ์ไทยในภาษาศาสตร์**. กรุงเทพฯ:สำนักพิมพ์รามคำแหง.

อมรา ประสิทธิ์รัฐสินธุ์ เป็นต้น. (2546). **ทฤษฎีไวยากรณ์**. กรุงเทพฯ:จุฬาลงกรณ์มหาวิทยาลัย.

อมรา ประสิทธิ์รัฐสินธุ์.(2553). **ชนิดของคำในภาษาไทย:การวิเคราะห์ทางวากยสัมพันธ์**. กรุงเทพฯ: จุฬาลงกรณ์มหาวิทยาลัย, ๒๕๕๓.